Ruth Lapide / Walter Flemmer

Kennen Sie Adam, den Schwächling?

Das Buch

Gespräche über Gestalten der Bibel, ein unterhaltsamer Gedankenaustausch über Personen wie den Schwächling Adam, den Walfischpropheten Jona oder die Meisterverführerin Batseba, kann das gut gehen? Kann man die Geschichten des Alten Testaments so zu Gesprächsinhalten machen, dass in Rede und Gegenrede die „alten" Geschichten neu aufleuchten, sich als spannende Geschichten erweisen?
Die „alten Geschichten", man darf vielleicht sagen: die einzigartigen Geschichten, erzählen gleichsam alle menschlichen Konstellationen in einer einmaligen Fülle. Sie vermitteln keine abgehobene Theologie, sondern berichten von Liebe und Hass, von Streit zwischen Geschwistern, von Zweifeln an der Führung Gottes, von Enttäuschungen und Glücksmomenten. Mitten aus dem Leben sind also diese Geschichten und wie kaum jemand anderes verstehen Ruth Lapide und Walter Flemmer es, diese Geschichten wieder ins Leben zu holen.

Die Autoren

Ruth Lapide, geb. 1929, ist jüdische Religionswissenschaftlerin und Historikerin. Nach dem Tod ihres Mannes Pinchas Lapide im Jahr 1997 begann sie eine eigene Karriere als Autorin, Lehrbeauftragte der Evangelischen Hochschule in Nürnberg und durch zahlreiche Interviews über biblische Gestalten beim Bayerischen Rundfunk (BR-alpha) und bei Bibel TV („das Gespräch").

Walter Flemmer, geb. 1936, war langjähriger stellvertretender Fernsehdirektor und Kulturchef des Bayerischen Rundfunks. Er ist Initiator, Autor und Regisseur von Sendungen wie „Schauplätze der Weltkulturen", „Zuschauen, Entspannen, Nachdenken", „Das Kulturgespräch", „alpha-forum" sowie Koproduzent internationaler Kultursendungen. Von 2001 bis 2011 war er Präsident der Bayerischen Akademie für Fernsehen.

Ruth Lapide
Walter Flemmer

Kennen Sie Adam, den Schwächling?

Ungewöhnliche Einblicke in die Bibel

HERDER
FREIBURG · BASEL · WIEN

HERDER spektrum Band 6361

MIX
Papier aus verantwortungsvollen Quellen
FSC
www.fsc.org
FSC® C106847

Titel der Originalausgabe: Kennen Sie Adam, den Schwächling?

ISBN 978-3-7831-2224-4

www.herder.de

Umschlagkonzeption und -gestaltung: Agentur RME:
Eschlbeck / Hanel / Gober
Umschlagmotive: © Rob Melnychuk/Getty Images

Innengestaltung und Satz: de·te·pe, Aalen
Herstellung: fgb · freiburger graphische betriebe
www.fgb.de

Printed in Germany

ISBN 978-3-451-06361-9

Inhalt

Vorwort

Gespräche über Gestalten der Bibel, ein unterhaltsamer Gedankenaustausch über Personen wie den Schwächling Adam, den Walfischpropheten Jona oder die Meisterverführerin Batseba, kann das gut gehen? Kann man die Geschichten des Alten Testaments so zu Gesprächsinhalten machen, dass sich Frage um Frage, Antwort um Antwort ergeben, dass in Rede und Gegenrede die »alten Geschichten« neu aufleuchten, sich als spannende Geschichten erweisen? Es ist gut gegangen, denn der Bayerische Rundfunk hat vor Jahren für sein Bayerisches Fernsehen und dann für BR-alpha den Versuch einer ungewöhnlichen Annäherung an die Bibel gewagt, und eine wachsende Zuschauerschaft ist zu einer regelrechten Fangemeinde herangewachsen.

Menschen, die kaum noch eine Erinnerung an die Gestalten und Geschichten der Bibel hatten, verfolgen gespannt den Gang der Gespräche zwischen der jüdischen Religionswissenschaftlerin und dem Fernsehjournalisten und Schriftsteller.

Die »alten Geschichten«, man darf vielleicht sagen: die einzigartigen Geschichten, erzählen gleichsam alle menschlichen Konstellationen in einer einmaligen Fülle. Sie vermitteln nicht eine abgehobene Theologie, sondern berichten von Liebe und Hass, von Streit zwischen Geschwistern, von Zweifeln an der Führung Gottes, vom Vertrauen auf die Hand Gottes, von Enttäuschungen und Glücksmomenten.

Die Bibel ist, und dies ist wohl eine wesentliche Botschaft der Gespräche, ein zutiefst menschliches Buch, in dem Betrüger, Huren, Lügner genauso Platz haben wie Könige und eifernde Propheten, leidenschaftlich Liebende und fürsorgende Mütter oder versagende Väter. Und die Bibel ist das einzigartige Zeugnis für das Einwirken Gottes in die Welt. Der Gott der Bibel ist keine ferne mythologische Gestalt, sondern ein Du, das sich dem Menschen offenbart, das mit ihm in Beziehung tritt, mit ihm redet. Die Bibel ist die Geschichte des Bundes zwischen Gott und den Menschen.

Nach den Fernsehsendungen sind wir immer wieder gefragt worden: Wie bereiten Sie sich auf die Gespräche vor, wie geben Sie die Fragen vor, wie tauschen Sie sich vorher aus? Vielleicht beruht die Lebendigkeit der Gespräche gerade darauf, dass vorher keine Fragen vereinbart werden, dass nur das Thema, also die jeweilige biblische Gestalt, feststeht, sich dann aber der Dialog frei entwickelt, dass keine Aufzeichnungen oder die bei Moderationen üblichen Zettel benutzt werden, dass es keine Unterbrechung oder Wiederholung einer Passage gibt. Voraussetzung für das Gelingen ist freilich, dass die Gesprächspartner miteinander »können«, dass sie über das Thema Bescheid wissen und der Fragende einen genauen »Fahrplan« im Kopf hat.

Die Fernseh-Gesprächsform ist eine Möglichkeit, die Bibel einem größeren Publikum nahe zu bringen, das Buch aber gibt der doch flüchtigen, an die Sendezeit angepassten Präsentationsweise eine neue Dimension. Vielfachem Wunsch entsprechend, legen wir eine Auswahl unserer Bibelgespräche den Leserinnen und Lesern vor.

Unser Wunsch: Möge das Buch wie die Fernsehsendungen dazu verlocken, die Geschichten der Bibel ins Leben einzubeziehen, mit ihnen umzugehen, sie als großartige Beispiele aller menschlichen Möglichkeiten zu erfahren, die letztlich immer in der Hand des einen Gottes aufgehoben sind.

Ruth Lapide / Walter Flemmer

Anmerkung:
Die Beiträge von Frau Lapide stehen in Normalschrift, die von Herrn Flemmer in Kursivschrift.

Adam –
Der Schwächling

Adam ist eigentlich keine nur biblische, sondern auch eine mythologische Gestalt. Denn anders als viele auch historisch nachweisbare Gestalten der Bibel führt er uns zurück in das riesige Gebiet der Mythologien, vor allem in die des Vorderen Orients. Schöpfungsmythen hat es dort zuhauf gegeben. Unter anderem ist auf einer babylonischen Keilschrifttafel ein Schöpfungsmythos gefunden worden, der erzählt, dass am Anfang der Menschheitsgeschichte ein König steht. Es gibt das Gilgamesch-Epos und viele andere Mythen aus dieser Gegend und dieser Zeit. Worin unterscheidet sich der biblische Mythos von den vorderorientalischen, vorderasiatischen Mythologien?

Ich freue mich sehr, dass wir heute über Adam reden, aber ich fürchte, wir schaffen dabei keineswegs alles Sagenswerte. Adam ist ein Kind Gottes und Gott ist ein Schöpfer, ein Arbeitender. Der berühmte erste Satz des Alten Testaments, »bereschit bara elohim et haschamajim we et haaretz«, ist insofern einzigartig, weil es sich nicht um einen Gott handelt, der irgendwo in weiten Fernen thront und die Menschlein, die gar keine Rechte haben, arbeiten und schuften lässt. Nein, diese Menschen sind hier mit eingeladen zu arbeiten und zu schaffen: Die Arbeit wird dadurch geadelt. Ich sage das, obwohl es momentan in der Bundesrepublik Arbeitslosigkeit gibt: Arbeit ist etwas Schönes.

Wir sind Kinder Gottes, und das ist die große Botschaft. Obwohl Sie mit Recht sagen, dass das eine mythologische Problematik ist, will ich betonen, dass das eben nicht nur eine solche ist: Nein, diese Geschichte spricht mich an, als wenn es Ihre und meine wäre. Adam kommt im Hebräischen – und das ist nun keine Rechthaberei im Hinblick auf die Übersetzungsschwierigkeiten, denn das Original dieser unserer Geschichte ist nun einmal in Hebräisch geschrieben worden – von »adamah«. Und dieser »Adam« ist wörtlich der »Erdling«. Er ist aus Erde geschaffen, von der Erde lebt er – auch wenn wir heute noch so reich sein mögen, wir leben von den Produkten der Erde – und zur Erde müssen wir letztlich wieder zurückkehren. Dies alles steckt bereits in dem Namen »Adam«. Es ist sozusagen eine Vorwegnahme eines modernen Recycling-Kreises.

Lassen Sie mich noch einmal zurückkommen zu diesem Unterschied. Für mich besteht er unter anderem darin, dass die übrigen Mythologien immer eine herausragende Gestalt an den Anfang stellen, also einen Herrscher, einen König. Die Bibel aber spricht einfach von Adam, also vom Menschen schlechthin. Das heißt, er steht für alle Menschen. Natürlich ist er weder Jude noch Christ oder irgendeiner anderen Religion zugehörig, er ist keine Person, der dann andere untergeordnet werden. Stattdessen wendet sich der Gott der Bibel von Anfang an an alle Menschen, und damit auch an die so genannten einfachen Menschen und nicht nur an die herrschende Klasse, so wie das ansonsten im Vorderen Orient immer der Fall gewesen ist. Ich habe gerade gesagt, dass mit dem Wort »Adam« der Mensch überhaupt gemeint ist. Der Name ist eigentlich kein Eigenname, und am Anfang, in den ersten Kapiteln der Bibel, erscheint er, wie man sagen könnte, noch gar nicht als Person, sondern ganz einfach als die Gestalt, das Geschöpf, das noch keinen Namen hat, das ganz schlicht »Mensch« genannt wird.

Es geht natürlich um die Wichtigkeit des Namens insgesamt. Eine der wundervollen Szenen am Anfang der Bibel ist, wie Adam den vorbeiziehenden Tieren Namen geben darf. Hierbei können wir doch so unwahrscheinlich viel über die Anfangsgeschichte der Menschheit lernen, so ganz bescheiden zwischen den Zeilen und hinter den Worten. Er sucht nämlich sogar unter den Tieren eine Gefährtin. Da haben wir es doch: Wie hat es denn angefangen, das Ganze? Er gibt also den Tieren ihre Namen, und dennoch bleibt ihm diese schreckliche Sehnsucht nach einem entsprechenden Gegenüber: Es war nämlich keine Gefährtin für ihn unter den Tieren mit dabei. Der Name spielt also nach wie vor eine Riesenrolle.

Es gibt in diesen ersten Kapiteln der Bibel mehrere Schichten. Man könnte meinen, und das ist auch immer wieder gesagt worden, am Anfang sei dieser Mann namens Adam Mann und Frau gewesen. Es heißt ja auch: »Und Gott sagte, lasset uns den Menschen machen.« Wenn man auf die Tradition der jüdischen Kabbala zurückgeht und diese Spur dann bis zu den englischen und deutschen Pietisten weiterverfolgt, dann kann man feststellen, dass dort immer wieder vom androgynen Menschen die Rede war. Das heißt, in diesem Menschen »Adam« hat sich ursprünglich noch das Männliche und das Weibliche zusammen finden lassen. Der Rückschluss, der dann gezogen wurde, sieht folgendermaßen aus: Wenn Gott diesen Menschen nach seinem Bild und Gleichnis geschaffen hat, dann mussten darin natürlich auch Mann und Frau vorhanden sein.

Das ist selbstverständlich, und das ist auch die Antwort auf bestimmte Positionen einiger deutscher Feministinnen. Gott ist weder männlich noch weiblich, sondern er ist ein Pluraletantum: Er ist eben »Elohim«. Jeder von uns, ob Mann oder Frau, hat einen Funken dieser Gottheit in sich. Denn, und das ist auch eine ganz tröstliche Botschaft, das erste Wort, »bereschit«, meint nicht Anfang im Sinn eines Blitzschlags »am Anfang«, sondern es heißt richtig »im Anfang«, und das bedeutet wiederum, dass Gott auch weiterhin bei uns ist: Die Schöpfung geht weiter. Natürlich finden sich aufgrund des hebräischen Ursprungs der Schöpfungsgeschichte Widersprüche zur griechischen Mythologie.

Ich reagiere auch von der Tradition der Kabbala her auf diese Geschichte. Wir sind deswegen selbstverständlich kein Bild, kein Ebenbild oder eine Fotografie Gottes. Früher war es wahrscheinlich gar nicht möglich, anders aus dem Hebräischen zu übersetzen. Deswegen spricht mich diese Geschichte so an. Es geht hier um die Frage: Was ist der Mensch eigentlich? Sind es lediglich 70, 80 Kilo Materie aus Erde, Lehm und Mineralien plus fünf Liter Flüssigkeit? Ist das alles? Und was sind wir denn wirklich? Aus diesem

Klumpen hat Gott in der Tat den Menschen geformt. Er schuf zunächst Mann und Frau in einer Gestalt. Das bedeutet die Gleichberechtigung der Frau, die sich aus dieser Textstelle ableiten lässt und die darauf hinweist, dass beide Ebenbild Gottes sind. Ich weiß natürlich, dass es noch verschiedene andere Kapitel gibt, die uns die Fortsetzung erzählen, aber das ändert alles nichts an der Botschaft, dass wir alle, dass alle Menschen, welcher Couleur auch immer, in diesem Sinn gleich sind. Was ist dann mit dieser Ebenbildlichkeit in der Übersetzung gemeint? Es geht darum, dass wir uns nichts vormachen: In diesem Klumpen, aus dem der Mensch geschaffen wurde, befindet sich noch kein Geist. Wie wird daraus ein schöner Mensch, den man lieben kann, der gut oder schlecht sein mag? Das macht der »ruach«, also der Geist Gottes, der ihm eingehaucht wird. Wir finden das dann später beim Propheten Ezechiel auch wieder. Dort geht es in Kapitel 37 um die Auferstehung einer großen Menge von Menschen, die aber zunächst alle nur Materie sind, bis der Geist Gottes über sie kommt. Das wäre eine Parallele zur Schöpfungsgeschichte. Es ist trotzdem eine tröstliche Botschaft: Irgendwann müssen wir zurück zur Erde. Wie gesagt, das ist perfektes Recycling. Dem Bibelleser entlockt das aber höchstens ein Lächeln, denn es war von Anfang an immer schon so gewesen. Es ist dann erst dieser göttliche Funke, der aus diesem Klumpen Materie einen liebenswerten Menschen macht. Der Klumpen selbst geht später dorthin zurück, woher er gekommen ist. Der Funke aber bleibt erhalten und bewahrt bei Gott.

Ist es nicht so, dass im Konvolut der ersten Kapitel der Bibel verschiedene Berichte, verschiedene Schichten zusammengekommen sind?

Das mag schon sein.

Nehmen wir dafür doch einmal folgendes Beispiel. Da ist der berühmte Satz: »Lasset uns den Menschen schaffen nach un-

serem Ebenbild ...« Dann folgt das Ende des Kapitels: Der Mensch ist bereits vorhanden. Dann kommt aber noch ein weiteres Kapitel, und in diesem wird er erst aus der Erde geformt.

Wie interpretieren Sie eigentlich vom Hebräischen her dieses »Lasset uns«? Man hat immer wieder gesagt, dass das einen Rückgriff auf einen Götterhimmel bedeute. Die Idee des einen, des einzigen Gottes sei dabei noch nicht so entwickelt gewesen. Man meint, dass es an dieser Stelle quasi heißt, dass das die großen Götter gemeinsam beschlossen hätten. Ist dieses »Lasset uns« also so etwas wie ein Pluralis Majestatis? Was kann das bedeuten?

Ich glaube das nicht. Im Hebräischen heißt es »hava na'ase«: »Lasst uns mal!« Es ist eine Beschlussfassung einer tätigen Person – etwa im Sinn des heute so geläufigen »Schauen wir mal«. Wenn wir hier später von der Sexualität sprechen, werden wir darauf noch einmal zurückkommen, weil diese Stelle doch eine große Rolle gespielt hat. Was ist da nicht später bei Augustinus und anderen Kirchenvätern in der christlichen Tradition alles hinein interpretiert worden! Wie arg ist diese Aussage oftmals fehlübersetzt worden! In der christlichen Sichtweise sagt an dieser Stelle Gott angeblich zu Jesus, also der Vater zu seinem Sohn: »Lasst uns jetzt mal einen Menschen machen!«

Dieses dahinter liegende »Wir« wäre also eher umgangssprachlich zu interpretieren?

Ja, aber selbstverständlich. Diese Ausdrucksweise ist mir auch heute noch geläufig, und daher reißt mich diese Textstelle wirklich nicht vom Hocker.

Die beiden Namen unserer Ureltern sind auch wichtig. Eva heißt natürlich nicht wirklich »Eva«, sondern »Chawah«, was wiederum bedeutet »Lebensspenderin«, »Sprecherin«, »Sinngeberin«. Das bewahrheitet sich dann in der Tat in dieser ganzen Geschichte. Ich meine daher, dass hier unglaublich viel von der Lebensgeschichte der Menschen enthalten ist, obwohl der Bericht an sich sehr mythisch ist. Das gebe ich zu, das ist auch gar keine Frage. Aber es ist hier doch auch unglaublich viel von unser aller kollektiven Erinnerung enthalten, von unser aller Entwicklung. Wir werden bestimmt gleich über die Sexualität, die Schlange und die Frau sprechen. Trotz der erheblichen zeitlichen und räumlichen Ferne ist die biblische Erzählung sehr nahe.

Wie hat sich denn die jüdische Tradition mit all den kabbalistischen Einflüssen auseinander gesetzt? Ich denke da zum Beispiel an Leone Ebräus, der 1416 in Lissabon geboren wurde. Er war ein portugiesischer Jude, der dann ins Exil nach Italien ging. Er hatte sehr stark auf diese Androgynität hingewiesen. Dieser Hinweis zieht sich auch durch die ganze christliche Geistesgeschichte, denn wir müssen dabei nur an Jakob Böhme denken. Wie hat sich also das Judentum damit weiter auseinander gesetzt?

Motive aus der Kabbala sind sicher immer präsent gewesen. Aber ihr Studium wirkte sich im Judentum natürlich nie federführend aus, stattdessen führte es oft sogar eher zu Ablehnung oder Ausgrenzung. Für die normative Tradition war die Kabbala nicht eingeführt.

Nein, natürlich nicht.

Federführend im Judentum sind immer der Bibeltext und – unersetzbar – der Talmud und parallele Quellen. Der Talmud war und bleibt der Thora gleichwertig. Sie gelten als die Mündliche und die Schriftliche Weisung, denn ansonsten wäre die Bibel eine Art »Edda« geworden, die irgendwo in den Museen vor sich hin dämmert. Nein, der Talmud ist die Brücke von damals bis zum heutigen Tag im normativen Judentum geblieben. Wer aber Mystik haben will, kann sie auch haben. Die Tradition sagt: »Du sollst Mystik nicht studieren oder lehren, bevor du 40 Jahre alt bist! Möglichst sollst du das auch dann nicht alleine tun!« Das ist eine sehr große Weisheit. Warum das wohl so ist? Weil die Mystik manchen Menschen ziemlich verrückt machen kann, wenn man das Studium alleine betreibt; man könnte aus dem seelischen Gleichgewicht geworfen werden.

Was sagt uns also die Mystik im Hinblick auf Adam? Sie erzählt uns etwa, dass Adam eine Freundin hatte, also eine weitere Frau. Das war die Lilith. Das ist ein sehr schöner Frauenname, der allerdings nichts mit der Lilie zu tun hat. Stattdessen ist das die »Frau der Nacht«, gewissermaßen die Femme fatale. Das will uns vielleicht von Anfang an darauf hinweisen, dass der Mann so veranlagt ist, möglicherweise immer noch eine zweite Frau haben zu wollen. Die Weisen verschließen sich jedenfalls diesem Gedanken nicht. Bis auf den heutigen Tag gibt es im Orient die Spannung zwischen der Frau, der Herrin des Hauses, die die Kinder gebärt – das ist in unserem Fall die »Chawah« –, und dieser anderen Frau, der Femme fatale. Vor Lilith hat Eva, die Frau des Hauses, kolossale Angst. Andererseits neidet Lilith wiederum der Frau des Hauses die Mutterschaft. Diese Gefühle sind bis zum heutigen Tag so zu beobachten.

Lilith nimmt der Ersteren den Mann weg.

Ja, diese Spannung gibt es, das ist gar keine Frage. Auf den orientalischen Märkten werden nach wie vor Amulette aus wertvollen Materialien angeboten, die die Wöchnerinnen vor dem Neid Liliths wirksam schützen sollen.

Es ist eigentlich eine sehr schöne Vorstellung, dass Gott selbst die beiden Momente von männlich und weiblich in sich enthält. Daraus schafft er dann sein Ebenbild, das ebenfalls in dieser Einheit besteht.

Genau so sehe ich das auch. Können wir vielleicht gar von einer menschlichen »Zweieinigkeit« sprechen?

Das erste Problem entsteht dann bereits bei der Trennung dieses Wesens in Mann und Frau. Diese beiden Teile versuchen natürlich immer wieder zusammenzukommen und eine Einheit zu bilden.

Sie wollen eine Zweieinigkeit bilden, wie ich das gut jüdisch nennen möchte.

An sich ist das ein sehr schönes Bild, mit dem man, auch dann, wenn es der Kabbala entstammt, sehr viel anfangen kann. Das würde auch manche Fehlinterpretation dieser Geschichte – auf die wir gleich noch zu sprechen kommen – aus dem Weg räumen.

Nehmen wir erstens das Problem der »Rippe« auf: Das ist eine tendenziöse Geschichte, die wohl aus einem viel späteren Zeitraum stammt. In der christlichen Tradition wird die Frau in den Übersetzungen als aus der Rippe Adams geschaffen dargestellt. Schon in der Antike wusste man doch – wie heute aufgrund der Ausgrabungen bekannt ist –, dass ein Mann, der Theorie nach, operiert werden und dann auch mit einer Rippe weniger weiterleben konnte. Mit diesem Gedankengang hat man über Jahrhunderte die Minderwertigkeit der Frau ausgedrückt: Sie ist nur eine Rippe des Mannes, also nicht überlebensnotwendig. Das stimmt aber nicht, wenn man sich den Originaltext ansieht. Denn dort steht der Begriff »zella«, und das ist ausdrücklich das Wort für »Flanke«. Diesen Ausdruck kann man in der Bibel immer wieder finden. Wenn die Frau also als Flanke ihres Mannes dargestellt wird, dann hat der Mann natürlich nicht 24 Flanken wie bei den Rippen, sondern nur zwei. Mit lediglich einer Flanke kann er nun wirklich nicht auskommen. Damit ist also in der Bibel sehr wohl die Gleichwertigkeit von Mann und Frau ausgedrückt. In der Genesis-Geschichte heißt es obendrein an einer anderen Stelle: »Wenn der Mann heiratet, dann folge er seiner Frau!« Das ist doch erstaunlich, denn aufgrund unserer heutigen Erfahrungen im

Orient sollte man doch meinen, dass die Ordnung ganz anders wäre: Da wird dem Mann die Frau frei Haus geliefert und hat sich in seine Familie einzugliedern. Nein, in der Bibel steht es anders, und das ist dann auch tiefenpsychologisch sehr interessant, denn die ersten Jahre einer jungen Familie wurden und werden doch von der Frau geprägt. Gut, ich weiß, und ich mache mir da auch nichts vor, dass die Frau der Gewalt immer unterlegen ist. Wenn es um Aggression geht, ist leider selbstverständlich die Frau die Verliererin. Wenn es aber nicht um Gewalt geht, dann hat sie aus der Zweieinigkeit die gleichen Ressourcen wie der Mann mitbekommen. Das kann man auch an dem intelligenten und fast schon theologischen Gespräch erkennen, das Eva mit der Schlange führt – die freilich gar keine Schlange ist.

Man könnte fast sagen, dass sich Gott in dieser Geschichte als der erste Klonmediziner zeigt, indem er aus dem einen Menschen einen Teil herausnimmt und daraus einen zweiten Menschen formt, der zum ersten gehört. Könnte man das so sehen?

Nein, nicht einmal im Scherz. Die Schriftgelehrten bestreiten eine solche Idee. In der mittelalterlichen Diskussion sind solche Fragen auch aufgetaucht. Die Gelehrten sagen also, dass das nicht richtig interpretiert wäre. Das sollte man eher so sehen, dass da die Genesis-Geschichte zunächst eine bestimmte Überschrift bekommen hat, einen Titel, der anzeigt, dass damals beim Anfang aller Anfänge dieses und jenes geschehen sei. Erst nach dieser Hinleitung kommen die Einzelheiten, wie das alles geschehen ist. Die Gelehrten geben also dem Adam nicht den Vorzug, dass effektiv aus ihm heraus die Frau geklont wird. Im Gegenteil, er kommt die ganze Zeit über im Vergleich zur Frau doch ziemlich schlecht weg.

Das Ganze darf man sowieso nicht naturwissenschaftlich betrachten.

Nein, natürlich nicht. Obwohl ich doch manches in naturwissenschaftlicher Hinsicht interessant und nicht immer märchenhaft finde. Schauen wir uns die Geschichte doch mal ganz ernsthaft im Hinblick auf diese Frage an. Adam und Eva leben also im Paradies. Dieses Paradies kann man natürlich kabbalistisch verstehen, man kann es sich aber andererseits in gewisser Weise auch naturwissenschaftlich vorstellen. Es handelte sich wohl um eine äußerst fruchtbare Gegend, in der alles von alleine wächst und gedeiht. Aus diesem Grund wird damit die Sammlergesellschaft angesprochen, in der Mann und Frau gleichermaßen leistungsfähig waren. Wer so orientiert ist, kann diese ganze Geschichte, und sogar die Schöpfung selbst, sehr wohl in die Naturwissenschaft und deren Erkenntnisse einbauen – wenn auch mit einer beachtlichen Prise Phantasie. Den Begriff der Arbeit in dem Sinne, dass die Leute mühselig ihre Schafe gezüchtet hätten, gibt es ohnedies zu diesem Zeitpunkt in der Genesis-Geschichte noch nicht. Es könnten also tatsächlich Erinnerungen an die Sammlergesellschaft gemeint sein: Alles gedeiht, ohne dass der Mensch irgendetwas dazu tun müsste. Es gibt viele dieser Auffälligkeiten im weiteren Verlauf dieser Geschichte. Die Ersten, die arbeiten und für die Bedürfnisse des Lebens selbst produzieren müssen, sind dann Kain und Abel. Es ist nun die Frage, wie fromm jemand ist bei der Interpretation der Bibel, und ich will mit meinen Vermutungen keinesfalls jemanden kränken: Wenn man sehr fromm und buchstabentreu ist, dann glaubt man wortwörtlich alles und meint, dass es sich bei einem jeden Tag der Schöpfungswoche jeweils um 24 Stunden handelte. Es könnten aber auch 24 Millionen Jahre sein – was an der Größe des Wundergeschehens nichts ändert.

Die nächste Stufe wird bei Kain und Abel als »Hörnles- und Körnlesbauern« erreicht – die wir uns als ewig streitende Cowboys und Farmer vorstellen können. Sie greifen ein in die Natur und züchten Schafe oder pflanzen Getreide an. Diese beiden Protagonisten, der Herdenbesitzer und der Bauer, prallen dann auch später aufeinander.

Die nächste Phase war die Phase der Stadtgründung. All das ist in der Genesis-Geschichte in Hinweisen enthalten. Die Städtegründer sind also weggegangen von der ursprünglichen Urbarmachung des Bodens.

Die übernächste Phase repräsentiert ebenfalls einen weiteren Eingriff in die Natur. Die Entwicklung geht nämlich weiter bis zu Nimrod, dem Jäger, der bereits ein Jagdgerät entwickelt hat und in den Wald zum Erlegen der Tiere geht. Dabei gibt es dann parallel auch eine Entwicklung der Frau: Bei der Jagd kann sie längst nicht mehr mithalten wie einst beim Sammeln. Stattdessen bleibt sie zu Hause und ist dort für die Kinder verantwortlich. Eine gewaltige Leistung voller Risiken, Mühen und Herausforderungen. Unsere Eva jedenfalls ist sehr klug: Sie ist sogar bereits imstande, ein kleines Jubelgedicht zu verfassen bei der Geburt ihres erstgeborenen Sohnes Kain. Sie jubelt: »Mit Gott habe ich einen Mann gezeugt!« Sie sagt nicht, dass sie das mit ihrem lieben Adam vollbracht hätte. Ich folgere daraus, dass das damals interessanterweise so gewesen ist, wie es heute noch auf bestimmten Südseeinseln der Fall sein soll: Die Menschen wussten möglicherweise noch nichts über den Zusammenhang von Sexualität und Geburt. Jedenfalls beginnen erst nach dem Paradies Erwähnungen von Arbeit, Sexualität und Geburt.

Man darf aber auf keinen Fall übersehen, dass diese ersten Kapitel in einer sehr poetischen Sprache geschrieben sind. Die Mythologien der Welt hatten nämlich immer auch einen literarischen Anspruch: Sie sprechen in Bildern, in Zeichen, in Metaphern usw., die nicht einfach als simple historische Handlungen genommen werden dürfen. Stattdessen wollen sie den Menschen jeweils auf etwas ganz Grundsätzliches hinweisen.

Nehmen Sie als Beispiel diese merkwürdige Aussage: Mitten in der Geschichte heißt es plötzlich: »Und sie sahen, dass sie nackt waren.« Das macht mich wirklich sprachlos, denn das ist ganz sicher ein Teil unserer menschlichen Erinnerungen. Das bezieht sich zum einen natürlich auf jeden Einzelnen von uns, denn das Kind merkt auch eines Tages, dass es den Unterschied zwischen den Geschlechtern gibt.

Das betrifft aber auch die Entwicklungsgeschichte der Menschheit insgesamt. Möglicherweise ist das auch eine Erinnerung an die Hominiden, die eines Tages den aufrechten Gang entwickelten. Dazu gibt es eine wunderschöne rabbinische Legende: Es heißt in der Bibel, dass sie lernten, sich aus den Blättern des Feigenbaumes Kleidungsstücke zu machen. Sie lernen also die Scham kennen. Das ist etwas Neues. Kinder lernen ebenfalls plötzlich die Scham kennen. Alte Menschen wiederum verlieren im Laufe des Alterns auf tragische Weise diese Scham. Das ist oft eine traurige Entwicklung, aber der Weg allen Fleisches. Der Kreis schließt sich eben auf diese Weise.

Adam und Eva lernen also die Scham kennen und machen sich daher aus Feigenblättern Kleidungsstücke, um ihre Scham zu bedecken. Die rabbinische Legende wiederum erzählt zu dieser Stelle, dass sich der Feigenbaum unglaublich angestrengt habe, um extra große Blätter zu produzieren, damit das zur Bedeckung der Scham auch wirklich ausreicht. Das ist eine schöne Legende. Warum hat er sich so angestrengt? Weil er ein schlechtes Gewissen hatte! Denn mit der Frucht des verbotenen Baumes ist nicht, wie es in den christlichen Übersetzungen steht, der Apfel gemeint. Nein, dieser Apfel wurde überhaupt erst im 19. Jahrhundert im Orient gepflanzt: Er ist eindeutig eine europäische Frucht. Es war also ganz bestimmt kein Apfel, obwohl er in der bildenden Kunst in Bezug auf diese biblische Szene in ganz Europa oft dargestellt worden ist: in Holz geschnitzt, in Gold und Silber gegossen oder in Farbe gemalt. Wenn es also kein Apfel war, dann stellt sich doch die Frage, welche Frucht des Baumes es denn gewesen ist, von der die biblische Geschichte handelt. (Die Wurzel der christlichen Fehlübersetzung, dass es sich bei der Frucht des Baumes um einen Apfel handelt, ist das lateinische Wörtchen »malum«, welches sowohl das Böse wie auch den Apfel bedeuten kann.) Es gab damals sieben Früchte, die im Lande der Bibel gediehen und die auch erwähnt werden: Weizen, Gerste, Wein, Feigen, Granatäpfel, Oliven und Datteln. Am plausibelsten scheint hier ohne Zweifel die Feige zu sein. Damit schließt sich der Kreis der Geschichte auch wieder: Der Feigenbaum hat wegen des so genannten »Sündenfalls« als Mitschuldiger ein schlechtes Gewissen und produziert aus diesem Grund sehr große Blätter, damit die Scham bedeckt werden kann – als Wiedergutmachung sozusagen.

Kehren wir doch zur Situation des Adam zurück. Ein gewisser Widerspruch scheint vorhanden zu sein. Gott meint, dass es nicht gut sei, wenn Adam alleine bliebe. Aus diesem Grund muss man ihm also eine Gehilfin schaffen. Diese Gehilfin bekommt dann auch den Namen »Männin«, also Frau. Da Adam aber zuvor doch schon Mann und Frau in sich vereinigt hatte, hätte er doch eigentlich zufrieden sein müssen. Was ist da inzwischen passiert?

Welch ein Kompliment: Er kann es allein nicht einmal im Paradies aushalten. Er ist nicht zufrieden! Ich habe es doch schon erzählt. Er suchte sich sogar unter den Tieren eine Gefährtin, weil er entsetzlich einsam war. Die Tiere gehen vorbei und er gibt ihnen Namen. In Adam sind, wie gesagt, männliche und weibliche Eigenschaften – wie in Eva auch – eingestiftet.

Ja, schon. Aber davor, was ist davor? Vorher muss er doch glücklich gewesen sein, wenn er als Ebenbild Gottes auf diese Erde gekommen ist.

Wir sind uns doch einig, dass das Ebenbild keine Fotografie ist: Mit »Ebenbild« ist der Funke Gottes gemeint. Das ist, ebenso wie Eva als »Gehilfin«, nur eine Fehlübersetzung. Es gibt im Deutschen mindestens 15 verschiedene Bibelübersetzungen. Da gibt es die katholische Übersetzung, die

Jerusalemer Bibel, die Einheitsübersetzung, die Elberfelder Übersetzung, die verschiedenen Fassungen von Martin Luther, die Zürcher Übersetzung und so weiter. Es gibt aber in ihnen doch gravierende Fehler und Unterschiede wie etwa zwischen »Hilfe« und »Gehilfin«. In diesem Fall muss ich die katholische Übersetzung loben, denn sie versteht das richtig. »Ezer kenegdo«, das hebräische Original, heißt nämlich: »Sie, Eva, ist eine Hilfe ihm entgegen.« Eva als »Gehilfin« stammt aus dem mittelalterlichen Duktus des Martin Luther, den ich sehr schätze, der aber doch auch viele Fehler machte. Er selbst jammerte ja, dass er nicht genug Hebräisch könne, um das alles richtig zu übersetzen. »Wenn ich noch einmal jung wäre,«, schreibt er doch, »dann würde ich Hebräisch richtig lernen. Ohne Hebräisch kann man Die Schrift nimmermehr recht verstehen, denn die Hebräer trinken aus der Bornquelle. Die griechischen Übersetzer der Bibel trinken aus den Wässerlin, die aus dieser Bornquelle fließen, die lateinischen jedoch trinken aus den Pfützen!« Wie wahr! Er hat also in der ersten Fassung diese Stelle mit »Mann« und »Männin« übersetzt. Das ist sehr schön. Bei der zweiten Fassung korrigiert er das jedoch und macht daraus »Mann und Frau«. Mann und Männin wäre aber schöner gewesen. Im Hebräischen heißt das nämlich »isch« und »ischah«. Bleiben wir also bei »Mann und Frau«. Kommen wir wiederum zur Frage der »Gehilfin«. Diese lutherische Übersetzung ist natürlich schon geringschätzend gemeint, weil »Gehilfin« natürlich weniger wert ist als »Hilfe«. Wie gesagt, ich muss hier die katholische Übersetzung ausdrücklich loben, denn sie spricht an dieser Stelle von Eva als der »Hilfe ihm entgegen«. Das ist ganz analog zum Psalm 121, in dem es heißt: »Wo ist meine Hilfe?« Damit ist aber Gott gemeint. Das gleiche Wort, »ezer«, wird an dieser Stelle der Genesis also in der katholischen Übersetzung auch für die »Frau« verwendet. Das ist dann wirklich richtig übersetzt. Was machen wir aber mit diesem Ausdruck »ihm entgegen«? Das ist wie in England mit dem Parlament: »Her Majesty's loyal opposition«. Gemeint ist damit: »Du bist Hilfe, du bist loyal, du gehörst dazu, aber du darfst auch opponieren!« Kein Widerspruch!

Adam und Eva werden also ins Paradies gesetzt. Die Vorstellung eines Paradieses ist auch im Vorderen Orient entstanden, denn sie kommt in den anderen Mythologien und Religionen dieser Gegend ebenfalls vor.

Ja, da haben Sie Recht.

Im Orient taucht also immer wieder ein wunderbares Land auf, in dem alles in Ordnung ist, in dem es keine Unruhe gibt. In dieses wunderbare Land werden dann eines Tages die Geschöpfe Jahwes wieder zurückkehren. War das Paradies wirklich die Vorstellung eines idealen Landes? Denn das Paradies unterscheidet sich doch sehr stark von diesem steinigen Acker, auf den die ersten zwei Menschen dann hinausgetrieben werden.

Das ist die nächste Entwicklung, wie ich meine. Ich lese diesen Text so, dass er entweder unsere individuelle, persönliche und menschliche Entwicklung – von der Kindheit an bis zum Heranwachsen – oder aber die Geschichte der Menschheit insgesamt darstellt. So sehr spricht mich diese Bibel an, so viel an Botschaft steckt dahinter. Das ist zunächst einmal eine Gesellschaft, in der Gleichberechtigung herrscht und in der man, weil es eben eine Sammlergesellschaft ist, nicht den Boden bearbeiten muss. Dies hat aber seine Grenzen, eben dort, wo wir persönlich auch erwachsen werden müssen, was so manchen Menschen schwer fällt.

Damit kommen wir nun zu der biblischen Geschichte mit dem Engel. Ich will zwar niemanden seines Kinderglaubens berauben – dass Engel diese sonderbaren Geschöpfe mit weißen Fittichen sind –, aber es ist nun einmal so, dass »mal'ach« nichts anderes als »Bote« heißt. Dieser Bote kann nun vielerlei verschiedene Gestalten annehmen: Er kann ein beruhigendes Wort sein wie bei Hagar und dem

Engel. Das ist ein Sich-selbst-Finden, weil einem Gott die Gelassenheit schenkt.

Manchmal kommt der Bote auch in der Gestalt von Männern.

Ja, das ist ganz verschieden. Manchmal sind es tatsächlich drei Männer, die kommen, wie bei Abraham und Sara. Es kann aber auch wie bei Elija ein Rabe sein. Die Aufgesuchten kommen dabei zur Ruhe und betrachten den Boten selbstverständlich als einen Gesandten Gottes bzw. das zur Ruhe Kommen als eine Einwirkung Gottes. Aber das sind alles keine Engel, wie man sie sich heute noch in irgendwelchen Engelsgesellschaften vorstellt. Dies bildet den Hintergrund, wenn wir nun auf den Engel am Rande des Paradieses zu sprechen kommen: Das ist das Stadium, in dem jeder Mensch einmal hinaus muss ins Leben. Aus ist der Traum von der Kindheit. Viele von uns würden gerne wieder zurückkehren und wieder Kind sein. Aber auch auf der Ebene der Politik gibt es solche Sehnsüchte: Die Vorstellung von der guten, unschuldigen und lieben Natur hat auch mit diesem Wunsch nach Geborgenheit zu tun. Das ist aber nur eine Illusion, denn die Natur kann selbstverständlich sehr grausam sein, der Stärkere frisst noch immer den Schwächeren. Flut, Dürre und Erdbeben sind grausam. Dieser Engel symbolisiert die Unmöglichkeit der Rückkehr, dieses Jung-bleiben-Wollen. Aber es ist auch ein Trost mit dabei. Denn »Gott schickte sie fort und er machte ihnen Kleider«. Auch hier ist wieder eine Botschaft drin: Obwohl Adam und Eva nicht gehorsam waren, liebt Gott sie und macht ihnen Kleider aus Wolle (wofür allerdings kein Tier getötet werden musste). Danach schickt er sie dann hinaus auf ihren neuen Lebensweg. Das müssen wir bildhaft so verstehen, und eigentlich passiert das mit uns bis heute.

Diese beiden Menschen hatten sich im Paradies wohl gefühlt. Sind sie eigentlich von Gott in Versuchung geführt worden mit dieser ominösen Frucht eines Baumes, mit der »Frucht der Erkenntnis«, wie es heißt?

Das sehe ich keineswegs so. Ich werde gleich zur Schlange selbst kommen, aber zuvor noch unmittelbar dazu Folgendes: Ich sehe es keineswegs so, dass Gott sie versucht. Man könnte hier auch das »Vaterunser« ins Spiel bringen, wo ebenfalls von Versuchung die Rede ist. Aber das müssen wir wohl auf ein anderes Mal vertagen. Jedenfalls ist es so, dass dieses Gebet auf jüdischen Quellen basiert. Es heißt dort »und führe mich nicht in Versuchung«. Jakobus sagt das im Neuen Testament auch: »Gott führt nicht in Versuchung!« Die Französische Bischofskonferenz hat in diesem Sinn das »Vaterunser« bereits neu übersetzt: »Gott, lass uns der Versuchung nicht erliegen.« Sicher, Gott stellt ein paar große Gestalten, ein paar wichtige Leuchten der Menschheit auf die Probe. Abraham, Hiob, Jesus will er sehr wohl in Versuchung bringen. Aber es ist doch immerhin so, dass heute jeder eine Prüfung bestehen muss, wenn er einen Beruf ergreift. In der Bibel war das jedenfalls immer nur die Prüfung der großen Gestalten: Gott stellt sie auf die Probe. Aber es heißt auch ausdrücklich, dass unsereiner nicht geprüft wird, denn wir könnten gar nicht bestehen. Wir sind auf die Gnade Gottes angewiesen. Es ist also überhaupt keine Frage: Gott versucht uns nicht! Nun gibt es in diesem Garten, in dieser Sammlergesellschaft genug Bäume, von denen man leben kann. Alles ist da, und man muss noch nicht einmal arbeiten. Erst nach dem Wegschicken müssen die Menschen anfangen zu arbeiten. Auch die Sexualität und das Kinderkriegen kommen erst dann ins Spiel. Sie sind in diesem Paradies total versorgt. Es gibt heute, hier in München auf dem Patentamt, Fälle, bei denen Chimären zum Patent angemeldet werden. Ein Wissenschaftler meldet einen Besitz an, weil er ein Tier geschaffen hat, das aus einer Kombination von zwei verschiedenen Tieren besteht. Das ist ein Eingriff in die Schöpfung. Hier werden Grenzen überschritten.

Und er lässt das Ergebnis dann patentieren.

Ja, das gehört ihm dann, sozusagen. Und genau davon, genau von diesem Problem handelt die Genesis-Geschichte meines Erachtens. Die Menschen haben alles, sie leben in totaler Glückseligkeit. Es gibt auch keine Einsamkeit, und sie sind winters wie sommers vollkommen versorgt: Sie sind beschützt durch Gottes Liebe. Diese beiden Menschen können trotzdem nicht gehorchen – und genau darin besteht das Problem. Hier kommt nun etwas ganz Tragisches mit ins Spiel: Der Begriff der Erbsünde kommt in dieser ganzen Geschichte an keiner Stelle vor. Oder haben Sie diesen Begriff irgendwo gefunden? Nein. Er kommt in der jüdischen Tradition überhaupt nicht vor.

Das ist alles erst später christlich so interpretiert worden.

Ich bin froh, dass Sie das so sagen. Dieser Begriff kommt tatsächlich nicht vor. Es geht nämlich nicht um Sünde, nicht um Erbsünde, sondern um Gehorsam. Das ist so wie bei den Zehn Geboten auch. Das zieht sich sogar durch bis zur Bergpredigt des Rabbis von Nazaret. Die Menschen im Paradies haben also alles, was sie brauchen und wünschen: Sie sollen lediglich gehorchen und sich der gesetzten Grenzen bewusst sein und bewusst bleiben. Sie dürfen die Früchte des einen Baumes unter einer Fülle von Tausenden von anderen Bäumen und Sträuchern nicht genießen. Das ist eine Frage des Gehorsams: Wenn du gehorsam bist, dann wirst du allen Segen der Welt bekommen, wenn du nicht gehorsam bist, dann musst du mit den Folgen leben. Und genau mit diesen Folgen müssen sie leben.

Warum muss man denn gehorsam sein, um dann genau diese Unterscheidung zwischen Gut und Böse nicht erfahren zu können?

Wir leiden darunter bis heute, denn es steht geschrieben: »Sie waren Gott ähnlich, aber sie wollten Gott gleich sein.« Das ist das wirkliche Problem bis auf den heutigen Tag.

Das ist möglicherweise der Fall. Aber diese Erkenntnis, zwischen Gut und Böse unterscheiden zu können, wäre doch eigentlich in jedem Fall sehr wünschenswert.

Dieses »Gut« und »Böse« ist doch nicht mit dem heutigen »Gut« und »Böse« zu vergleichen. Wenn es im Buch Jona heißt, dass es um rechts und links geht, dann darf man das auch nicht wörtlich ins Heutige übersetzen. Nein, so blöd waren sie nicht, sie konnten rechts und links, wie wir das heute verstehen, sehr wohl unterscheiden, es ging eben um Tieferes, es waren wiederum Symbole. Nein, von »Gut« und »Böse« wussten sie auch schon im Paradies: Darum geht es gar nicht. Es geht vielmehr um den Unterschied zwischen Mensch und Gott. Sie haben alles, wirklich alles. Vorhin haben Sie selbst den Vergleich mit anderen Mythologien hergestellt: In den Mythologien des Mittleren Ostens war der Mensch doch der letzte Dreck im Vergleich zum griechischen Götterhimmel. Nein, hier ist es so, dass der Mensch aufrecht geht: Er ist ein Kind Gottes, der Freigelassene der Schöpfung. Wir lernen an der Schöpfungsgeschichte, dass der Mensch aufrecht gehen kann, in psychischer wie physischer Hinsicht. Und dennoch gibt es eine Grenze, denn sonst könnte man tatsächlich meinen, er sei nun Gott gleich. Die Tragödie besteht darin, dass Adam und Eva auch diese Grenze überschreiten wollen. Das entspricht, wie ich meine, genau unserer heutigen Situation: Die Gefahr ist nach wie vor gegeben. Nein, es geht noch immer um diese Grenze: Diese Grenzen müssten auch wir einhalten, auch wenn manche von uns sich wie Gott fühlen.

Ist das nun der Eintritt des Bösen in die Geschichte der Menschheit?

Nein, das glaube ich ausdrücklich nicht, das bleibt offen. Die biblische Botschaft lautet schon bei Kain deutlich: »Die Sünde lauert vor deiner Tür (eigentlich vor der Tür deines Herzens), aber du kannst ihrer Herr werden.« Die Verlockung ist also immer da, von Anfang an. Die Mystik sagt dazu, es seien zwei Pole in den Menschen eingepflanzt. Das führt wie bei der Elektrizität zu einer Spannung. Diese Spannung ist zwar da, aber man kann ihrer auch Herr werden. Dass man es kann, wird meistens vergessen. Die Ausleger meinen, dass nichts Gutes in der Geschichte der Menschheit geleistet worden wäre, wenn wir diese Spannung nicht gehabt hätten. Natürlich gibt es auch eine Gegenseite, wenn wir an das Schlechte denken, das auch geschehen ist.

Eva bekommt in unserer Geschichte jedenfalls die Rolle zugewiesen, sich mit der Schlange zu unterhalten. Das heißt, Adam sitzt irgendwo im Gebüsch und hat damit nichts zu tun. Es ist zwar auch an ihn dieses Verbot ergangen, aber Eva wird vom Erzähler bzw. von den Erzählern dieser Geschichte vorgeschickt. Später wird sie dann auch dafür bestraft, wie man sagen könnte. Ich interpretiere hier einmal absichtlich ein wenig provozierend und sage, dass hiermit die Frau das Böse geworden ist. In der weiteren christlichen Theologie ist daraus dann die Versuchung geworden: Das Weib versucht immer den Mann! Die Frau hat sich damit zum Kumpan des Bösen gemacht.

Das haben Sie jetzt schön christlich gesagt!

Ich wollte damit nur provozieren.

Es ist jedenfalls so, dass der Text diese Interpretation nicht hergibt, ausdrücklich nicht. Ich habe volle Sympathie für christliche Theologie, das brauche ich hier eigentlich gar nicht zu betonen. Augustinus sagte hierzu jedenfalls: Es gibt einen bösen Adam, und deswegen gibt es in der Heilsgeschichte später einen »neuen Adam«, nämlich Jesus von Nazaret, der die »Erbsünde tilgt«. Ferner gibt es auch eine sündige Eva, und deswegen gibt es später eine »neue Eva«, nämlich die Maria, die deren Sünde tilgt. Das ist christliche Theologie.

Was gibt der ursprüngliche Text stattdessen her?

Dazu komme ich gleich. Augustinus, der Kirchenvater, sagt jedenfalls: »Wir sündigen alle, *weil* damals Adam und Eva gesündigt haben.« Aus dieser Stelle hat er die Erbsünde abgeleitet. Sie ist gewissermaßen durch die Sexualität vererbbar.

Das ist für einen Juden natürlich völlig unverständlich.

Diese Erbsünde ist nicht da. Es gibt sie wörtlich nicht. Jüdische Menschen sündigen natürlich auch. Aber *wie* Adam und Eva, nicht weil, sodass jeder Mann und jede Frau für sich Verantwortung trägt. Es gibt keine Kollektivschuld und keine Kollektivunschuld und keine Sündenvererbung.

Damit wird die Sexualität natürlich etwas Schlechtes.

Ja, selbstverständlich. Das ist eine der Wurzeln der christlichen Leibfeindlichkeit. Daher braucht das Christentum laut Augustinus den neuen Adam und die neue Eva, also Jesus und Maria.

Um uns von der Sünde zu reinigen.

Genau. Nun komme ich aber zum hebräischen Original: Die Rede ist selbstverständlich von diesem Ungehorsam. Das heißt also, dass wir alle auch keine Heiligen sind. Jeder Einzelne kann sich aufraffen, kann sich selbst aus dem Sumpf herausziehen – beinahe wie der Baron von Münchhausen. Das soll man sogar tun: Man soll sich selbst aus dem Sumpf ziehen, man soll die eigenen Kinder so erziehen, dass man nicht sündigt, dass man nicht ungehorsam ist wie damals Adam und Eva. Dieses »Wie« ist doch ein Riesenunterschied im Vergleich zum »Weil«.

Lassen Sie uns auf dieses Gespräch der Eva mit der Schlange eingehen: Was wird in ihm verhandelt?

Dazu wollte ich vorhin schon etwas korrigieren: Der Adam sitzt keineswegs im Abseits während des Schlangengesprächs, sondern ist die ganze Zeit über mit dabei.

Er ist also nur ein Feigling, der da einfach zuschaut und nicht selbst handelt.

Er braucht jedenfalls nicht verführt zu werden! Das Wort »Verführung« kommt nicht vor, genauso wenig wie das Wort »Sünde«. Man möge mir verzeihen, denn ich will hier natürlich viele gute und brave Menschen nicht in Rage versetzen, aber Adam wird hier wirklich nicht als Verführter beschrieben. Er sitzt dabei, und im Kapitel drei lesen wir wörtlich: »Und er nahm von der Frucht und aß.« Das heißt, er ist ein sturer, nicht widersprechender und langweiliger Mit-Esser. So wird er uns vorgestellt.

Er hätte ja auch etwas sagen können.

Genau, er hätte auch widerstehen können! Er hätte der Eva auf die Finger klopfen und sich davor schon am Schlangen-Gespräch beteiligen können. Und nun komme ich zur Schlange. Im ganzen Mittleren und Nahen Osten ist zwischen der Schlange und der Frau bis zum heutigen Tag eine gewaltige Spannung vorhanden. Der Mensch lernte es nämlich, sich im Laufe der Jahrtausende gegen jedes andere Tier wie Tiger, Löwen oder Elefanten zu schützen. Man sprang entweder auf ein hohes Dach, wenn man eines hatte, oder man kletterte auf einen hohen Baum. Es gab eine Vorwarnfrist.

Elefanten kann man sogar domestizieren.

Man kann auch mit dem Ohr am Boden horchen, wann und von wo die Herden anstürmen. Das einzige Tier, das für die Frau traumatisch, weil unangekündigt blieb, ist die Schlange. Die Frau ist diejenige, die allein zu Hause war, während der Mann, wie ich vorhin bereits angedeutet habe, auf der Jagd war. An sich ist die Frau mit gewaltigen Kräften ausgestattet. Die braucht sie auch, um zehn oder zwölf Kinder großzuziehen. Aber gegen Gewalt hat sie kein Mittel.

Eine faszinierende Frage wäre nebenbei, was denn aus der Frau heute in Europa werden wird, wenn sie nicht mehr so viele Kinder bekommt: Was macht sie mit ihrer Ausstattung, mit ihren beachtlichen Kräften? Aber das wäre wiederum ein anderes Thema.

Wir sind also bei der Schlange: Völlig unbemerkt zischt die Schlange aus dem Gebüsch hervor. Das stellt das Trauma der Frau mit ihren vielen Kindern dar. Es gibt keine Widerstandsmöglichkeit gegen diese Schlange. Nun kommt aber der große Schock in dieser ursprünglichen Geschichte, um die es uns heute geht: Es ist keine weibliche Schlange, sondern der männliche Schlangerich. Das ist eine weitere Komponente für Mystiker und Kabbalisten im Hinblick auf das Thema der Sexualität. Dieser Schlangerich geht auch noch quasi aufrecht. Das erinnert mich an Dinosaurier. Wer weiß, vielleicht liegt uns hier tatsächlich eine solch dunkle Erinnerung der Menschheit vor. Das ist übrigens nicht allein von mir so hineingelesen worden. Dieser Schlangerich spricht also mit Eva. Der Adam ist die ganze Zeit mit dabei.

Er greift aber nie ein.

Das ist es doch, was ich diesem alten Adam vorwerfe! Ich bleibe mal für einen Moment bei der deutschen Ausdrucksweise: Es heißt an dieser Stelle nämlich, dass die Schlange das listigste Tier sei. Und das ist richtig, denn sie ist wirklich ein listiges Tier. Für die Frau gilt das ganz besonders. Warum? Sie kann nämlich etwas, was wir alle gerne können würden. Die Schlange kann sich verjüngen! An dem einen Tag ist sie eine alte Schlange mit abgenutzter, welker Haut und morgen ist sie eine wunderschöne junge frische Schlange. Das ist es doch, was auch wir gerne könnten. Für die Frau ist das also eine gewaltige Herausforderung. Die Schlange ist, gemäß der Übersetzung von Luther, das listigste Tier. Im hebräischen Original wird das ebenfalls so ähnlich ausgedrückt. Diese Schlange wendet sich also von sich aus direkt an die Frau, und nicht an den Mann, wie wir gut orientalisch hätten erwarten dürfen. Die beiden führen dann miteinander ein interessantes theologisches Gespräch: über die Zukunft der Menschheit, den Willen Gottes und so weiter. Sie reden eigentlich so, wie auch wir beide heute miteinander sprechen! Wenn man den Text liest, stellt man jedoch fest, dass die Eva einen schrecklichen Fehler begeht. Sie redet zwar Tacheles, wie man so schön sagt, über die Zukunft der Menschheit und darüber, was Gott will, aber sie übertreibt dabei. – In Klammern möchte ich hier einfügen, dass auch Paulus von Tarsus sehr, sehr viel später mit der Schlange zu tun hat. Als er in Malta schiffbrüchig wird, kommt er an das Ufer der Insel, und sofort sind Gaffer da. Immer wenn ich so etwas im Fernsehen sehe, muss ich an Paulus denken: Die Gaffer sind schon wieder da! Plötzlich zischt dort am Ufer eine Schlange aus dem Gebüsch hervor. Paulus kennt aber diesen Griff, den bis heute die Zoologen beherrschen. Er packt die Schlange zwischen Kopf und Rumpf. Daraufhin sagen die Gaffer: »Das ist ein Gott. Dieser Mann, der da mit dem Schiff gekommen ist und Schlangen beherrscht, ist ein Gott!« Da haben wir sie wieder, diese Wucht der Schlange. Paulus muss das alles dann lange abwehren und den Leuten erklären, dass er ganz bestimmt nicht Gott sei. – Das nur nebenbei, als Illustration zum Thema Mensch und Schlange.

Die Schlange verführt also Eva.

Nein, sie verführt sie nicht, sie unterhalten sich miteinander. Die Schlange fragt: »Was ist das eigentlich mit eurem Gott? Was sollt ihr tun und was dürft ihr nicht tun?« Hier übertreibt nun die Eva, denn sie sagt: »Wir leben im Paradies, wir haben alles, was wir brauchen. Ich und Adam, wir sind die Herren des Ganzen. Nur die Früchte dieses einen Baumes dürfen wir nicht essen oder berühren.« Peng, das war der Fehler, denn von »berühren« war nie die Rede. Im Hinblick auf diese Stelle hat sich im Laufe der Zeit auch eine wunderschöne rabbinische Diskussion herausgebildet: Warum hat Eva das getan? Von Verführung sprechen die Ausleger allerdings nach wie vor überhaupt nicht. Die listige Schlange sagt jedenfalls auf die Antwort der Eva: »Wieso? Schau mal, ich berühre diese Frucht, du berührst sie – und nichts passiert.« Daraufhin erst isst Eva auch von dieser Frucht, die, wie wir schon geklärt haben, kein Apfel war, sondern eine Feige. Sie hatte davor mit dem angeblichen Verbot, die Frucht anzufassen, übertrieben, und die Rabbiner diskutieren aus diesem Grund seit langem darüber, warum sie das gemacht hat. Hat Adam sie falsch aufgeklärt? Hat er dabei vielleicht übertrieben? Andere Rabbinerschulen sagen jedoch: »Nein, so viel Witz trauen wir ihm gar nicht zu, dass er übertrieben haben könnte.« Sie hat also übertrieben, und weil die Schranke nun mal schon gefallen ist, isst sie auch munter weiter von dieser Feige. Anschließend gibt sie auch Adam davon. Von Verführung ist überhaupt keine Rede, sie war nicht notwendig. Wir lesen: »Er nahm die Frucht und aß.« Fertig. Er ist der »fröhliche« Mitesser. Das ist bis heute das Problem mit der Sünde geblieben: Wenn man einmal diese Schallmauer durchbrochen hat, dann fallen alle Schranken, dann sind alle Wege offen. Wenn man z. B. einmal nur einen kleinen Versuch mit Drogen gemacht hat, wird man abhängig.

Lassen Sie uns am Ende noch ein wenig über die Entdeckung der Sexualität und der Scham sprechen. Sie haben das vorhin schon angesprochen: Ist denn mit dem Essen dieser Frucht sozusagen die Sexualität in die Welt gekommen?

Nein, ausdrücklich nicht. Ich habe es vorhin schon erzählt, dass es plötzlich und aus heiterem Himmel heißt: »Und sie sahen, dass sie nackt waren.« Was mir jedoch auch wichtig ist, ist folgender Gedanke: Gott macht kurze Zeit später »einen Spaziergang durch den Garten Eden«. Das ist eine Metapher, die man nun wirklich nicht wörtlich nehmen darf. Das widerspräche der Tatsache, dass die ganze Schöpfungsgeschichte eigentlich eine wunderbare Evolutionsgeschichte darstellt. Gott spaziert also – allegorisch – durch den Garten Eden. Gemeint ist damit, dass sich in Adam und Eva, in ihrem Innersten, vielleicht doch etwas gerührt hat nach dieser Geschichte mit der Frucht und sie vielleicht doch um Vergebung ansuchen würden. Gott fragt daraufhin den Adam: »Wo bist du?« Das ist allerdings keine irgendwie geographische Frage nach seinem Standort, nein, er fragt so, wie man Sie heute fragen könnte: »Flemmer, was ist denn los mit dir?« Zu Eva sagt Gott: »Was hast du getan?« Das ist die gleiche Frage wie viel später bei Kain: »Wo ist dein Bruder?« Adam, anstatt um Entschuldigung zu bitten, anstatt zu sagen …

… »Ich habe einen Blödsinn angestellt« …

Ja, bei Kain war das schon anders. Deswegen ist das Kainsmal auch kein Schuldzeichen, sondern ein Bewährungszeichen, weil Kain nämlich schon um Vergebung gebeten hat. Adam aber sagt stur und störrisch: »Das Weib, das du mir gegeben hast, gab mir von der Frucht und ich aß.« Das ist das Infame und das ist die Stelle, die bis heute eigentlich für jeden Mann lehrreich sein sollte: Adam sucht Sündenböcke für sein eigenes Verhalten. Er findet in dem Fall sogar gleich zwei Sündenböcke: Gott selbst und seine Frau Eva. Auch unsere Eva ersucht nicht um Vergebung.

Sie gehen dann aus dem Paradies hinaus, und Adam wohnt Eva bei. Daraus entstehen die Kinder, weil auch weiterhin der Spruch gilt: »Vermehret euch und bevölkert die Erde.«

Das heißt: »Seid fruchtbar und mehret euch und füllet die Erde.« Im ganzen ersten Buch Mose findet sich kein einziges Gesetz, und deswegen glaube ich, dass auch hier kein Gesetz und kein Befehl vorliegt. Es handelt sich um einen Segen zu einer Zeit, als die Erde wüst und leer war. Eine Aussicht, sie »zu füllen«, stellte aber keinen Befehl dar.

Das sind alles nur Möglichkeiten.

Eigentlich mehr als das. Die Erde war wüst und leer, sie war eine Wüstenei, also wirklich segensbedürftig. Die Kinder starben bereits im frühen Alter, es gab eine hohe Frauensterblichkeit, schlimme Dürren und furchtbare Überschwemmungen. Nein, es ist ausdrücklich von Segen die Rede, und nicht von Befehl.

Ja, das liegt in der Verantwortung unseres Lebens hier auf der Erde.

Abraham –
Der Erzvater

Abraham ist für mich eine der faszinierendsten Gestalten des Alten Testaments. Was ist das Besondere und Einzigartige an ihm? Ist es der Bund, den Gott mit ihm schließt oder das Herausrufen aus allen anderen? Was ist so faszinierend an dieser Figur?

Eine ganze Menge. Zunächst einmal ist es so: Wenn wir hier von Abraham sprechen, muss ich – auch wenn es merkwürdig klingt – sagen, dass ich das Gefühl habe, dass er hier bei uns sitzt. Denn er ist vor allem ein Mensch wie du und ich. So erzählt uns die Bibel auch über seine Schwächen und seine Stärken, über das Menschliche und auch über die vielerlei Fragen hinsichtlich seiner Familie. Aber das Wichtigste dabei ist das tiefe, unbedingte Gottvertrauen, das zu diesem Zeitpunkt in der Bibel eine Neuheit darstellt. Damit fängt mit Abraham eine neue Epoche an in der Geschichte des Monotheismus, also für drei Religionen.

Ist diese neue Epoche die des Bundes mit den Menschen?

Ich habe es jetzt eigentlich anders gemeint. Ich meinte, dass es ein Urvertrauen des Menschen gegenüber Gott gibt. Damit ist Abraham wirklich ein Neuerer. Ich lerne zum Zweiten bei Abraham auch viel über den Umgang der Menschen miteinander. Auch da beginnt eine ganz neue Phase. Dazu will ich etwas sagen, was mir quasi auf den Nägeln brennt: Heutzutage fragt nicht nur in München der Mensch oft danach, was die Regierung, der Staat, die Lobby oder die Partei für ihn tun kann, selten aber wird umgekehrt gefragt. Bei Abraham finden wir – und das wäre eben etwas, an dem wir uns ein Beispiel nehmen könnten – das Bekenntnis »hineni«. Mit diesem originalen Wort aus dem Hebräischen ist eigentlich alles gesagt, denn es bedeutet: »Ich bin bereit, ich nehme es an!« Abraham sagt das auch bei sehr schwierigen Aufgaben, auch bei unbekannten Zielen. Dieses »hineni« wäre doch genauso für unsere heutige Gesellschaft ein klares Prinzip.

Abraham steht aber nicht am Anfang der Bibel. Die Geschichte um Abraham beginnt als eine besondere Geschichte nach einer bestimmten Phase. Gott hatte vorher schon einmal mit Noah einen Bund geschlossen. Er hat aber diesen Bund nicht mit Noah selbst geschlossen, sondern gesagt: »Mit euch schließe ich einen Bund.« Zu Abraham hingegen sagt er: »Mit dir schließe ich den Bund.« Ist es nicht so, dass die Bibel davor eigentlich eine ziemliche Unheilsgeschichte erzählt? Da sind Kain und Abel, da ist der Turmbau von Babel, da ist die Sintflut. Nun verspricht Gott Abraham aber die Heilsgeschichte. Beginnt die Heilsgeschichte mit Abraham?

Nein, keineswegs. Von Anfang an, seit der Genesis, ist das Ganze ein Zugehen Gottes auf die Menschen, das dürfen wir so sagen. Bei Abraham ist vorläufig ein Höhepunkt erreicht. Warum? Es ist das erste Mal, dass Gott zu einem Menschen – immerhin zu einem Geschöpf – sagt: »Wandle vor mir und sei ganz!« Das heißt, das Gängelband wird hiermit durchschnitten und Abraham bekommt stellvertretend für Sie, für mich und für uns alle ein Stückchen Freiheit in Richtung Selbstentscheidung. »Du bist verantwortlich für dich selbst und für deine kleinere oder größere Familie.« Noch bei Noah und den anderen vor Abraham sagt Gott in der Vision: »Wandle mit mir, wandle hinter mir!« Bei Abraham besteht die Neuerung eben darin, dass Gott sagt: »Wandle vor mir! Du hast ein Stück Freiheit bekommen.« Mit dieser eingestifteten Freiheit, die sowieso begrenzt ist, tun wir uns doch heute alle noch schwer. Der Umgang mit der Freiheit, der Unterschied zwischen »Gut« und »Böse«, die Frage, wann wir was zu tun haben: Das ist die große Neuigkeit, die wir mit Abraham bekommen. »Wandle vor mir und sei ganz!« Das bedeutet: Sei aus einem Holz geschnitzt in deinem Umgang mit dir selbst, mit deiner Familie, mit dem Alltag, mit dem Geschäft und mit Gott. Das ist die große Botschaft, die wir bei Abraham erhalten.

Das Neue bei Abraham ist auch das Gottesbild, das er erkennt. Welches Gottesbild hat er eigentlich? Er lebt in einer Gesellschaft, in der es noch viele Götter gibt. Aber er geht darauf gar nicht ein, denn ihn interessieren die Götter scheinbar nicht. Er kommt zu Melchisedek und spricht vom höchsten Gott, »der Himmel und Erde besitzt«, wie es bei Luther heißt. Ist er sich dieser Einzigartigkeit bewusst?

So wie wir das in dieser Geschichte nachlesen können, war das gar nicht so einfach. Abraham war ein Mensch, er wird uns als Mensch vorgestellt. Er war sich daher der Entwicklung und der Herausforderung ganz bestimmt bewusst. Wir können das doch lesen, und die Bibel gibt das auch her, denn als er noch zu Hause ist, also in Mesopotamien, heißt der große Aufruf: »Verlasse deine Heimat, verlasse dein Vaterhaus, verlasse deine Familie!« Das können wir sehr ausführlich lesen, obwohl die Bibel doch sonst so kurz und lakonisch ist. Warum wird das in so einer Breite vorgestellt? Weil wir erahnen sollen, dass es Abraham wohl schwer gefallen ist, er aber trotzdem den Auftrag annahm. Das muss man sich, wo es gerade in unserer Generation, durch den Holocaust und auch danach, wieder allerorts so viele Entwurzelte gibt, erst einmal vorstellen: Der Mann gibt eine geordnete Existenz auf – damit fängt die Größe an. Da beginnt das grenzenlose Gottvertrauen von Abraham. Das können wir nicht einfach als nebensächlich abtun. Er war bereit, im Namen Gottes in ein noch nicht definiertes Land – wohin wird nicht gesagt – und in eine nicht beschriebene Zukunft aufzubrechen. Was man dabei aber sofort mit unterstreichen sollte: Mit ihm bereit ist auch seine Frau. Sie ist bereit, das Schicksal mit ihm ohne Wenn und Aber zu teilen.

Was war das für ein Gott? Ein Gott, der im Judentum schon vor ihm tradiert worden ist. Diesem Gott begegnet Abraham, aber rings um ihn herum gibt es Götter, die für das Numinose stehen, denen man nicht in das Gesicht schauen kann. Abra-

ham schaut diesem seinem Gott sehr direkt ins Gesicht. Er nimmt ihn fast schon als Person wahr.

Das ist das große »Du-Sagen«. Er schaut ihm nicht ins Gesicht, das nicht, er hat Visionen. Aber das Große dabei ist, zu Gott »Du« sagen und mit ihm gegebenenfalls sogar hadern zu dürfen.

Aber das meint ja »ins Gesicht sehen«. Ich meine das nicht so, dass Gott vor ihm stehen würde und er ihm ins Gesicht blicken könnte. Aber er nimmt Gott doch als Person wahr.

Die Würde des Menschen kommt hier zum ersten Mal ins Gespräch. Bei Abraham strahlt sie uns entgegen. Er, so wird uns das erzählt, sieht ein, dass die Kulte seiner Umgebung irreführend sind, wo jedem Götzen oder »Göttling« eine bestimmte Sparte im Leben der Menschen anvertraut wird. Macht er seine Sache gut, bekommt er zum Dank ein Opfer, wenn er es schlecht macht, wird der Götze zerbrochen oder verworfen. Das alles ist Abraham aufgefallen. Das war aber auch ein langsames Heranreifen, denn er ist schon ein alternder Mann, als er die erste Vision hat. Abraham sagt zu sich selbst: »Diese Kulte, diese Götzen und diese Statuen sollen mein Leben bestimmen können? Nein, da muss etwas Größeres dahinter oder davor sein.« Das ist sein Zugang, sodass er sich öffnen kann. Denn zu einer Vision muss der Mensch von innen heraus bereit sein.

Und es gibt die jüdischen Geschichten über die Jugend Abrahams. Dort heißt es, dass er die Tongötter zerstört hat.

Die Legende ist recht symptomatisch. Diese Geschichten sagen über die Person etwas aus. Es wird erzählt, dass seine Familie eine sehr etablierte Familie in Mesopotamien gewesen sei. Der Vater war Großproduzent von Götzenstatuen aller Art. Man konnte eine Skulptur in Auftrag geben, wenn man zum Beispiel etwas für die eigene Fruchtbarkeit, die der Tiere oder für die Felder benötigte, denn diese Götzen waren in Zuständigkeitsbereiche aufgeteilt. Eines Tages ging der Vater wieder einmal auf Einkaufsreise und Abraham, als vernünftiger Erstgeborener, bekommt die Verantwortung für das Geschäft übertragen. Abraham wird nachdenklich, als er diese ganze Galerie von Götzen vor sich sieht – und hier hat er seine erste Vision. Er fragt sich: »Soll das die Menschheit und die Welt, soll das die Zukunft beherrschen?« Und Abraham geht hin und schlägt alle Götzen kaputt, die gesamte Produktion, mit einer Ausnahme. Er nimmt einen großen Prügel und gibt ihn dem größten Götzen in die Hand. Der Vater kommt zurück, sieht den ganzen Schlamassel ringsherum, rauft sich die Haare und ruft: »Was ist passiert, was ist passiert?« Abraham sagt zu ihm: »Ja, der da, dieser große Ölgötze, hat die anderen alle in einem Zug demoliert.« Dann sagt aber der Vater, und das ist nun ausschlaggebend: »Das kann er doch nicht, das kann er doch nicht!« Worauf Abraham zu ihm sagt: »Und dann soll er unser Leben versorgen können, wenn er das nicht einmal kann?« Das ist die Anfangsgeschichte, das ist der Einstieg.

Abraham steht Gott gegenüber, und Gott nimmt Abraham quasi als Partner an. In einer wunderbaren Geschichte verhandelt Abraham mit ihm über die Gerechten in Sodom und Gomorrha. Man kann sich eigentlich gar nicht vorstellen, dass so etwas irgendwo anders hätte passieren können. Abraham steht in einem besonderen Vertrauensverhältnis zu seinem Gott. Er redet mit ihm, er verhandelt mit ihm, ja er handelt sogar.

Das ist diese aufregende Geschichte, die wirklich symptomatisch ist: Wenn du echtes Gottvertrauen hast, darfst du auch mit Gott hadern. Das ist hier die Botschaft. Du musst nicht dauernd kniend auf der Erde herumrutschen. Stattdessen darfst du Gott dein Leid und auch dein Aufschreien kundtun. Diese Einstellung hat sich nachher bei den aufrechten Gestalten der Bibel weiterentwickelt bis hin zu

Hiob und, wenn Sie so wollen, bis hin zu Jesus von Nazaret. Der irdische Jesus, in der Nacht von Gethsemane, ist ja keineswegs ein Selbstmörder! Auch er hinterfragt Gott, seinen himmlischen Vater: »Muss es sein oder kann dieser Kelch an mir vorübergehen?« Das ist das gleiche Prinzip wie bei Abraham: mit Gott reden dürfen, mit Gott sogar hadern dürfen. Bei den Chassidim, also bei den jüdischen Frommen, gibt es Hymnen darauf, dass man zu diesem Gott »Du« sagen darf. Eine der wichtigsten Botschaften besteht für mich darin, dass sich Abraham bei Gott für Menschen einsetzt, die ihn zunächst gar nichts angehen, wie die sündigen Einwohner von Sodom und Gomorrha etwa. Wir alle haben solche Situationen erleben müssen: Er könnte sich stattdessen auch sagen, dass es besser sei, wegzuschauen und nichts wissen zu wollen. Er könnte sich sagen: »Was geht mich Sodom eigentlich an?« Dieser Frage müssen wir uns tatsächlich stellen, denn sie wird im Allgemeinen gerne übersehen. Abrahams Einsatz für Fremde wird uns als Prinzip dargestellt.

Die Sünde von Sodom besteht erstens in der Asylverweigerung. Das ist im Orient das Schlimmste, denn heute geschieht es dir, und morgen vielleicht mir. Es gibt gar zu oft Dürren, Überschwemmungen und Krankheiten. Deshalb ist das Gewähren von Asyl das erste Prinzip. Das aber haben die Herrschaften von Sodom verweigert.

Schalom Ben-Chorin meint, die Homosexualität wäre der Grund gewesen.

Nein, ich glaube, das zweite Vergehen war die Sodomie.

Gut, darüber kann man sich streiten. Auch jüdische Theologen können unterschiedlicher Meinung sein.

Nein, das ist kein Streit, denn »drei Juden haben sowieso vier oder fünf Meinungen«. Und das ist auch das Schöne: um des Himmels Willen debattieren zu dürfen. Es ist kein Streitgespräch, es ist ein Lehrgespräch.

Ja, warum nicht.

Wir werden dazu ermutigt, keiner soll alleine die Bibel studieren. Wir werden von Anfang an angewiesen, mit anderen zusammen zu lernen. Dadurch werden natürlich Diskussion und Hinterfragen angeregt. Das nebenbei. Aber das Wichtigste an der Sünde in Sodom besteht eben darin, dass jene Menschen sich nicht gegen Gott versündigt haben. Man könnte meinen, sie würden bestraft werden, weil sie Gott beleidigt hätten. Aber das ist keineswegs so gewesen. In der Tat war es eine Sünde gegen Mitmenschen. Das ist die Botschaft: Du kannst Gott nicht am Menschen vorbei lieben! Es geht eben nicht, dass man sagt: »Was bin ich doch für ein netter Mensch, lieber Gott – und die Menschen nebenan ignoriere ich!« Viele von uns denken auch heute noch so. Sodom ist das Paradebeispiel dafür. Auch wenn Sie die Homosexualität dazu denken, bleiben die Hauptsünden Verweigerung von Asyl und Sodomie.

Es gibt die Auffassung, dass das eine falsche Interpretation sei. Aber lassen wir das einmal so stehen, denn für unser Gespräch ist das ohne Bedeutung.

Wir lesen davon im Alten Testament, auch in fernen Ecken der Welt gibt es noch heute den geschlechtlichen Umgang mit dem Tier, also einen Eingriff in die Schöpfungsordnung. Dieser Eingriff gilt auch als Beleidigung des Menschen – in seiner Würde als Ebenbild Gottes. Das würde ich im Zusammenhang mit Sodom eher betonen als die Homosexualität, aber das wäre ein Thema für sich, das wir besprechen könnten.

Das können wir beruhigt den Interpreten überlassen.

Richtig, das ist heute nicht unser Thema. Lassen Sie mich zusammenfassen: Die Hauptsünden der beiden Städte bleiben die Verweigerung des Asyls und die Sodomie. Zurück zu

Abraham: Wie im 20. Jahrhundert so häufig geschehen, hätte er die ganze Situation ignorieren können. Das macht er aber nicht, sondern er verhandelt mit Gott. Dabei ergibt sich noch eine ganz wichtige Tatsache, die mir oft Mut macht. Obwohl diese beiden Großstädte voller Sünder sind, bleibt die Botschaft: Kehret um und ihr werdet wieder angenommen, es wird euch vergeben von Gott. Das will ihnen Abraham vermitteln. Er befürchtet aber, dass es in diesen Städten, in diesem Sündenpfuhl, nicht genug Anständige gibt.

50 Gerechte, 30, 20, 10 …

Ja, und dann verhandelt er eben. Genau das ist das Hadern mit Gott. Die Bibel beschreibt das so: Lieber Gott, wenn nur 50 da sind, 30, 20, 10 …

… und wenn es nur einer ist!

… und Gott sagt: »Dann werde ich auch all die anderen 200 000 Einwohner verschonen.« Abraham geht eben langsam herunter beim Verhandeln – wie auf dem Markt: 40, 30. Er hört bei zehn auf, weil er weiß, dass es in Sodom nur einen Gerechten, nämlich Lot mit seiner Familie, gibt. Sie werden lachen, aber einige Talmudväter nehmen Abraham das übel. Man muss die Bibel also nicht kniend lesen, sondern man darf sie auch mit einer Prise Humor genießen: »Hätte er nur weiter verhandelt! Denn Gott hätte den Städten auch bei einer noch kleineren Zahl verziehen.« Das ist die große Botschaft dabei: »Halte du dich, Mensch, nicht für zu gering, um dem Rad der Geschichte in die Speichen zu greifen!« Wir kennen diese Ausreden: »Da kann man nichts machen! Es war doch schon immer so!« – und all die anderen schönen Antworten. Ja, dort aus dieser uralten Geschichte kann man für heute lernen: »Mischt euch ein, seht nicht untätig zu!« Das ist seit Abraham auch eine Botschaft für alle Welt, und deshalb wird diese so simple Geschichte seit Jahrtausenden immer wieder erzählt.

Nun müssen wir doch auf die Hauptgeschichte Abrahams eingehen, das heißt, auf die Unfruchtbarkeit seiner Frau Sara, auf das Versprechen Gottes, dass er noch einen Sohn haben wird, und darauf, wie er plötzlich zu zwei Söhnen kommt. Denn damit beginnt für Juden, für Muslime und für Christen die Heilsgeschichte. Er ist verheiratet mit einer Frau, aber es kommen keine Kinder. Er wird alt und älter dabei. Wie war das genau?

Abraham hat zwar Offenbarungen erlebt und war gewissermaßen der menschliche Partner Gottes, aber gerade als solcher hatte er viele Prüfungen und manches Leid zu ertragen. Auch im Neuen Testament bei Jakobus – der auch Jude war – heißt es: »Gott versucht nicht.« Gott prüft aber doch die großen Gestalten der Bibel, die zu Leuchten aller Generationen wurden. Ich denke dabei an Menschen wie Abraham, Hiob und Jesus und manche andere. Andere, kleine Menschen – und das ist tröstlich – werden von Gott nicht derart geprüft. Für Abraham ist die Kinderlosigkeit eine große Prüfung gewesen. Die Geschichte fängt so an: Gott hat Abraham die Verheißung gegeben, dass von ihm viele Generationen abstammen werden. Es vergeht Jahr um Jahr, er wird älter und grauer, und sie haben kein Kind als Träger dieses Bundes. Zunächst einmal war es so, dass man im Altertum immer zuerst die Frau der Unfruchtbarkeit bezichtigte. Man weiß auch erst seit dem vorigen Jahrhundert, dass daran auch der Mann schuld sein kann. Also ist automatisch Sara die Schuldige. Am meisten leidet in der Tat sie, denn abgesehen von den objektiven Umständen machen die Frauen einander die Hölle heiß, wie uns das die Bibel schildert: Die Kinderreiche grenzt die Kinderlose aus. Es war nicht wie heute, dass sich die Frau einen anderen Lebensinhalt suchen konnte. Die Psychologie spielt bei dieser Geschichte eben eine große Rolle: So eine kinderlose Frau leidet schwer darunter. Sobald dieser Bann aber gebrochen ist und sie ein Kind hat, wird sie – psychosomatisch gesehen – erst frei und kann dann weitere Kinder bekommen. Sara kann aber eben sehr lange Zeit keine Kinder haben. Und daher – und das ist interessant – besorgt gerade sie Abraham eine Nebenfrau. Nun müssen wir das schon eine Minute lang besprechen, denn das war in jenen Tagen durchaus gang und gäbe. Es war nicht so wie heute, wo man negativ von Bigamie oder Polygamie sprechen würde. Aber auch in München gibt es heute genügend Dreiecks- und Vierecksverhältnisse, und deshalb wollen wir in diesem Punkt nicht scheinheilig sein.

Ja, aber darum geht es gar nicht.

Ich sage das auch nur deshalb, weil es heutzutage Kreise gibt, die den Stab über die damalige Bigamie brechen. Das nennt sich heute nur anders.

Sara sagt sich jedenfalls, dass Abraham unbedingt einen Sohn aus seinem Samen braucht – und darum geht es doch immer.

Es geht um die Verheißung. Sie und er machen sich Gedanken um deren Bestand und Erfüllung.

Die Verheißung hat auch etwas mit dem Namen zu tun, denn Abraham hat vorher Abram geheißen und sie Sarei, und in den neuen Namen liegt dieses Versprechen mit drin.

Genau. Sara heißt »Fürstin«, und Abraham heißt »Vater vieler Völker«. Erzählenswert ist, dass sie beide standhalten, auch wenn die Prüfung so lange dauert und sie dabei alt und grau werden.

Aber sie will ihm helfen.

Sie will helfen, damit die Verheißung erfüllt werde. Also gut, nun betritt Hagar als Nebenfrau die Bühne. Hagar wird sofort schwanger.

Eine ägyptische Magd.

Ja, sie stammt aus einem Beduinen-Stamm in der Umgebung. Und nun kommt eine wichtige juridische Implikation mit herein: Wenn eine Nebenfrau genommen wird, behält die Hauptfrau trotzdem die Vorrangstellung. Das darf man dabei nicht vergessen. Das Kind, das die Nebenfrau gebiert, wird per Adoption der Hauptfrau zugesprochen. Sara hat sich damit abgefunden, dass sie keine eigenen Kinder mehr bekommen kann. Wir werden später sicher noch darauf zu sprechen kommen. Luther hat – und das ist nun gravierend und keineswegs Besserwisserei – die Stelle von Ismaels Geburt so übersetzt, als habe Sara gesagt: »Auf dass ich mich erbaue.« Es ist aber im Hebräischen keineswegs von Erbauung die Rede, denn »ibaneh« (das Wort hat zwei Bedeutungen) kommt in diesem Kontext vom Wort »ben«, also von »Sohn«, und heißt: »Ich werde bekindet.« Eine seit Jahrtausenden gültige Adoptionsformel.

Sie bekommt damit ein Kind.

Ja, das Kind wird ihr nach der Geburt sofort in den Schoß gelegt. So war das, es galt nun als ihr Kind. Aber die Sache läuft schief, sehr schief.

Sie entzweit sich sofort mit Hagar.

Hagar erzieht ihren Sohn ganz anders, als Sara das gewohnt war, und verzichtet dabei nicht auf ihre Götzenkulte. So sagt es uns die Bibel. Ismael wird inzwischen 13 Jahre alt: Mit 13 Jahren ist man im Orient ein fertiger kleiner Mann. Ismael wird in diesem Alter auch beschnitten. Deswegen beschneiden in der Regel – es gibt Ausnahmen – die Moslems ihre Männer mit 13 Jahren.

Aber sie sagt doch zu Abraham: »Wirf sie hinaus, schick sie mit ihrem Sohn weg!«

Dazu komme ich gleich, aber vorher ist es wichtig, dieses Alter von 13 Jahren zu erwähnen. Denn in manchen feministischen Kreisen wird das so dargestellt: »Oh Gott, was für ein Rabenvater und was für eine Stiefmutter!« – ganz im Sinn von Grimms Märchen: »Die arme Hagar mit dem Baby auf dem Arm wird in die Wüste geschickt.« Deswegen erwähne ich, dass der Sohn laut Bibel 13 Jahre alt und in einem großen Fest zum Mann beschnitten worden war.

Er wurde beschnitten, weil Gott zu Abraham gesagt hat, dass das ein Zeichen des Bundes sei, den er mit ihm schließen will.

Über den Sinn der Beschneidung können wir, wenn Sie wollen, gleich noch viel reden. Wichtig ist, dass ich hier betonen kann, dass im Judentum Frauen nie beschnitten worden sind. Die männliche Beschneidung ist keine Behinderung der Sexualität – wohl aber die der Frau. Es soll eine Einschränkung ihrer Freude an einer Gabe Gottes sein. Das will die Bibel nicht. Wir können also sagen, dass sich die Verhältnisse im Hause Abraham zuspitzen und untragbar werden, weil es jeden Tag Streit gibt. Ismael wird von seiner Mutter natürlich genau dahin gelenkt, wo sie ihn haben möchte. Abraham ist verzweifelt, weil er die ganze Familie liebt. Ich kann das verstehen. Gott jedoch sagt zu ihm: »Höre auf Sara!« Das ist natürlich für alle Frauen etwas sehr Ermutigendes.

Zuerst ist er ärgerlich und will sie nicht wegschicken.

Ja, auf gut Bayerisch ist es so, dass er ganz einfach »seine heilige Ruh haben will«.

Dann sagt Gott aber zu ihm: »Höre auf Sara!«

Ich pflegte zu Pinchas, meinem Mann, des Öfteren zu sagen: »Höre auf Sara.« Was will man mehr? Sara sagte jedenfalls, dass es so nicht mehr weiterginge im Haus. Aber immerhin hat sie lange damit gewartet und kein Baby hinausgeworfen. Deswegen habe ich diese 13 Jahre betont. Denn wenn man heute sagt, dass sie eine Grausamkeit sondergleichen begangen habe, stimmt das einfach nicht. Ein junger Mann von 13 Jahren kann im Orient seine Mutter schon beschützen und ihr vorangehen. Wir lesen nun in der Geschichte, dass Abraham Hagar und Ismael fortschickt, aber Ismael bekommt einen väterlichen Segen und Anteil am Erbe.

Das ist ganz wichtig.

Das ist sehr wichtig. Das ist genau wie später bei Jakob und Esau auch.

Und er soll auch Vater vieler Stämme werden.

Ja, und er bekommt Kraft, also eine körperliche Ausstrahlung. Was er aber nicht bekommt, ist die Verheißung, denn das ist etwas ganz anderes. Das Problem gab es in der Bibel immer wieder. Diese Söhne werden keineswegs materiell enterbt. Aber es kann eben immer nur einer der Träger der Verheißung sein. Das zieht sich quer durch, auch bei den zwölf Söhnen Jakobs oder bei David haben wir dieses Phänomen. Wieso soll denn sonst der Messias von Juda abstammen?

Es ist eine Verheißung, wenn Ismael gesagt wird, dass auch er Vater vieler Stämme sein wird.

Ja, natürlich.

Das wird gerade deswegen so sein, weil er ein Sohn Abrahams ist.

Natürlich. In jeder Beziehung bekommt er Segen. Es wird sogar gesagt, dass er kraftvoll sein wird: »Du wirst jeden anpacken können, und keiner wird sich mit dir messen können.« Das ist wirklich ein großer Segen, aber eben nicht die

Verheißung. Und das ist natürlich immer ein Grund für Eifersucht und Ärger. Wir sehen das auch bei David, als sein Vater dem Propheten Samuel seine sieben Söhne vorstellt und Samuel zu ihm sagt, dass unter denen der richtige, derjenige aus seiner Vision, nicht dabei sei. »Ja, da haben wir noch den kleinsten, David, draußen auf der Weide!« Hier taucht dieses Phänomen wieder auf: Man kann eben Gott nicht vorschreiben, mit wem er seine Verheißung fortsetzen will. Auch das ist eine Botschaft der Geschichte Abrahams.

Kommen wir aber zurück zu Hagar. Wenn Abraham sie mit Ismael – nur als Vergleich – nach Schwabing geschickt hätte oder eben ins damalige Ninive oder nach Babylon, wäre das ein Desaster und ein Unglück gewesen. Was wäre dort mit der Frau geschehen? Und ein Einzelfall war das damals nicht. Was passierte mit einer Frau, wenn die Ehe nicht fortgesetzt wurde und sie nur eine Nebenfrau war? Da blieb nichts anderes übrig, als sie zum Vater, zum Bruder, zur Sippe zurückzuschicken, denn das ist ihre soziale Absicherung, die einzige Existenzmöglichkeit, wie wir es so beredt im Buch Ruth erzählt bekommen. Damals gab es auch noch keine Krankenkasse, keine Altersversicherung. Wohin hätte sie denn sonst gehen können? So wird sie in der Tat zurück zu ihrem Stamm in die Wüste geschickt. Das muss man sich auch vergegenwärtigen, wenn man heute die Formulierung hört, dass sie »in die Wüste« geschickt worden sei. Wenn man heute hört, dass eine Frau mit Kind in die Wüste geschickt wird, stellen wir uns das schon ziemlich gruselig vor. Aber das war wirklich die einzige Möglichkeit für sie.

Aber sie wäre dabei zusammen mit ihrem Sohn beinahe verdurstet. Nun greift wiederum ein Engel ein.

Ja, es greift ein Engel ein, denn sie wird beschützt. Aber die Geschichte mit dem Engel muss man auch genau lesen. Zunächst einmal ist es so, dass Engel von Anfang an mit Frauen sehr gerne sprechen. Viele biblische Frauen haben gute Engelsbegegnungen. Wir werden nachher sowieso noch auf

Sara und ihre Begegnung mit dem Engel zu sprechen kommen, denn das ist von allergrößter Wichtigkeit. Jedenfalls ist es so, dass Hagar auch vom Engel behütet wird. Das Interessante für die Wundersüchtigen unter uns ist die Tatsache, dass da im Grund genommen gar kein Wunder geschieht. Denn Hagar sitzt dort völlig aufgelöst, man könnte auch sagen, dass sie verzweifelt vor sich hin weint: Sie ist nicht mehr tatkräftig. Dann kommt der Engel, tröstet sie und verspricht ihr Heil und eine gute Zukunft. Sie öffnet die Augen und sieht den Brunnen. Was können wir aus dieser Erzählung schließen? Der Brunnen war auch vorher schon da, er ist nicht – Wunder über Wunder – in dem Moment vom Engel erst gebohrt worden, sondern war auch vorher schon da.

Öffnet ihr der Engel sozusagen die Augen?

Sie hätte den Brunnen vorher genauso sehen können, denn er war schon da. Aber zuvor war sie eben verloren und aufgelöst und hat ihn deshalb überhaupt nicht gesehen.

Das Entscheidende ist wohl dabei, dass dieser Gott Ismael beschützt.

Und Hagar auch.

Er lässt sie also an dieser Stelle nicht einfach allein.

Nein, keineswegs, das ist die schöne Botschaft. Von diesem Engel geht Ruhe aus, Hagar beruhigt sich in der Tat und findet wieder zu sich. Sie hat wieder Vertrauen in sich und in Gott. Die Geschichte geht so weiter, dass sich Ismael prächtig entwickelt und sich – das wird leider meistens vergessen – mit Isaak später versöhnt. Auch das ist für heutige Zeiten sehr wichtig.

Das geschieht am Grab Abrahams. Aber kommen wir doch jetzt zu Isaak. Sara wird also versprochen, dass sie einen

Sohn bekommen wird. Aber Sara sagt: »Ich alte Frau? Was soll denn das?« Aber sie bekommt tatsächlich einen Sohn.

Ich erzähle alle diese Geschichten auch deshalb so gerne, weil sie für uns heute immer noch eine Bedeutung haben. Man muss sich also die Verzweiflung von Sara vorstellen, wir hatten das schon kurz angesprochen. Dann kommt der Besuch dieser berühmten drei Engel, die wir in der ganzen christlichen Kunst und in allen Museen sehen können. Jeder dieser Engel hat einen speziellen Auftrag. Diese Engel verdienen wirklich eine Erzählung für sich. Der eine Engel kommt, um Abraham einen Krankenbesuch zu machen: Abraham sitzt leidend da, weil er mit fast 100 Jahren noch die Beschneidung auf sich genommen hat. Der Krankenbesuch ist eine sehr wichtige Anregung für alle Leser. Der andere Engel hat den Auftrag, Lot und seine Familie in Sodom zu retten, da die Menschen dort das Angebot umzukehren nicht angenommen und sich darüber nur lustig gemacht hatten. Lot wird also durch den zweiten Engel vor dem Unheil gerettet. Der dritte Engel – die Reihenfolge ist hierbei gar nicht wichtig – geht zu Sara ins Zelt hinein, als sie gerade für die Gäste kocht. Wie interessant, die Gastfreundschaft wird unterstrichen. Die Bibel sagt an der Stelle übrigens, dass sie den Gästen erst Milch und dann Fleisch serviert habe: Sie hat also die biblischen Speisegesetze schon vorweggenommen. Das aber nur nebenbei gesagt. Dieser Engel sagt jedenfalls zu Sara: »In einem Jahr wirst du ein Kind bekommen, einen Knaben sogar.« Daraufhin bricht sie in schallendes Gelächter aus und sagt: »Was, mit dem Alten?« Sie sagt deutlich auf Hebräisch: »Wa adoni saken.« Der hebräische Wortlaut ist hier sehr wichtig, denn der Knabe wird nachher Jizchak heißen. Man kann schon den gleichen Tonfall hören: Der Name bezieht sich auf das auffallende und ungläubige Lachen der Mutter. Dieser Begriff wiederholt sich auch etliche Male. Es ist übrigens so, dass die biblischen Frauen meistens ihren Söhnen und Töchtern die Namen verleihen. In den Namen selbst sind Lebensprogramme oder künftige Charakterzüge angelegt. Der viel geschmähte Judas ist eigentlich ein herrlicher Name. Lea, des Patriarchen Jakobs Frau, bekommt nach einigen Jahren Kinderlosigkeit wieder einen Sohn. Sie nennt ihn Jehuda (christlich verballhornt: Judas). Das heißt nichts anderes als »Gott sei gedankt«. So viel Programm liegt also jeweils in den Namen. Der Engel spricht später im Neuen Testament auch zu Josef von Nazaret: »Du wirst ihm den Namen ›Jesus‹ geben, denn er wird sein Volk erlösen.« Im Deutschen kann man diese große Weissagung gar nicht erkennen, denn hier in der Übersetzung könnte er statt Jesus auch Ruben oder Eduard heißen, und wäre trotzdem der Erlöser. Aber im Original ist es eben ganz anders: Er wird Jeschua heißen und sein Volk erlösen, will heißen »joschia«. Somit wird es zu einer deutlichen Botschaft.

Aber zurück zu Sara. Sara lacht also ganz auffallend und meint, dass das Gebären mit »dem Alten da« wohl nicht mehr ginge. Sie glaubt es also nicht. Aber der Engel sagt: »Doch, doch. Ich komme in einem Jahr wieder, und dann wirst du einen Sohn haben.« Er geht hinaus zu den anderen zwei Engeln und zu Abraham. Der hat das Gelächter gehört und sagt erschöpft: »Lamah se zahakah Sara?« »Warum lacht Sara?« Das ist im Hebräischen ein Sprichwort geworden. Daraufhin ist der Engel aber verlegen. Denn gemäß einer guten orientalischen Tradition kann man einem Mann unmöglich ins Gesicht sagen, dass seine Frau gesagt hätte, er sei zu alt. Das wäre unmöglich. Und da biegt der Engel die Aussage um, das ist wichtig und wird bei Trauungsreden erwähnt: Um des Ehefriedens willen biegt ein Engel in der Bibel eine Aussage um und behauptet, Sara hätte von sich gesagt, sie sei zu alt, um ein Kind zu gebären – keineswegs ihr Mann. So sind alle zufrieden, und die Sache nimmt ihren Lauf.

Isaak wird geboren. Er wächst heran, und alles ist in Ordnung. Dann kommt es zu einem grandiosen Geschehen, denn Gott sagt zu Abraham: »Nimm deinen Sohn, nimm ein paar Leute mit, nimm Holz mit, errichte einen Altar und opfere ihn mir.« Welch eine Versuchung! Vielleicht sollten wir das doch ein wenig interpretieren. Denn damit ist das Ende des Menschenopfers gekommen. Ich glaube, das ist in dieser Situation das Entscheidende.

Genau. Man sollte als heutiger Leser einfach nicht vergessen, dass die Überschrift zu dieser Perikope heißt: »Und Gott versuchte Abraham.« Das heißt, hier findet eine Prüfung statt, aber wir Leser wissen schon im Voraus, wie sie ausgeht. Des Weiteren darf man dabei nicht vergessen, dass das Menschenopfer für die damalige Umgebung keineswegs so aufregend gewesen ist. Wir sind heute natürlich geschockt, wenn wir davon sprechen, aber das war damals normal. Man braucht in Jerusalem nur das Gehenna-Tal aufzusuchen: Das war in vorjüdischer Zeit das Tal der Menschenopfer für den Moloch.

Menschenopfer gab es in allen Religionen.

Überall, bis hin zu den Azteken, die es noch im 14. Jahrhundert praktiziert haben. In Bielefeld hat man doch jüngst eine Ausgrabung gemacht, die dokumentiert, dass auch die Germanen Menschen opferten. Als es vor kurzem bei uns so gehagelt hat, habe ich daran gedacht, welchen Schwierigkeiten die Menschen in der Antike ausgesetzt waren, um ihr kärgliches tägliches Brot zu verdienen. Es gab Epidemien, es gab Krieg, es gab eine hohe Kindersterblichkeit usw.

Und nun kommt die Versuchung.

Ja, das ist eben das Schlimme, es ist entsetzlich, weil die Menschen dann hergehen und der Gottheit, an die sie glauben, auch Menschen zum Opfer bringen.

Aber Abraham muss doch zu Gott gesagt haben: »Was verlangst du denn jetzt von mir? Zuerst versprichst du mir einen Sohn, und jetzt soll ich ihn opfern?« Gott reißt ihn damit ja aus allem heraus, verunsichert ihn, lässt ihn zweifeln.

Bezüglich Abraham und Isaak liegt, wie ich glaube, folgendes Missverständnis vor: Wenn wir die Bibel richtig lesen, war es doch so, dass Isaak kein Baby mehr war: Gemäß dem biblischen Bericht war er bereits 36 Jahre alt. Isaak wusste also, worum es geht. Und das ist wichtig. Es handelt sich bei Abraham und Isaak um ein stellvertretendes Sühneleiden in biblischem Sinn.

Er hätte sich sogar wehren können.

Jawohl. Das will ich damit sagen. Man muss eben Schluss machen mit dieser Deutung vom Rabenvater, der da …

… sein Baby opfert.

Genau. Damit muss Schluss sein, denn beide wussten, worum es ging. Die Bibel sagt auch: »Sie waren auf dem langen Weg nach Moria« – eben nach Jerusalem. Sie gingen in das Land, »das ich dir zeigen werde«, wie Gott sagte. Auf diesem langen Weg nach Jerusalem diskutieren und reden Abraham und Isaak miteinander. Abraham sagt zu Isaak: »Gott wird sich ein Lamm als Opfer aussuchen.« Sie diskutieren also, was wohl passieren wird. Ich gehe davon aus, dass Isaak wusste, worum es ging, und dass er gegebenenfalls dazu auch bereit gewesen wäre. Ich glaube das, weil es in der Bibel doch wirklich genug Märtyrer gibt. Wenn dem so war, war Isaak einer der Ersten, der das alles wissentlich und kooperativ auf sich genommen hat. Wie sollen wir das sonst beurteilen? Auch Bonhoeffer, Kolbe und Delp waren Märtyrer, um derentwillen das Jahrhundert anders aussieht.

Aber Gott nimmt das Opfer nicht an. Es findet nicht statt.

Eben, dazu will ich nun gerade kommen, weil das der nächste Schritt in der Erzählung der Bibel ist. Man muss also erst einmal klären, dass diese Menschen – wie spätere Märtyrer auch – bereit waren, für die Durchdringung der Welt mit dem Monotheismus und der Botschaft dieses einen Gottes, so wie sie das verstanden haben, ein Zeichen zu setzen. Darum geht es: Es soll ein Fanal sein. Das ist der Sinn des Martyriums. Dann kommt aber hier der Höhepunkt, bei dem Gott sagt: »Im Gegenteil, ich will ein Zeichen setzen: Schluss mit den Menschenopfern!« Das sollte sich herumsprechen. Aber die Menschen damals waren, wie wir heute auch, so blasiert, dass sie mit einem Wort allein nicht zufrieden waren. Wenn man zu ihnen gesagt hätte, »ab heute wird verlautbart, dass es keine Menschenopfer mehr geben darf«, hätte das nur ein großes Gähnen verursacht. So eine erschütternde Erzählung wie die von Abraham und Isaak wurde jedoch über viele Generationen hinweg und auch viele Länder übergreifend in Zelten, in Hütten und in Städten tradiert. Das war wirklich ein Fanal. Ich bin überzeugt davon, dass das der Sinn des Ganzen gewesen ist.

Es gibt – und das will ich erwähnen – von der Geschichte der Bindung Isaaks zwei Implikationen. Ich sagte schon, dass man im Judentum diese Geschichten diskutierend liest. Zunächst einmal ist es so, dass diese ganze Perikope in die Liturgie der Hohen Feiertage eingegangen ist. Das ist das wichtigste Gebet, weil jeder sich besinnende Jude an diese Moria-Geschichte denkt und Gott anfleht, denn Gott erbarmt sich im letzten Moment, Gott erbarmt sich des Leidens dieser beiden Leidgestalten – und das wird eben auch häufig übersehen. Das Erbarmen Gottes wird also im Gebet erfleht.

Andererseits gibt es eine Minderheit unter den Auslegern des Talmud, die Folgendes erzählt: Sie behaupten, dass es eben doch zur Opferung Isaaks gekommen ist. Das ist jedoch nicht die Mehrheitsmeinung des normativen Judentums, aber ich wollte das eben doch auch erwähnt haben. Was ist deren Auslegung? Sie sagen: »Es war ein stellvertretendes Sühneopfer« – so wie das später beim Propheten Jesaja auch sein wird und wie das ins Christentum übernommen worden ist. Diese Ausleger sagen, dass das bei Isaak und Abraham zum ersten Mal deutlich sichtbar sei. Und – nun kommt die Krönung der Geschichte – Gott hat Isaak wieder auferweckt. Das ist dann die erste Station des Auferweckungsglaubens, der vom Judentum ins Christentum übernommen worden ist. Die Hoffnung, dass die Toten auferweckt werden, ist im normativen Judentum bis heute ein Teil des täglichen Gebets. Dieser Minderheitenauffassung nach ist Isaak also auferweckt worden.

Könnte es so sein, dass Abrahams Haltung kein blinder Gehorsam gewesen ist, sondern ein unglaubliches Vertrauen, das er in seinen Gott, der sich ihm gezeigt hat, besitzt? Kann es denn nicht auch sein, dass im Hintergrund die Überzeugung steht, wirklich das Richtige zu machen?

Nicht nur das. Ich glaube, dass Abraham einerseits zum Martyrium bereit gewesen ist, andererseits aber doch auch hoffte, dass es nicht so weit kommen werde und dass sich Gott im letzten Moment erbarmen würde. Denn er sagt: »Gott wird sich ein Lamm zum Opfer suchen.«

Aber das ist doch ein großartiges Vertrauen, das er aufbringt.

Das meine ich auch. Und ich finde, dass das hinsichtlich Isaaks genauso wichtig ist – das muss man auch herausstellen. Und noch etwas, noch eine andere Gestalt spielt hier eine Rolle: Ich meine Sara. Wir haben hier eine tragische Komponente, die oft überlesen wird. Als alles vorbei ist und Abraham und Isaak wieder nach Hause gehen, heißt es lakonisch und ziemlich plötzlich: »Und Sara starb.« Ich habe so den Eindruck – ich kann das aber nicht beweisen –, dass Sara entweder wusste, was passieren sollte, oder es zumindest geahnt hat. Das wäre so wie bei mancher anderen Mutter, die einen siebten oder achten Sinn für so etwas hat. Jedenfalls ist sie nach der Moria-Begebenheit plötzlich gestorben. Dazu gibt es einige Nebengeschichten, denn es wird erzählt: »Und Sara starb, und sie war sieben und zwanzig und hundert Jahre alt«, und das, wo die Bibel doch sonst so kurz in der Formulierung ist! Bei Abraham haben wir mehrere Fälle, bei denen alles breit ausgeführt wird. »Geh weg von deiner Heimat, von deiner Familie, von deinem Haus.« Darüber haben wir schon gesprochen. Und bei der angekündigten Opferung ist es wieder so: »Nimm deinen Sohn, den einzigen Sohn, den du liebst ...« Man merkt da schon an der Ausführlichkeit, dass Abraham gesagt haben mag: »Welchen Sohn meinst du?« – »Den, den du liebst.« – »Ich liebe aber beide.« Bis es zum Schluss heißt: »Den Isaak.« Das wird also psychologisch langsam aufgebaut.

Steht dies nicht nur in den jüdischen Geschichten?

Nein, das steht wörtlich in der Bibel. »Nimm deinen Sohn, deinen einzigen, den du lieb hast, den Isaak.«

Ja, aber wirklich ausgebreitet kommt diese Passage nur im Midrasch vor, also in den jüdischen Geschichten, in denen jedes Wort interpretiert wird.

Ich sage doch, Abraham und all die anderen Gestalten wie auch der Rabbi Paulus sitzen neben mir am Tisch und sind mir gegenwärtig – und ich habe sie lieb. Und nun, um die Geschichte von Saras Tod zu erzählen: Warum steht denn nicht einfach da: »Und Sara starb mit 127 Jahren.«? Die Ausleger sagen: Das ist so, weil sie das wert war, denn sie war bei ihrem Ableben so wissbegierig wie ein siebenjähriges Kind. Das will etwas heißen: Sie war also nicht müde und gleichgültig. Sie war so schön wie eine 20-jährige Braut, und sie war so gütig wie eine 100-jährige Oma. Und deswegen wird das alles so liebevoll erzählt.

Sara stirbt und wird begraben. Abraham wird älter und älter.

Ja, und nun, bei ihrem Tod, kauft er die Höhle Machpela in Hebron.

Dann stirbt auch Abraham nach einem längeren Leben, in dem er noch viele Kinder mit seinen Nebenfrauen gezeugt hat.

Es ist sehr wichtig zu wissen, wie Abraham stirbt. Gerade in der heutigen Debatte um Leben, Tod und Organspende ist diese Frage wichtig: »Abraham starb satt an Tagen.« Das heißt, er starb nicht bitter.

Er hat sein Leben erfüllt.

Ja, das ist es. Das wird in einer ganz großen Schlichtheit gesagt, »satt an Tagen«. Er hat also gewusst, wer wir Menschen sind, was unser Schicksal und unsere Bestimmung ist: dass weder die Macht noch die Kraft noch das Geld für ewig bestimmt sind. Nein, er war »satt an Tagen«. Das ist wirklich tröstlich.

Dann geschieht etwas sehr Unwahrscheinliches. Beide Söhne, Isaak und Ismael, kommen zum Begräbnis. Was will uns die Bibel damit sagen? Denn das ist eine unglaubliche Geschichte. Die Brüder sind verfeindet. Der eine ist derjenige, der weggehen musste. Und dort am Grab Abrahams treffen sie sich wieder.

Ich sehe das auch so wie Sie. Ich finde, das ist eine der wichtigsten Botschaften der Bibel für uns heutige Menschen: dieses Aufeinanderzugehen im Privaten und unter den Völkern, auch wenn es so unglaublich schwer fällt. Pinchas und ich haben dafür doch den Ausdruck der »Entfeindung« geprägt: »Gib ein kleines Angeld, das wird dir keinen Zacken aus der Krone brechen. Gib eine kleine Akonto-Leistung, und vielleicht klappt dann die Versöhnung.« Isaak und Ismael sind das große Beispiel, denn sonst wäre das nicht für uns erwähnt worden. Ihr Konflikt scheint zunächst unüberbrückbar. Ähnlich gibt es bei Jakob und Esau die gänzlich unerwartete Versöhnung. Man sollte dieses Motiv viel stärker herausstellen. Es ist eine Tragödie, dass zwischen

Christen und Juden bis »vorgestern«, bis zum Zweiten Vatikanischen Konzil im 20. Jahrhundert oder bis zu den Erklärungen der EKD, immer nur das Trennende hochgejubelt worden ist.

... und nicht das Viele, das uns verbindet.

Ich will damit die Grenzsteine, die vorhanden sind und die vorhanden sein müssen, auch bestehen lassen, bis dereinst der Messias kommt. Ich will keine Uhr zurückdrehen und nicht missionieren. Aber man kann doch um Himmels willen den ganzen Schutt, das ganze Gerümpel, das man im Mittelalter gegeneinander aufgetürmt hat, wegräumen. Genau darum geht es hier.

Eigentlich müssten sich Muslime und Juden am Grab Abrahams wieder treffen. Wie schwer das ist, wissen wir.

Ja, das wissen wir heute, aber wir sollten nicht ungeduldig sein.

... und ohne dass wir das entsetzliche Blutbad aus dem Jahr 1994, das geradezu im Angesicht Abrahams geschehen ist, vergessen sollten. Aber die Botschaft der Bibel ist eben doch die Versöhnung. Der Tod Abrahams hinterlässt diese Botschaft. Dann gehen die beiden aber wieder auseinander.

Es ist doch so: Quer durch die Bibel, also durch das Alte und das Neue Testament, läuft eine Botschaft der Versöhnung. Vor der Bergpredigt im Matthäus-Evangelium trifft Jesus einen Menschen, der ein Opfertier unter dem Arm trägt, weil er unterwegs zum Tempel ist und dort ein Dankopfer darbringen will. Jesus sagt zu ihm, das sei sehr schön und sehr gut und er, Jesus, habe nichts dagegen einzuwenden. Er hebt also keineswegs im Tempel zu Jerusalem die Opferkulte für den einen Gott auf. Aber er sagt zu ihm – und das ist das Wichtige dabei –: »Wenn du dich aber daran erinnerst, dass ein Mensch noch etwas gegen dich hat,« – man muss sich vorstellen, wie weit das geht, denn es ist nicht so, dass er etwas gegen einen anderen Menschen hätte, sondern ein anderer hätte etwas gegen ihn – »lass das Opfer liegen, gehe und versöhne dich mit dem Menschen, und dann erst gehe in den Tempel und bringe dein Opfer dar.« Dass das wahnsinnig schwer ist, weiß Jesus auch. Denn an einer anderen Stelle sagt er im Gespräch zu Petrus: »Versuche die Versöhnung mit der Person, der du gram bist, 77 Mal.« Ich weiß genau, wie schwer das ist im Leben. Das heißt nicht, dass Jesus gesagt habe, man könne das so nach dem Motto 57, 58, 59 Mal herunterzählen. Das hat er nämlich nicht gemeint. Die 77 ist eine allegorische Zahl. Dies ist ganz im Sinn der Propheten Israels seit Samuel: Opferkult ist gut und schön, Mitmenschlichkeit ist wichtiger.

Er hat gemeint, dass man es immer wieder versuchen muss.

Genau, immer wieder. Man darf das nicht abzählen. Daran hat sich doch nichts geändert. Wir müssen also von unserem hohen Ross heruntersteigen: Wir sollten vor allem der Arroganz und der Rechthaberei entsagen. Das ist, wenn Sie wollen, das Prinzip von Yom Kippur bis heute geblieben. Deswegen ist diese Vätergeschichte von Abraham und Isaak Teil der Liturgie der Hohen Feiertage geworden. Zwischen dem jüdischen Neujahrsfest und Yom Kippur liegen nämlich zehn Tage. Diese zehn Tage nennt man die zehn Bußtage: Sie sind – und so wird man auch erzogen – bestimmt für die Bemühung um Versöhnung, zur Umkehr und Wiedergutmachung an den Mitmenschen. Dafür sind zehn Tage gegeben. Und Yom Kippur dauert nur einen Tag! Mit Gott braucht der Mensch also nur einen Tag zur Versöhnung, und für seine Mitmenschen braucht er zehn Tage – welch tiefe Symbolik.

Abraham ist eine Gestalt, die uns, salopp formuliert, viel zu sagen hat, eine unglaubliche Gestalt in der Geschichte der Spiritualität der Menschheit.

Rahab –
Die Hure von Jericho

Frau Lapide, wie kommt eine Hure in die Bibel? Warum widmen wir ein ganzes Gespräch dieser Dame aus Jericho, die freilich auch politisch sehr interessant gewesen ist?

Das ist ein Bündel von Fragen. Zum ersten Teil: Warum kommt sie in die Bibel? Weil die Bibel voller Leben ist. Gab es denn etwa keine Huren? Rahab ist nämlich keineswegs die einzige Hure in der Bibel – und das finde ich gut. Die Bibel erzählt uns über das Schöne und Gute, über die Märtyrer und Liebenden, die uns gegebenenfalls zur Nachahmung einladen sollen. Aber sie erzählt uns auch vom weniger Schönen, um uns abzuschrecken. Die Huren sind aber in der Bibel so gezeichnet, wie wir sie in der Weltgeschichte oft finden. Nehmen Sie als Beispiel den Zweiten Weltkrieg in Frankreich: Der Widerstand traf sich oft in solchen Häusern und tauschte dort Geheimnisse aus. Viele der Huren dort waren großartige und tapfere Frauen. Genau so eine Frau war die Rahab auch. Wir finden gleich am Anfang des Textes ein wunderschönes Gedicht von ihr: Sie ist außerordentlich begabt. Sie merken schon, mir ist sie sympathisch, sie überzeugt mich. Sie ist nämlich beseelt von Zivilcourage.

Sie ist Ihnen sympathisch, weil sie den Israeliten geholfen hat, als Josua zur Einnahme der Stadt geschritten ist?

Nein, nicht deswegen, sondern weil sie Zivilcourage hat. Sie ist keine Denunziantin. Direkt zu Anfang der Geschichte kommen nämlich zwei Späher zu ihr. Diese zwei Späher erregen aber gleich, wie uns der Text erzählt, die Aufmerksamkeit einer Menge von Denunzianten. Der König schickt daher sofort seine Leute bei ihr vorbei, um nachzufragen, was da los sei. In diesem Moment könnte sie es auch so machen, wie sich viele Menschen im 20. Jahrhundert hier zu Lande verhalten haben: Sie könnte diese Späher denunzieren. Genau das tut sie aber nicht. Sie versteckt diese beiden und meint es gut mit ihnen – was sie ihr zunächst einmal gar nicht glauben wollen.

Vorher müssen wir die Situation ein wenig näher beschreiben. Sie stellt sich so dar, dass die Israeliten vor der Stadt Jericho aufmarschieren beziehungsweise aufmarschieren wollen. Zunächst aber möchten sie die Lage genau klären: Aus diesem Grund schicken sie zwei Späher. Warum geht es gegen Jericho, warum führt Josua sein Heer, das er vorher über den Jordan transportiert hat, nach Jericho?

Es geschehen dort Wunder über Wunder. Scheinbar ist die Furt dort bei Jericho über den Jordan eine sehr seichte Furt. Josua war nun einmal ein begnadeter Feldherr. Zu dieser Tatsache kann man nun stehen, wie man will. Er wusste jedenfalls ganz genau, was er tat. Mir ist die Sache schon recht klar: Jericho liegt im Herzstück dieses bis heute bekannten tektonischen Grabens, der sich von der Türkei über den Jordan und damit über Jericho und über das Tote Meer bis hinunter zum Roten Meer und dem Indischen Ozean erstreckt. Das ist ein Gebiet, das im Abstand von Jahren immer wieder von Erdbeben heimgesucht wird. Dort ist der Jordan mit dieser Furt eben am leichtesten passierbar.

Josua führt das Werk des Mose zu Ende. Das heißt, die Israeliten, die aus Ägypten ausgewandert sind und schließlich der Gefangenschaft entkamen, kamen nicht mit Moses im Gelobten Land an, sondern wurden von Josua weitergeführt. Er hat also die Aufgabe eines zweiten Mose übernommen und ist an der Landnahme in Palästina beteiligt.

Palästina hat es damals jedoch noch nicht gegeben.

Natürlich nicht im heutigen Sinn, sondern nur als Begriff des »Gelobten Landes«.

Das »Heilige Land«.

Gemeint ist damit jedenfalls das Land zwischen Mittelmeer und Euphrat. Josua schickt also Späher aus, um die Situation zu klären. Sie kommen in die Stadt und treffen an der Stadtmauer auf ein Haus, in dem die Dirne Rahab ihren Betrieb aufgemacht hat.

Ja, genau so ist es. Ich möchte zunächst einmal etwas zur Vorstellung der Rahab sagen. Sie wird uns beschrieben als »ischah sonah«, als Hure. Die etablierten Übersetzer, und nicht etwa nur irgendwelche Außenseiter, tun sich nun schwer mit diesem Begriff, denn diese Frau ist gottesfürchtig, wie wir aus ihren Gebeten und aus diesem Gedicht lernen. Nun gibt es freilich auch den Targum, das ist eine aramäische antike Quelle. Dort sagen manche Übersetzer, sie sei gar keine Hure gewesen, sondern eine Hostess. Wenn ich so etwas aber lese, muss ich lächeln, denn auch heute tarnen sich solche Etablissements oft als Klub oder als Massageinstitut, und die Damen nennen sich ebenfalls Hostessen. Aber die Rahab macht eigentlich um ihren Beruf kein Geheimnis. So wie es ist, ist es nun einmal. Zurück zu den Kundschaftern: Josua war selbst viele Jahre davor Kundschafter für Moses gewesen. Er wusste also ganz genau Bescheid darüber, wie so etwas geht. Warum war das Ganze aber überhaupt notwendig? Weil es leichter ist, Menschen aus der Gefangenschaft zu befreien – in diesem Fall war das die ägyptische Gefangenschaft –, als die Hörigkeit der Menschen in ihrem Herzen zu tilgen. Die befreiten Sklaven waren nicht im Stand, sofort nach dem Auszug aus Ägypten ihre Freiheit aufrechten Ganges auf sich zu nehmen. Es brauchte 40 Jahre Wanderung durch die Wüste – das ist das schreckliche Geheimnis hinter dieser Geschichte. Die zwei Späher machen sich also auf in diese Stadt, und dann, ich nehme an, dass das bis auf den heutigen Tag gang und gäbe ist (früher, im geteilten Berlin, wird es nicht anders gewesen sein), gehen sie in das berühmteste Bordell am Platz. Dort, an der Stadtmauer, treffen sie auf Rahab.

Rahab scheint glänzend informiert gewesen zu sein: informiert über die Israeliten, über die Siege, die sie bereits errun-

gen haben. Es ist ihr dabei möglicherweise klar geworden, dass der Gott Jahwe sehr viel stärker sein könnte als die Götter, die in Jericho verehrt wurden.

So etwas kennt man doch auch sonst aus der Weltliteratur: Die Frau ist gescheit. Sie ist keine dahergelaufene Wald- und Wiesenhure, sondern sie ist eine ausgesprochen kluge und charmante Frau. Sie versteht viele Dinge, sie weiß um die Zusammenhänge, sie kennt viele Leute auch am Königshof und sie setzt daher auf diese neue Bewegung und diesen neuen Gott. Es geschieht übrigens noch etwas. In den apokryphen jüdischen Schriften wird das bestätigt: Josua hat sich später in sie verliebt und sie geheiratet. Zu ihren Nachfahren gehört daher viel später auch der Prophet Jeremia. Sie nimmt also in der Geschichte Israels einen Ehrenplatz ein.

Apokryphen sind die Schriften, die nicht kanonisiert worden sind, die nicht offiziell als Teile der Bibel gelten. Im Neuen Testament gibt es dieses Phänomen auch. Rahab unterhält sich also mit den Spähern. Was kommt dabei heraus?

Sie ist ihrer Sache vollkommen sicher. Sie hat natürlich entsprechende Beziehungen und weiß daher über die Stärke des Militärs in Jericho genau Bescheid.

Sie informiert die Späher.

Ja, sie weiß alles ganz genau, und sie ist sich auch ihrer Sache ganz sicher. Sie sagt zu ihnen: »Ihr werdet wiederkommen. Vergesst mich dann nicht.«

Das heißt, sie möchte für ihre Informationen auch etwas haben: »Verschont meine Familie!«

Das finde ich großartig für eine Hure. Sie nimmt nämlich sofort Rücksicht auf ihre Familie, was doch eine ziemliche

Seltenheit ist. Ich sah kürzlich im deutschen Fernsehen ein Gespräch mit einer Prostituierten als Gast. Diese Frau sagte unter anderem: »Mein Beruf ist schöner und ist mir auch lieber als der Beruf der Krankenschwester, für den ich eigentlich ausgebildet bin. Ich bin lieber Hure, als fremden Leuten den Arsch zu waschen.« Hier haben wir den Gegensatz zu Rahab, denn sie ist im Stande zu beten, zu einem Einsatz für andere. Das ist mir sympathisch.

Die zwei Gesandten sagen dann: »Gut, wir werden aufpassen, dass dir und deinem Haus nichts geschieht.« Dafür vereinbaren sie ein bestimmtes Zeichen.

Nicht nur das, es geht hier ganz konkret darum, ob Rahab diese zwei Späher nicht verraten wird. Diese beiden Männer sagen nämlich: »Wie können wir dir glauben? Wir befinden uns doch hier bei dir im Haus.« Sie sagt dann: »Geht in die Berge, versteckt euch dort drei Tage lang. Dann werdet ihr sehen, dass ihr mir glauben könnt. Ich halte nämlich hier inzwischen die Leute zurück, die euch nachforschen. Ich weise euren Verfolgern eine falsche Spur.«

In der Zwischenzeit sind dann tatsächlich bereits Leute aus Jericho gekommen und haben sie nach diesen beiden Spähern ausfragen wollen. Rahab hat die beiden Männer aber unter einem Bündel von Schilf versteckt.

Ja, sie denunziert sie eben nicht.

Sie sagt zu den Häschern: »Ihr könnt euch ja umsehen. Ihr werdet nichts finden, denn sie sind längst über alle Berge.«

Sie macht es wirklich sehr klug, sie sagt nämlich: »Ja, die waren wirklich hier. Aber sie sind schon wieder in diese Richtung hier fortgegangen. Schaut doch mal in dieser Richtung nach.« Die Häscher werden also von ihr auf die falsche Fährte gesetzt, sodass die beiden Späher davonkommen.

Sie wird dann selbst sehr aktiv und sagt …

Sie vereinbart mit den beiden Spähern diesen berühmten roten Strick als Zeichen. Sie würde also, wenn es dann so weit ist, die rote Kordel von ihrem Dach herunterhängen lassen. Es wird ihr zugesichert, dass sie und ihre ganze Mischpoche, also ihre Familie, gerettet und in das Lager der Israeliten gebracht werden. Es soll sich um mindestens 70 Personen gehandelt haben.

Sie hilft ihnen über die Mauer mit einem Strick.

Ja, ein Drama sondergleichen.

Schon ist die Situation gerettet, und ihre Familie wird verschont, denn Jericho wird wirklich von Josua und seinen Kriegern eingenommen. Dies aber auf eine ganz besondere Art.

Jericho ist überhaupt sehr wesentlich, weil es den Übergang darstellt zwischen der Wüste und dem Gelobten Land. Wenn das nicht geglückt wäre, dann wäre die ganze Geschichte mit Israel wahrscheinlich schief gegangen. Das weiß Josua auch, denn die Gefahr war recht groß. Die Kinder Israel waren demoralisiert nach all diesen Erfahrungen in der Wüste. Daher ist die Bedeutung von Jericho so enorm.

Jericho war damals eine berühmte Stadt. Sie hatte eine doppelte Mauer um sich herum. Die Archäologen haben sich in den letzten Jahrhunderten natürlich gefragt, wie diese Stadt tatsächlich gefallen ist. Es scheint so zu sein, dass man die Niederlage Jerichos gegen die Truppen Josuas eher symbolisch verstehen muss denn als richtiggehende Einnahme mit einer anschließenden Zerstörung. Die archäologischen Befunde legen nahe, dass diese Stadt wohl nicht von den Israeliten, sondern durch ein Erdbeben zerstört worden ist. Die Bibel schildert uns die Einnahme ganz anders als die Einnahme anderer Städte. Wie war das also?

Das kann ich ohne weiteres annehmen, denn in der Religionsgeschichte gibt es um die großen Helden immer große Legenden. Je mehr Zeit vergeht und je größer deren Taten waren, desto größer werden auch die Legenden. Dessen ungeachtet, erfahren wir durchaus auch von vielen Wundertaten. Das war häufig so. Josua sagt also: »Wir gehen sechs Tage mit Posaunen rings um diese Stadt. Dieser Ton wird die Mauern so erschüttern, dass sie irgendwann einstürzen werden. So machen wir es sechs Tage lang. Am siebten Tag« – die Zahl Sieben spielt hier wieder einmal eine große Rolle – »werden die Mauern nach dem siebten Umzug dann einstürzen. Dann nehmen wir die Stadt ein.«

Wir haben den tektonischen Graben bereits erwähnt: Dort überlappen sich zwei Platten der Erdoberfläche, sodass damals bei Jericho wohl in der Tat ein Erdbeben stattgefunden haben mag. In Qumran, das in der Nähe von Jericho liegt, hat es nachweislich mehrfach solche Erdbeben gegeben. Sodom und Gomorrha liegen in der gleichen Gegend, und bei diesen Städten könnten wir daher genauso danach fragen, was mit ihnen eigentlich passiert ist. Für gläubige Menschen und auch für Wundergläubige ist das kein Problem, denn wem ein solches Gotteswunder zur rechten Zeit passiert, für den ist es ein Wunder im Rahmen der Natur. Die Stadtmauern fallen also, und die Kinder Israel kommen somit ins Heilige Land. Jericho ist natürlich eine ganz mysteriöse Stadt geblieben. Nehmen Sie z. B. nur mal diese Geschichte um das giftige Wasser. Daneben ist sie aber auch die Palmenstadt. Das alles ist doch sehr merkwürdig. In der damaligen Zeit spielt sich auch der tragische Kampf zwischen Israel und Ammon ab. Ammon erinnert schon vom Wort her an Amman, das in der Tat auch jenseits des Jordans liegt. Es hat dort jedenfalls einen König gegeben, der einer Delegation, die David gesandt hatte – diese Geschichte spielt also sehr viel später –, die Bärte um die Hälfte stutzen ließ. Der Sinn dahinter war natürlich: »Ich pfeif auf deine Botschaft!« Für die Männer in der Antike war das eine große Schande. David sagt aber zu ihnen: »Beruhigt euch, ruht euch aus in der Palmenstadt Jericho.« Wir erfahren also abermals, dass schon im frühen Altertum Jericho eine Erholungsstadt war.

Jericho gilt als die älteste Stadt der Welt überhaupt. Insofern darf man bei der Besitznahme von Jericho wohl auch vermuten, dass damit ein Zeichen gesetzt worden ist: Mit ihr ist eine wichtige Stadt eingenommen worden, eine Stadt mit einer ungeheuer großen Tradition und Kultur. Diese alten Städte bestehen aus sehr vielen Schichten. Wenn so eine Stadt zugrunde ging, dann wurden ganz einfach auf den eingestürzten alten Häusern, die aus Lehmziegeln bestanden, im Laufe der nächsten Generationen, im Laufe der nächsten Jahrtausende sogar, neue Häuser und damit neue Städte gebaut. Jericho ist ein besonderer Ort in diesem Gebiet, in dem sozusagen die Geburt der Kulturen vor sich ging. Nun hat Josua diese Stadt in Besitz genommen. Die Geschichte Rahabs wäre damit eigentlich zu Ende, wenn es nicht die Apokryphen gäbe und wenn Rahab nicht sogar im Neuen Testament immer wieder erscheinen würde.

Ja, das ist eine wunderbare Geschichte. Jericho spielt auch im Neuen Testament immer wieder eine Rolle: Jesus geht oft von Jericho hinauf nach Jerusalem. Dies ist der beschwerlichste Weg, um nach Jerusalem zu gelangen. Es gibt mindestens vier Zugänge nach Jerusalem, das 800 Meter hoch liegt. Der einfachste Weg führt von Samaria her: Man geht dann nur auf dem Bergrücken und hat dabei überhaupt keinen Höhenunterschied zu überwinden. Wenn man so wie heute vom Mittelmeer her kommt, dann ist es ebenfalls recht einfach, weil man dabei nur einen ganz sanften und stetigen Anstieg zu überwinden hat. Der schwierigste Weg ist wirklich derjenige von Jericho, und in diesem Zusammenhang gibt es immer wieder faszinierende Geschichten, auch im Neuen Testament. Die verschiedenen Aufstiege des Nazareners sind am geheimnisvollsten, wenn er sich für diese Route entschieden hat.

Eine interessante Frage ist auch, warum eigentlich bei Jesus vier leicht anrüchige Frauen in seinen beiden neutestamentlichen Stammbäumen erscheinen. Mir ist das aufgrund der hebräischen Bibel ganz klar: Diese vier Frauen sind Rahab, Batseba, also die Mutter des Königs Salomo, Tamar, also die Frau, die mit dem Patriarchen Juda ihr Recht zu erstreiten weiß, und Ruth, die Moabiterin. Das sind alles ganz bestimmt anständige Frauen, die mir auch sehr sympathisch sind. Aber sie sind eben auch anrüchig. Genau dieses Motiv erscheint aber schon bei der Geschichte um Rahab im Alten Testament. Es geht darum, dass ihr nicht nachgetragen wird, dass sie Hure war. Es wird also mit ihr nicht so umgegangen, wie man das heute noch immer mit bestimmten Menschen macht. Wir sagen dann: »Das ist doch die, die früher eine Hure war, das ist doch der, der früher in der Psychiatrie gesessen hat …« Selbst in der heutigen Gesellschaft hängen solche Urteile einem Menschen sein ganzes Leben lang nach.

Rahab wird stattdessen sogar gelobt und gepriesen.

Sie wird aufgenommen, und sie wird sogar die Frau des Anführers. Ein wirklich herrliches Gebet von ihr, ein Gedicht geradezu, findet sich bis heute in den Gebeten der frommen Juden. Es wird ihr also von Anfang an verziehen. Den Menschen wird verziehen, wenn sie von Sünde umkehren. Es ist schon so: Die Huren kommen in der Bibel vor, weil sie ein Teil des Lebens sind. Aber trotzdem ist das natürlich kein richtiger Weg: Niemand will, dass die eigene Tochter oder die eigene Schwester eine Hure wird. Wir schätzen diese Rahab, wir lesen die Geschichte mit Sympathie – trotzdem hat das doch auch diese andere Seite, dass wir selbst das nicht sein wollen. Das Motiv Nummer eins lautet also: Es wird einem verziehen, wenn man umkehrt. Das Motiv Nummer zwei lautet: Die Botschaft vom Berg Sinai ist offen für alle Menschen, sie ist ein Angebot ohne jegliche Missionierungstätigkeit. Denn Rahab ist zunächst einmal keine Jüdin und keine

Israelitin. Dieses Motiv kommt sowohl auf der individuellen wie auf der völkischen Ebene vor. Nehmen Sie als Beispiel die Stadt Ninive: Das sind keineswegs Israeliten, und trotzdem ergeht das Angebot Gottes mit seinen Zehn Geboten an sie, ohne dass sich z.B. die Männer beschneiden lassen oder sie zum Judentum übertreten müssten. Nehmen Sie das Beispiel mit Sodom: Es gibt auch hier das Angebot, dass ihnen vergeben wird, wenn sie umkehren. Nehmen Sie andere Einzelpersonen wie z.B. den Hiob: Auch er ist kein Jude oder Israelit. Nehmen Sie Jitro, den Berater des Mose. Auch er ist kein Jude. Bei Rahab ist das ebenfalls der Fall: Das Angebot des Monotheismus gilt auch für sie ohne Wenn und Aber.

Diese Preisung Rahabs steht in einem strengen Widerspruch zu den sonstigen Sexualgesetzen, die Israel auszeichnen oder auch belasten: Es gibt über 60 Sexualverbote und nur 30 Sexualgebote. Die meisten dieser Verbote sind sogar mit der Todesstrafe belegt: Das heißt, wenn man dieses oder jenes tat, musste man getötet werden. Insofern wäre also der Kontakt mit einer Hure im gleichen Feld anzusiedeln wie z.B. die Homosexualität und dergleichen.

Nein, das sehe ich nicht so, und das kann ich aus der Bibel heraus auch beweisen. Wenn die Propheten eine »Message« haben wie zum Beispiel Hosea oder Jesaja, dann geht es um die Liebe zwischen Gott und den Israeliten. Sie demonstrieren ihre Drohworte, indem sie sogar Huren heiraten. Israel wird in diesem Fall des Treuebruchs mit Gott bezichtigt, aber die Versöhnung folgt allemal. Das ist vergleichbar mit der Liebe zwischen Gott und der Ecclesia später im Christentum.

Sie wird immer als Ehe gesehen.

Ja, im Gleichnis. Wenn also Israel gesündigt hatte, dann kam Hosea und schimpfte. Er nahm sich sogar eine Hure Gomer zur Frau, damit er demonstrieren konnte: »Das hast du getan, Israel, treulos bist du!« Bei Jesaja ist es dasselbe, im Grunde genommen ein Aufruf zur Umkehr. Außerdem verschließt sich die Bibel doch nie dem Leben. So ist es eben im Leben, es gibt einfach Huren.

Nun zu den Sexualbestimmungen: Das ist wohl eher eine christliche Problematik wie etwa der Zölibat und die christliche Leibfeindlichkeit. Viele dieser Sexualgesetze, von denen Sie gesprochen haben, bezogen sich auf die damalige Nomadengesellschaft. Die Todesstrafe ist im Judentum längst abgeschafft und der Talmud, die mündliche Lehre, hat für Juden vieles modern interpretiert. In einer Zeit, in der die Erde wüst und leer war und unter den Menschen Krankheiten und Kriege gewütet haben, war die Bigamie selbstverständlich gestattet. Denn ansonsten wären die Menschen wie die Fliegen krepiert an den Krankheiten, an den Überschwemmungen, Trockenzeiten usw. Inzwischen ist die Vielweiberei bereits seit dem neunten Jahrhundert ganz verboten.

Die Vielweiberei ist ansonsten in der Bibel gang und gäbe.

Ja, das sagte ich doch – gewesen. Das waren noch Zeiten für die Männer, fast wie bei manchen Päpsten des Mittelalters.

Auch die Könige sind ohne ein Dutzend Frauen nicht ausgekommen. Man muss zwar die tausend, die manchmal angegeben werden, nicht wörtlich nehmen, diese Zahlen sind sicher übertrieben, aber mehr als zwei oder drei Frauen waren es auf jeden Fall.

Richtig, aber das ist längst nicht mehr möglich. Auch gibt es seit 2000 Jahren keine jüdischen Könige mehr. Dass die jüdische Religion sich aber bis auf den heutigen Tag dem Leben stellt, möchte ich doch mit Nachdruck anmerken. Nehmen Sie doch nur mal das »Hohelied«. Man könnte doch immerhin fragen, was in der Bibel »Schenkel wie Marmor« oder »Brüste wie Tauben« zu suchen haben.

Ja, aber das »Hohelied« ist eine Ausnahme, die nicht immer goutiert worden ist.

Nein, es ist keine Ausnahme. Nehmen Sie ein anderes Beispiel. Für das Heer im alten Israel findet man ganz ausdrückliche Textstellen zu diesem Thema: »Wenn ein Wehrpflichtiger heiratet, dann ist er« – das darf man im Hinblick auf die Bundeswehr gar nicht laut sagen, weil das für sie kein gutes Beispiel wäre – »ein Jahr lang vom Dienst befreit, auf dass er sich mit seiner Frau erfreue.« Es steht nicht da, dass sie in dieser Zeit ein Kind zeugen sollen oder dergleichen. Nein, es heißt, sie sollen sich aneinander erfreuen. Das ist also immer wieder ein Thema in der Bibel, parallel zur großen Freude am Kindersegen.

Aber die Reinheitsgebote sind doch sehr einschränkend, wobei man natürlich zugeben muss, dass sie sich ebenfalls weiterentwickelt haben.

Nein, und das sage ich Ihnen als Frau: Die so genannten Reinheitsgebote sind ganz einfach eine Erholung für die Frau. Lesen Sie doch mal die Geschichten, die wir von Alexander dem Großen oder Karl dem Großen kennen: Wie sind diese Männer mit den Frauen umgegangen! Karl hatte eine Frau, die mit zwölf Jahren das erste Kind bekommen hat. Mit 25 Jahren bekam sie das letzte, und dann ist sie gestorben. Heute ist das z. T. auch noch so in fernen Ländern. Eine Frau bekommt bekanntlich mit zwölf, 13 Jahren zum ersten Mal die Menstruation: Wenn sie da jedes Jahr ein Kind bekommt wie z. B. in manchen Gegenden der Dritten Welt, kommt sie nie mehr zur Ruhe – es sei denn eben durch die so genannten Schonungs- oder Schutzgebote.

Aber die Männer in der Bibel hatten immer eine Abwechslung bei der Hand, da sie doch mehrere Frauen besaßen.

Ich sage also, dass diese Reinheitsgebote eigentlich eine Kraftquelle für die Frauen darstellen: Die Frauen sollen auch mal ausruhen können.

Das Stichwort »Nomaden« bringt mich auf das große Thema, das sich ebenfalls mit Rahab verbindet, das Thema der Landnahme. Unter dieser Bezeichnung läuft eine wahrlich Jahrhunderte lange Geschichte, beginnend mit dem Auszug aus Ägypten und der Wanderung zum Gebiet zwischen dem großen Meer und dem Euphrat. Heute scheint klar zu sein, dass nicht die zwölf Stämme aus Ägypten ausgezogen sind, sondern eine bestimmte Truppe. Wie war das?

Es ist zuerst einmal wichtig festzustellen, dass davor schon nicht das ganze Volk nach Ägypten gegangen war. Ansonsten möchte ich auf Ihre Frage auf zwei Ebenen antworten. Die erste Ebene ist, dass sich unser Gott – wir reden hier in einem ökumenischen Sinn – aus seinen Gründen für seinen Bund dieses kleine, winzige und unwichtige Volk ausgesucht hat. Diese seine Gründe bleiben ein Rätsel: Das ist eben sein Recht. Er sucht sich auch sonst oft recht merkwürdige Einzelpersonen als Bundespartner aus: Isaak ist ein Schwächling, David ist der achte Sohn usw. Die Propheten staunen manchmal über diese Entscheidungen Gottes, denn Israel ist nun einmal weder das größte noch das beste oder gehorsamste Volk. Gott hat sich dieses Volk zum Bund ausgesucht, aber man weiß nicht, warum er das getan hat. Diese Entscheidung hat natürlich auch Ärgernis erregt: Nicht umsonst hat später die mittelalterliche Kirche immer gesagt, sie sei das neue, das wahre Israel. Das ist also die eine Ebene: eine Glaubensfrage.

Die zweite Ebene bezieht sich auf die Frage, was historisch real eigentlich geschehen ist. Wir erfahren in der Bibel jedenfalls eine Geschichte im Zeitraffer. Wir müssen uns wirklich dem Gedanken stellen, dass diese Geschichten an sich über Jahrhunderte hinweg abgelaufen sind. Wir sprechen also von der so genannten Landnahme. Aber was bedeutet das denn schon? Wie lange hat Deutschland mit Frankreich Krieg geführt in der Geschichte? Das waren Jahrhunderte. Erst 1956 ist das Saarland friedlich zurückgekommen, erst damit war dann Schluss mit dieser ganzen Fehde. Seit damals herrscht nun Friede mit Frankreich. Nehmen Sie die großen und lang dauernden Erbkriege zwischen Frankreich und England. So war es eben auch im Heiligen Land: Diese Kriege gingen über Jahrhunderte. Man kann das auch leicht beweisen: Es gibt den Mann der Batseba, den Hetiter Urija. Er ist am Hof von David in einer führenden Stellung im Heer zu finden. Nehmen Sie die Geschichte von Saul: Der oberste Verantwortliche für die königlichen Herden ist ein Edomiter namens Doeg. Bei David findet sich des Weiteren ein Edomiter aus Gat namens Oved Edom Hagiti. Dieser Mann bewahrt sogar die heilige Thora-Lade lange Zeit bei sich auf. Die so genannten Landnahmekonflikte ziehen sich also über Jahrhunderte. Schließlich findet sich unter Jesu nächsten Anhängern, auf dem Weg zum Kreuz, noch ein Kanaanäer. Warum sollte sich also ausgerechnet auf diesem Flecken Erde die Menschheit so heilig verhalten?

Es geht ganz bestimmt nicht darum, dass sie sich heilig verhält. Es gibt zu dem ganzen Komplex aber doch zwei unterschiedliche Darstellungen: eine im Buch Samuel und die andere im Buch der Richter. Daneben gibt es noch die archäologischen Untersuchungen. Es scheint klar zu sein, dass die Hebräer im Land zwischen Mittelmeer und Euphrat schon seit Jahrhunderten gesiedelt hatten. Danach ist dann wohl ein Teil davon nach Ägypten gegangen. Die anderen sind aber in diesem Gebiet verblieben. Das heißt, es stellt sich die Frage, woher die Hebräer eigentlich stammen.

Nach der Lektüre von vielerlei Quellen nehme ich an, dass der Ururanfang in der fruchtbaren Ebene zwischen Euphrat und Tigris zu suchen ist. Wenn wir die Genesis-Geschichte lesen, dann stellen wir fest, dass wir es mit einer Gesellschaft von Sammlern zu tun haben. Wenn man also Evolutionist wäre und daher die Bibel nicht mag, dann würde man freilich auch nichts anderes sagen können, denn in dieser Geschichte wird eine Gegend beschrieben, in der alles von alleine gedeiht. Adam und Eva und die ersten Menschen sind wirklich vollkommen gleich als Mann und Frau, denn Arbeit hat es, laut der Bibel, im Paradies noch nicht gegeben. Ich nehme also an, dass hier der Beginn zu suchen ist. Mir ist aber völlig klar, dass sich im Fernen Osten ähnliche Geschichten abgespielt haben mögen. Davon wussten wir alle aber über lange Zeit gar nichts. Für unsere so genannte westliche Welt wäre die Gegend zwischen Euphrat und Tigris jedenfalls die absolut richtige Gegend für Sammler gewesen. Erst danach kommen dann – »nach einem Tag« oder nach Jahrtausenden, je nach Intensität der einzelnen Glaubensvorstellung – die Besiedler: Kain und Abel, der Bauer und der Cowboy. Nach einer genauso langen zeitlichen Spanne kommen dann Städtebauer, und als nächstes Stadium die Jäger.

Die Hebräer, also diejenigen, die aus Ägypten gekommen sind, wie auch die anderen, scheinen nicht unbedingt Nomaden gewesen zu sein. In der Forschung wird darauf hingewiesen, dass es beim Durchzug durch die Wüste viele Schwierigkeiten gegeben hat: Nomaden wären normalerweise an die Wüste sehr gut angepasst gewesen. Das heißt, es steht in Frage, ob die Hebräer alle Nomaden gewesen sind. Wir müssen also in dieser Frage noch weiter zurückgehen, zu den Jahrhunderten der Verschiebung. Und hier liegt wohl das zentrale und große Problem. Ungefähr im Jahr 1200 vor unserer Zeitrechnung fand der Auszug aus Ägypten statt, andererseits traten ungefähr 1400 vor Christus erstmals die anderen hebräischen Stämme auf. Wer berichtet uns denn davon?

Es gibt einzelne Stelen. Man hat beispielsweise mit großer Freude eine Stele aus der Zeit von David gefunden. Das ist das Älteste, was es im Gebiet des Heiligen Landes eigentlich gibt. Es ist immerhin 3000 Jahre alt, und das will schon was heißen. Es gibt im Rockefeller-Museum in Ostjerusalem auch noch Tafeln aus der assyrischen Zeit. Da und dort gibt es also sehr wohl Quellen – auch aus der ägyptischen Tradition, wie zum Beispiel die Sieges-Stele des Pharao Merneptha, die mit den Worten »Israel ist besiegt, es ist nicht mehr« beginnt. Dies ist die älteste außerbiblische Erwähnung Israels.

Auch in Ugarit wurde einiges gefunden.

Vor allem in Ägypten gibt es ururalte Geschichten: »Die Chapiru sind vernichtet.« Damit wird diese große Angst vor der so genannten Fünften Kolonne, also vor den Hebräern, wiedergegeben. Ich will noch darauf hinweisen, dass auch der Name »Hebräer« interessant ist. Das Wort »Chapiru« bzw. »Chabiru« meint dasselbe.

Oder auch »Habiru«.

Nehmen Sie das Wort »Ivri«. Mit Abraham taucht der erste »Ivri« auf: Er ist der erste Hebräer. In allen orientalischen Sprachen, und so auch im Ivrith, heißt sein Name »Der von jenseits des Stromes«. Man kann nun natürlich darüber diskutieren, ob damit jenseits des Jordans gemeint ist, denn ein Teil der hebräischen Stämme – und das möchte ich gar nicht so laut sagen, denn sonst kämen wir in die Tagespolitik hinein – war im heutigen Transjordanien ansässig. Das können wir auch in unserer Rahab-Geschichte so lesen. Eine andere Interpretation lautet, dass dieser Begriff »Ivri« von jenseits des Euphrats stammte. Aber das bleibt offen.

Die Habiru oder Chabiru werden zum ersten Mal in der so genannten Amarna-Zeit erwähnt. Das heißt, aus dem großen Gebiet, das den Ägyptern gehörte – das war damals alles ägyptische Provinz –, sind an den Pharao Echnaton Briefe geschickt worden, in denen darüber berichtet wurde, was sich ereignet hatte. Es ist in dem Zusammenhang eine große Menge von Briefen, fast schon eine Bibliothek, entdeckt wor-

den, in denen aus dieser ägyptischen Provinz über die umherziehenden Stämme berichtet wird. Diese Stämme scheinen für Unruhe gesorgt zu haben. Das alles ist dem Pharao mitgeteilt worden.

Ich glaube, dass das Ganze mit der damaligen ägyptischen Situation zu tun hatte: Es ging um die Bedeutung von Echnaton, der für sehr kurze Zeit auf eine bestimmte Art dem Monotheismus frönte und ihn einführen wollte. Deswegen wurde er vom Establishment in Ägypten gehasst.

Nach ihm sind die monotheistischen Ansätze sofort wieder verschwunden.

Ja, nach ihm ist das sofort wieder verschwunden. Damit hängt, wie ich glaube, der Hass gegen die Habiru zusammen. Mose, der am ägyptischen Hof erzogen worden ist und die ägyptische Kultur auf jeden Fall sehr gut kannte, hat aufgrund dieser Einflüsse möglicherweise viel zur folgenden Entwicklung der Israeliten beigetragen. Es hat jedenfalls in dieser Gegend, im Mittleren Osten, überall »gegoren«. Es gab auch Gilgamesch und Hammurabi. Die damaligen Denker hatten also einen Überdruss an Götzen, an Astarten und Aseren usw. Das kann man sehr wohl spüren. Man war auf der Suche nach einem monotheistischen Gedanken. Die Durchsetzung dieses Gedankens hat allerdings lange Zeit gebraucht. Wer das wirklich auf sich nahm wie Moses und die anderen Hebräer, bekam deswegen natürlich auch große Schwierigkeiten.

Der Einfluss Ägyptens war in dieser Gegend ständig im Schwinden. Die Ägypter haben sich auch nicht mehr allzu sehr um diese Provinzen gekümmert. Deswegen konnten sich natürlich erst andere Kräfte ausbilden. Das Interessante dabei bleibt freilich, dass die Landnahme beziehungsweise Neubesiedelung dieses Gebietes die Küstenregion ausgespart hat. Warum war das so? Wenn man sich die Landnahmekarten ansieht, dann stellt man fest, dass es da eine regelrechte Nord-Süd-Linie gibt, einen Streifen, der frei gelassen worden ist.

Mit den Völkern im Norden herrschte einfach zu bestimmten Zeiten Friede, Freude, Eierkuchen. Zu Zeiten Salomos regierte dort in Zor und Sidon (Tyros und Zaida im heutigen Libanon) der König Hiram. Es bestand jedenfalls blühender Handel und Wandel mit diesen Völkern. Auch bei Jesus finden wir folgende interessante Geschichte: Sein einziger Ausflug über die Grenzen des Heiligen Landes hinaus ging nach Sarepta. Das ist eine Stadt wenige Kilometer nördlich des Heiligen Landes in der Gegend von Sidon. In dieser Ecke herrschte also über Jahrhunderte Friede. Im Süden an der Mittelmeerküste saßen hingegen die Philister in ihren fünf weltberühmten Großstädten Aschkelon, Aschdod, Gat Ekron und Gaza. Die Philister waren im Zug einer riesigen Völkerwanderung, die es auch damals schon gegeben hat, von den Mittelmeerinseln gekommen, von denen sie wegen Erdbeben geflohen waren. Sie hatten sich dann an dieser Küste angesiedelt und sich dort auch regelrecht festgekrallt. Sie huldigten ihrem eigenen Gott, Dagon, dem sie ein entsprechendes Heiligtum errichteten. Zwischen diesem Gebiet, dem heutigen Gazastreifen, und der Berglandschaft von Jerusalem herrschte ganz einfach über viele Jahrhunderte hinweg Krieg. Dies beweisen die vielen biblischen Geschichten über Saul, Simson und Debora und so weiter. Nehmen Sie als Beispiel den Berg Gilboa: Was haben die Philister dort zu suchen? Das ist ein Berg in der Nähe des heutigen Nazaret. Dort haben damals die Philister den Saul besiegt. Es herrschte also ein ganz schwerer und schrecklicher Krieg um das Land. Darum ist es gegangen.

War denn Saul, der erste König Israels, ein Habiru?

Ja, ganz bestimmt. Ich kann das anhand seiner Heimat nachweisen. Diese ist nämlich nördlich von Jerusalem: Sein Vater hieß Kisch und war ein Nachfahre von Benjamin – wenn wir die Bibel ernst nehmen, was ich selbstverständlich tue. Es gibt aber auch Ausgrabungen, die darauf hindeuten. Wir können also davon ausgehen, dass Saul ein Habiru war.

Gab es neben diesem »Saul« einen anderen gleichen Namens? Denn der Name »Saul« ist in der Bibel ein verliehener Name. In der Forschung gibt es auch Hinweise darauf, dass ein bestimmter Schreiber, der in der Amarna-Zeit nach Ägypten berichtet hat, möglicherweise mit Saul identisch sein könnte.

Das glaube ich weniger, denn Saul beziehungsweise Schaul ist ein einwandfrei hebräischer Name, und zwar ein geläufiger, häufiger.

Ja, ja, der Name schon, aber …

Nun gut, bei Paulus bzw. Saulus ist es dasselbe. Er hat seinen hebräischen Namen Schaul nie aufgegeben: Das kann man in der Apostelgeschichte 13,9 nachlesen. Er benutzte in der Heimat den hebräischen Namen »Schaul«, und dann am Beginn seiner Reisen in das Mittelmeergebiet den Namen »Paul«, der Geringe. Ich wollte aber gern noch auf die politische Großwetterlage bei dieser so genannten Landnahme eingehen. Dieses winzige Land befindet sich zwischen den Mühlsteinen der Großmächte der Antike. Es gibt im Süden Ägypten, im Nordwesten gibt es an der Küste die Städte Zor und Sidon. Rechts davon in Damaskus sitzen die Aramäer, ebenfalls eine Weltmacht. Weiter im Osten findet man die Babylonier und Assyrer, damals emporstrebende Weltmächte. Inmitten dieser Kräfte, die über Jahrhunderte hinweg andauernd aufeinander prallen, finden wir dieses kleine Land Israel. Hinzu kommen in diese Gemengelage auch noch die Völker des Meeres. Ich glaube daher, dass es ziemlich schwer ist, einen solchen Knotenpunkt zu besiedeln. Dauernd brachen irgendwelche Kriege um dieses Land aus. Da es natürlich noch keine Flugzeuge gegeben hat, mussten alle entweder andauernd zum Meer oder vom Meer weg ins Hinterland, aufs Festland ziehen. Die einen schrien dabei immer »zum Meer«, und die anderen »weg vom Meer«. Das macht die Problematik des Heiligen Landes aus.

Sie sprechen von Besiedlung. Das bedeutet, dass sich die von Ägypten ausgewanderten Israeliten in den genannten Gebieten niedergelassen haben. Man darf wohl davon ausgehen, dass das Land damals nicht allzu dicht besiedelt war. Auf der anderen Seite gab es die umherziehenden Chabiru-Stämme bzw. diesen einen Stamm der Chabiru. Kann man sich das so vorstellen, dass die aus Ägypten Ausgezogenen dort auf ihre eigenen Brüder getroffen sind, auf andere hebräische Stämme? Daraufhin organisiert sich also zum ersten Mal ein Nationalstaat in den Gebieten der zwölf Stämme, die alle einen eigenen Namen bekommen und die sich über ihren Gott Jahwe definieren.

Das ist nun wieder ein ganzes Bündel von Fragen, die Sie ansprechen.

Ja, die Situation ist kompliziert. Aber wir befinden uns auch in einer wirklich hochinteressanten Zeit.

Also, das Volk, die nach Jahrhunderten der Wanderschaft in die Heimat zurückgekehrten zwölf Stämme, schreit nach einem König. Das erinnert mich natürlich auch an unsere Tage, als damals im Jahr 1989 bzw. 1990 diese schönen Plakate im Osten Deutschlands auftauchten mit der Aufschrift »Wir sind ein Volk!«. Übersetzt hieße das, dass das Volk quasi nach Einheit und nach einem König schreit. Damals ereignete sich ebenfalls eine sehr interessante Begebenheit in der Geschichte des Mittleren Ostens: Die ehemaligen Nomaden werden sesshaft! Heute ist es in viel kleinerem Rahmen auch so, dass viele Beduinen nicht mehr von Wasserloch zu Wasserloch ziehen, sondern sesshaft werden. Daraufhin bekommen sie dann aber große Schwierigkeiten mit dem Grundbuchamt, weil sie es kaum beweisen können, dass ihre Väter ebenfalls schon auf diesem oder jenem Grund und Boden gelebt haben. Dieses Sesshaft-Werden ist jedenfalls der entscheidende Einschnitt, der sich damals im Mittleren Osten ereignet hat. Interessanterweise hat es das Land Goschen, das Land der Hebräer im Ägypten Josefs, in der Tat gegeben, denn es gibt dazu Ausgrabungen westlich vom Suezkanal. Dort saßen die Habiru zuallererst. Josef war ein großer Freund Ägyptens und sogar ihr »Oberwesir«: Er hat mit seinen Speichern für Ägypten Großes geleistet in der damaligen Zeit der Hungerkatastrophe.

Er saß sozusagen direkt neben dem Pharao.

Ja, er hat damals sozusagen Ägypten in einer schweren Zeit zu einem Großmachtstatus verholfen, als man das Gespeicherte an alle Völker der Antike verkauft hat. Das war in der Geschichte Ägyptens ein großer Schritt. Die Familie Josefs saß jedenfalls im Lande Goschen. Ich stelle mir aber die Frage, warum die Familie damals bei aller Ehrung so separiert gelebt hat. Das lag wohl daran, dass sie Schafhirten waren. Das Schaf war aber für das damalige Ägypten ein Heiligtum und ein Gräuel zugleich. Das gibt es im Mittleren Osten oft: Wenn man etwas Heiliges absolut ab- oder ausgrenzen will, dann macht man es zugleich zu etwas Verabscheuungswürdigem, denn so bleibt es ganz bestimmt unberührt. Daher sitzen die Kinder Israels, wie wir das in der Bibel lesen können, im Lande Goschen nahe des heutigen Suezkanals.

Diese Landnahme ist, wenn man der Bibel folgt, in verschiedenen Zeitphasen abgelaufen.

Das ging über Jahrhunderte.

Wenn man sich diese Vorgänge ansieht, dann kommt man zu dem Schluss, dass die Landnahme eher ein Einsickern gewe-

sen ist und nicht aufgrund von geplanten Feldzügen stattgefunden hat.

Das ist auch eine Frage der Reaktion auf die Angriffe von außen. Ich habe vorhin schon kurz die Feindschaft mit Ammon, mit Moab, mit den Philistern usw. erwähnt. Das war also nicht nur eine aggressive Landnahme. Nein, das ist ein Irrtum, das ist hineingedichtet in dieses Wort »Landnahme«. Sehr oft hatte das auch etwas mit dem zu tun, was ich vorhin schon erwähnt habe: Was machten denn die Philister auf dem Berg Gilboa? Nein, das war schon auch eine Reaktion auf Angriffe. Es war eben beides.

Hat es denn, als sich die zwölf Stämme dann geordnet hatten, auch noch weitere Kontakte mit Ägypten gegeben?

Ja, sogar viele Kontakte. Etwas später unter Salomo hat es eine ausgesprochen friedliche Beziehung mit den Ägyptern gegeben. Der jüdische Staat ist sozusagen stabilisiert und kann sich das daher auch erlauben. Die Bibel rügt das sogar, denn Salomo importiert nicht nur die Königin aus Ägypten – seine Hauptfrau von all den genannten vielen Frauen –, sondern auch Tausende von Pferden. Das ist nicht nur für die Pferdeliebhaber interessant. Nein, das Pferd war damals eben das Kriegstier. Dieser Import bedeutete daher Aufrüstung. Insofern kommt es also unter Salomo zu einer Kooperation mit Ägypten. Dies bleibt allerdings nicht immer so, denn das Verhältnis zu Ägypten war mal besser, mal schlechter. Diese Mächte haben von Generation zu Generation immer wieder ihre Stoßrichtung verändert.

Hat es mit Ägypten auch Handelsbeziehungen gegeben?

Ja, sogar sehr intensive.

Was haben sich die Ägypter von den Israeliten, und umgekehrt, die Israeliten von den Ägyptern versprochen?

Man muss wissen, dass damals ein Teil des Landes Israel ein großer Urwald war. Dies kann man auch in der Bibel nachlesen. Aus diesem Grund gab es natürlich auch andere Bedürfnisse als heute. Man hat jedenfalls Felle, Fleisch, Fett, Honig usw. ausgetauscht. Das waren die Exportgüter in Richtung Ägypten. Daneben hat es noch einen weiteren hochinteressanten Export gegeben, den wir auch im Zusammenhang mit Jericho lesen können: Damals gab es jedenfalls jenseits des Jordans, wo drei Stämme saßen, so etwas wie einen Vorläufer der Pharmaindustrie: Man pflegte dort eine bedeutende Heilpflanzenkultur. Dies ist überliefert und wird auch immer wieder in der Bibel erwähnt. Es kamen sogar fremde Feldherren ins Heilige Land, um sich dort behandeln zu lassen, wie etwa Naaman, der Feldherr der Aramäer zu Zeiten des Propheten Elisha. Das ist so, wie man heute auch mit Psoriasis zum Toten Meer reist. Damals kamen ebenfalls Leute aus Ägypten und Aram, um in den Jordan einzutauchen. Diese Art der Heilung war jedenfalls ein ganz großer Faktor, der immer wieder erwähnt wird.

Es hat also sehr wohl auch andere Kontakte zwischen diesen Völkern gegeben?

Ja, absolut, denn es war doch nicht dauernd Krieg.

Richtig, es hat nicht dauernd Krieg geherrscht. Diese Kriege sind in der Bibel immer im Zeitraffer dargestellt worden.

Simson –
Der Löwenkiller

Das 13. Kapitel des Buchs der Richter beginnt mit dem Satz: »Die Söhne Israels taten Böses, was dem Herrn missfiel. Deshalb unterwarf er sie der Hand der Philister 40 Jahre lang.« Danach beginnt die Geburtsgeschichte des Simson. Wer waren denn damals diese Philister?

So, wie Sie das formuliert haben, fängt das eben schon hochinteressant an. Der Berichterstatter der Antike bemüht sich um eine Schuldzuweisung. Wenn es schlecht läuft, dann sagt er nicht schlicht und einfach, dass das Unglück von außen hereingebrochen sei, sondern er sucht die eigene Verstrickung. »Wir, die Kinder Israel, sind selbst schuld«, so sagt es zumindest derjenige, der diese Geschichte aufgeschrieben hat. Nachher, und das muss man eben auch gleich anfügen, kommen wieder 20 gute Jahre unter unserem Helden Simson. Die Philister kommen über Jahrhunderte israelitischer Geschichte immer wieder vor. Das sind diejenigen Völker, die aus dem Mittelmeer gekommen waren. Die »Kreti und Pleti«, die Leute aus Kreta, kommen auch in der Umgebung von David vor. Die Philister hatten sich jedenfalls im Laufe der Zeit in der heutigen Gaza-Zone fest angesiedelt. Dort hatten sie fünf große Städte errichtet: Gat, Aschkelon, Ekron, Aschdod und Gaza nebst kleineren Dörfern. Der Hauptgott unter ihren vielen Göttern war Dagon. Diese Philister strebten nun von der Basis im Laufe der folgenden Jahrhunderte immer wieder hinauf in das Bergland, denn es ist, wie heute auch noch, ein recht schmaler Streifen am Mittelmeerufer. Oben auf dem Bergrücken lagen die Städte Jerusalem, Hebron und Sichem. Dort saßen Teile der zwölf Stämme Israels: Die Judäer, die Benjaminiten und so weiter. Zwischen den Philistern und den Israeliten gibt es nun über Jahrhunderte hinweg einen schrecklichen Kampf um dieses Stück Land. Die Philister wollen hinauf und die Judäer wehren sich bitter dagegen.

Hat man dort die Philister als Besatzungsmacht empfinden müssen oder als Aggressor?

Sowohl als auch, das kam immer darauf an. Es geht auf und ab, es gab also Wellenbewegungen, denn der Konflikt erstreckte sich über einen langen Zeitraum. Wir hören von 40 Jahren, von 20 Jahren der Auseinandersetzung. Insgesamt war das also alles andere als ein kurzer Krieg. Mal hatten diese und mal jene die Oberhand. Das ging bis hin zur Tragödie um König Saul, der weit entfernt von den eigentlichen Städten der Philister im Gebirge Gilboa, etwa in der Gegend des heutigen Nazaret, vernichtend von ihnen geschlagen wurde. Diese Auseinandersetzung kann man etwa mit der jahrhundertelangen Feindschaft zwischen Deutschland und Frankreich vergleichen.

In der Heilsgeschichte muss dann natürlich Israel von der schweren Last der Philister befreit werden. Dazu bedarf es immer eines Menschen, eines Auserwählten. In diesem Fall trifft es jemanden aus dem kleinen Stamm Dan, und zwar eine Frau, die seit Jahren als unfruchtbar galt und die dann auch recht erschrocken ist über das, was alles mit ihr passiert. Was ist da eigentlich genau geschehen?

Ich finde diese Geschichte sehr schön und wir werden noch darauf kommen, dass es in unserem heutigem Gespräch eigentlich um vier besonders wichtige Frauen geht, die mit viel Liebe zum Detail dargestellt werden. Ein ganzes Drittel der Geschichte handelt von den Eltern Simsons. Wenn man das auf heute überträgt, wäre es eine gute Idee, mehr über die Herkunft und die Familie unserer heutigen Politiker zu erfahren. Der Vater des Simson heißt also Manoach. Die Namen sind in der Bibel immer sehr, sehr wichtig. In ihnen ist meistens schon ein ganzes Programm und ein komplettes Charakterbild angelegt. Der Name »Manoach« kommt ganz deutlich vom hebräischen Wort »menuchah«: Hier steht vor uns ein ruhiger, gediegener und gelassener Mann, der einfach seine heilige Ruhe haben möchte.

Also eher ein Josefs-Typ.

Ja, er ist ein in sich Ruhender. Die Frau dagegen ist agil und zappelig. Sie erlebt jedenfalls eine sehr aufregende Engelserscheinung. An dieser Stelle bekommen wir aber gleich schon mal einen kleinen Nasenstüber: Der Engel wendet sich ausdrücklich an die Frau, und nicht an den Mann.

Diese Frau hat eine Vision. Der Engel erscheint und verkündet ihr etwas.

Wie bei Abraham und in anderen biblischen Geschichten gibt es auch hier wieder eine Botschaft. Ich glaube, dass das eine mit Absicht unternommene Mahnung an uns alle ist. Es wird so erzählt, dass es keinen Anlass für ein selbständiges »Engelwerk« und dergleichen gibt, dass keine Fixierung auf irgendwelche Engel mit weißen Fittichen da wäre. Innerhalb der Erzählung mischt sich die Bezeichnung für diesen Engel mit den Begriffen für »Mann« oder »Mensch«. Es geht darum auszudrücken: »Achtung, aufpassen Mensch! Bilde dir ja nicht ein, du könntest irgendeine Beziehung zu UFOs oder außerirdischen Wesen haben!« Es ist also die Frau, die eine Vision hat. Sie erschrickt dabei aber furchtbar. Ich kann mir das gut vorstellen, denn wenn man in jenen Tagen jahrelang ohne Kind war, dann war das ein regelrechtes Stigma.

Was sagte die Erscheinung nun?

»Du bekommst ein Kind!«

Und sie bekommt von diesem Engel auch sofort Anweisungen.

Es wird ihr gesagt, dass es ein besonderes Kind werden wird, sie wird nämlich einen Nasir bekommen. Das Wort »Nasir« ist auf Deutsch eigentlich nur schwer zu übersetzen, denn es bedeutet keinesfalls »Mönch«.

Das ist mehr ein Guru.

Nein, das ist eine Person mit starker Ausstrahlungskraft, jemand, der von Anfang an ein Gelübde abgelegt hat. Der Engel sagt ihr auch quasi ganz modern, wie sie sich während der Schwangerschaft zu verhalten hat. Heute würde man sagen: »Nicht rauchen, kein Haschisch, keine anderen Drogen!« Sie erfährt, dass sie ein geniales Kind bekommen wird, einen Nasir.

Das ist die Anweisung für die Frau, aber der Nasir selbst muss sich auch in einer bestimmten Weise verhalten.

Gut, jetzt kommen wir zur Frage, was ein Nasir ist. Im Unterschied zum Mönch legt ein Nasir kein Keuschheits-, Armuts- oder Gehorsamsgelübde ab. Davon ist keineswegs die Rede. Er hat nur zwei Einschränkungen auf sich zu nehmen: Er darf keinen Wein trinken und er darf seine Haare nicht schneiden. Das ist alles. Die Frau wird auch darauf aufmerksam gemacht, dass sie sich während der Schwangerschaft entsprechend zu verhalten habe. Der Nasir jedenfalls ist immer eine merkwürdige Person. Er ist jemand, der von sich aus freiwillig etwas auf sich nimmt, der bestimmten Dingen entsagt. Wohlgemerkt: Es geht dabei ausdrücklich nicht um die Sexualität, wie wir noch merken werden. Es geht um den Wein und um den Haarschnitt, was in der Hitze des Orients natürlich von großer Bedeutung ist.

Der Apostel Paulus soll auch ein Nasiräer gewesen sein.

Ja, darauf wollte ich auch gerade kommen. Ich glaube nicht, dass er selbst ein Nasir war.

Aber er hat ihnen doch sehr nahe gestanden.

Quer durch die Jahrhunderte gibt es in der Bibel immer wieder solche Männer, die meinen, dass sie der liebe Gott lieber haben wird, wenn sie sich irgendeiner Entsagung unterwerfen: Das erinnert auch an mittelalterliche christliche

Flagellanten, Barfüßermönche und dergleichen. Sie meinten alle, dass sie sich die Liebe Gottes erobern könnten, wenn sie sich etwas antun. Bei Paulus nun wiederum gibt es eine herrliche Stelle, bei der er zufällig zu einer Feier stößt. Da geht es um das Ende eines Nasiräats. Dieses Gelübde dauerte in der Regel sieben Jahre. Als der Tempel damals in Jerusalem noch stand, wurde danach dann immer ein Tieropfer gebracht, also ein Sühneopfer. Da fragt man sich doch, was da los ist: Sind die meschugge geworden? Da entsagt jemand, plagt sich über Jahre hinweg, und dann soll er auch noch ein Sühneopfer bringen? Er sollte doch stattdessen allgemeines Lob und eine Auszeichnung bekommen. Die Lektion, die wir dabei lernen, ist, dass Gott das gar nicht will, denn sonst hätte er uns Menschen doch schon mal gar nicht ausgestattet mit all diesen Eigenschaften wie der Sexualität, mit der Freude an all den Gaben. Eine Selbstkasteiung ist kein Beweis für Gottesliebe und Genügsamkeit.

Man konnte sich als Nasiräer aber in Ausnahmefällen auch ein Leben lang verpflichten.

Sicher, das ging auch. Man kann immer übertreiben. Deswegen bringt der Nasiräer auch immer ein Sühneopfer: Weil Gott das gar nicht verlangt hatte, denn das alles war nur eine freiwillige Fleißaufgabe.

Diese Frau erfährt eine Weissagung und rennt dann nach Hause.

Sie erschrickt furchtbar. An sich ist das ein hochaktuelles Thema, denn heute ist es ebenfalls so, dass sich Frauen in sehr hohem Alter noch künstlich befruchten lassen können. Aktueller könnten wir an dieser Stelle gar nicht sein. Sie erschrickt also darüber, dass sie nach so vielen Jahren doch noch ein Kind bekommen soll und dass das Kind auch noch so ein besonderes Kind sein wird. Sie läuft nach Hause und ruft nach ihrem Mann: »Manoach, Manoach!« Er ist aber nur schwer aus der Ruhe zu bringen, als sie ihm von diesem Schock erzählt. Manoach sagt nur: »Hast du ihn gefragt, wie er heißt, wie das nun sein wird und ob wir dieses schreckliche Ereignis überleben werden?« Die Frau fängt daher an zu beten, dass sie noch einmal instruiert wird, dass sie quasi die Ausführungsbestimmungen erhält, dass sie wie bei den Arzneien einen Beipackzettel bekommt. Ja, die Sache ist so wichtig, dass diese Gestalt, der Engel, noch einmal kommt und diesmal sogar beiden erscheint. Er wiederholt dabei im Prinzip das Gleiche, was er vorher schon gesagt hatte.

Manoach rennt nach draußen und sieht dort den Engel, diesen Mann.

Es herrscht jedenfalls größte Aufregung für beide. Jetzt kommt meiner Auffassung nach aber die Hauptsache für die Männer, denn in diesem Moment lernen wir den wahren Charakter von Manoach kennen: Er fängt an zu zittern und zu schlottern. Er ruft aus: »Jetzt sterben wir! Das werden wir nicht überleben!« Sie sagt dann aber in ihrer herrlichen weiblichen Tapferkeit: »Was fällt dir denn ein! Der Engel wäre doch nicht gekommen, wenn wir jetzt sterben müssten! Er ist gekommen, weil wir etwas Großartiges erleben werden!« Diese ganze schöne Geschichte passt also wieder einmal nahtlos hinein in all die anderen Geschichten, in denen biblischen Frauen Engel erschienen sind.

Es kommt dann noch zu einer Opferszene, in der der Engel im Opferrauch quasi entschwindet.

Ja, es ist immer dasselbe: Schon in der Genesis-Geschichte ist es so, dass die Menschen in solchen Situationen das dringende Bedürfnis haben, Gott etwas zu opfern. Das Opfer selbst ändert sich mit der Zeit freilich: Am Anfang waren es noch Menschen, später sind es Tiere und am Schluss ist es Geld für die Armen. Der Mensch hat nach so einem schrecklichen Ereignis das Bedürfnis, ein Opfer darzubringen. Es ist bestimmt nicht Gott, der das will. Hinterher sagt man dann, dass Gott das Opfer angenommen habe, wenn meinetwegen der Wind dann in diese oder jene Richtung bläst.

Woher kommt eigentlich diese Art von Szene, die sich in der Bibel immer wieder wiederholt und zum Beispiel im Neuen Testament bei Maria in der Verkündigung fast wörtlich wiederkehrt?

Das ist die Verkündigung. Bei Manoach fällt mir dabei etwas ganz besonders auf. Ein Teil der Geschichte liefert den Vorlauf: Es geht um die Eltern von Simson, um den Engel, um das Opfer und die ganzen Vorbereitungen. Gut, das ist natürlich schon eine ganz gewaltige Sache, die sich da ankündigt. Aber bei all den anderen Verkündigungsgeschichten heißt es von Anfang an, und das beginnt schon bei Adam: »Und er schlief mit seiner Frau.« Bei Manoach kommt aber dieses Wort nicht vor. Nirgends heißt es, dass er mit ihr geschlafen habe. Das ist doch etwas sehr Merkwürdiges, eine Ausnahme. Aber mehr will ich dazu jetzt nicht sagen.

Es ist doch erstaunlich, dass in dieser Geschichte die Frau keinen Namen hat, sondern immer als »Frau« tituliert wird.

Daran habe ich mich eigentlich nicht gerieben. Bis vor 100, 200 Jahren sprach man auch bei uns in Deutschland in bäuerlichen Kreisen die Frauen nur mit »Frau« an: »Frau, koch' mir jetzt etwas!« Wenn ein Bauer zu einem Dritten sagte: »Die Frau wird dir die Suppe geben«, dann meinte er damit immer die eigene Frau. Ich glaube, dass das lediglich ein Teil der Sprache ist. Interessanter finde ich an dieser Stelle jedenfalls die Tatsache, dass hier von Sexualität nicht die Rede ist. Andererseits ist es aber auch von Anfang an so im Alten Testament, dass das Idealbild, das die Frauen von den Männern haben, der starke, kräftige Mann ist: Sie werden immer von körperlich starken Männern angezogen – wohl damit eben die entsprechenden Veranlagungen weitergegeben werden können und Schutz gewährleistet ist.

In der späteren Literatur kommt es dann zur Interpretation, dass mit dieser »Frau« das abtrünnige Israel gemeint sein könnte. Israel wird plötzlich als Frau gesehen.

So etwas kommt öfter vor, und so bin ich gar nicht schockiert, wenn Sie das sagen. Bei den späteren Propheten kommt das sogar viel deutlicher heraus. Bei Hosea ist es so, dass er etwas macht, was wir heute eine Demonstration nennen würden: Er »demonstriert« und heiratet eine Hure! Er sagt: »Das ist das Verhältnis Israels gegenüber Gott!« Er meint damit also nicht nur eine Frau an sich, sondern in diesem Fall sogar eine Hure. Wenn die Propheten eine Strafpredigt halten wollten, dann haben sie das immer mit demonstrativen Taten unterstrichen, denn es konnte auch gar nicht jeder lesen und schreiben – und Rundbriefe hat es damals sowieso noch nicht gegeben. Israel ist also immer die Frau und Gott der Mann, und zusammen stellen sie ein allegorisches Liebespaar dar. Der Simson ist in der christlichen Typologie ebenfalls sehr wichtig. Die Geschichte vom Löwenbezwinger Simson, auf Jesus bezogen, wird in der christlichen Kunst ganz deutlich übernommen. Leider werden alttestamentliche Motive oft verzerrt und tendenziös dargestellt. Generell bezwingt Jesus den Löwen, und der Löwe stellt die Sünde oder Satan selbst dar.

Wir haben jetzt das Geburtskapitel behandelt. Die ganze Geschichte um Simson spielt sich in Episoden ab, in die auch viel Legendenhaftes mit hineinwirkt. Simson wächst also heran, und wir erfahren dabei nichts über seine Jugendzeit. Als junger Mann dann geht er eines Tages spazieren und kommt …

Ich würde da gerne einflechten, dass damals die Kinder nicht so verwöhnt wurden wie heute. Damals wuchsen Kinder von frühester Kindheit an in das Stammesleben hinein.

Sie wurden dabei auch immer schon wie kleine Erwachsene behandelt.

Hier zu Lande war das bis vor 200 Jahren ebenfalls so üblich. In unserer Geschichte ist es jedenfalls wichtig zu wissen, wo sie spielt, nämlich zwischen Zora und Eschtaol, den beiden Städten, die immer wieder vorkommen: Das ist die Heimat des Stammes Dan schon seit der Zuteilung des Heiligen Landes durch den Patriarchen Jakob an seine zwölf Söhne. Diese Orte gibt es auch heute noch: Sie befinden sich auf dem Weg von Jerusalem nach Tel Aviv und liegen auf der Anhöhe unmittelbar über dem Gebiet der Philister. Die Philister verüben von Zeit zu Zeit Überfälle und die Judäer fühlen sich bedrängt und bedroht: Als Strafe Gottes waren sie – in ihrem Selbstverständnis – diesen Philistern jedoch unterlegen. Es kommt dann aber unser Held namens Simson, und es geht wieder aufwärts.

Er marschiert jedenfalls als junger Mann durch die Lande, sieht sich um und findet dann eine Philisterin, die ihm gefällt und die er auch haben will.

Nein, so schnell geht das alles nicht. Das ist so wie in einer Partei heute, da wird man auch nicht von heute auf morgen Vorsitzender. Man muss die Ochsentour durchstehen. Dieser vor Kraft strotzende Simson muss sich also zunächst einmal in den eigenen Reihen bewähren. Aus diesem Grund wird er der Löwenbändiger. Er muss Ausstrahlung beweisen und Menschen führen können.

Ja, Moment, aber das kommt erst später in der Geschichte.

Nein, bereits auf seinem ersten Weg. Ich nenne das die »Mutprobe«.

Zunächst einmal aber sagt er doch zu seinen Eltern: »Ich habe ein Philistermädchen gesehen, das will ich haben!«

Er macht sich auf den Weg, und das nenne ich eben eine Mutprobe, denn von seinem Kaff aus geht er an das Ufer des Mittelmeeres in die große fremde Welt. Dort passiert dann das mit dem Löwen. Darüber können wir gleich sprechen.

Ja, aber er geht doch mit seinen Eltern dorthin. Im Grunde ist das die Brautwerbungsszene.

Ich nehme an, und das sagen auch die Quellen so, dass es da um eine Profilierung geht. Er trennt sich unterwegs von seinen Eltern und versteht, dass er bekannt werden muss. Die Frauen der Philister, die in unserer Geschichte vorkommen, finde ich jedenfalls hochinteressant. Die erste Frau, die er beeindrucken will, und so verstehe ich zumindest diese Geschichte, heiratet er. Die zweite Frau ist ganz deutlich eine Hure und die dritte Frau ist die Femme fatale, die Delila. Alle drei Frauen sind, bildlich gesagt, Stufen in seiner Karriere. Es geht um nichts weniger als seine Entwicklung als Mann, seine internationale Karriere und seine Wirkung innerhalb des Stammes.

Gut, aber seine Eltern erschrecken sofort, als er sagt, dass er diese Philisterin heiraten will. Sie antworten ihm: »Findest du denn bei uns keine? Bei diesen Unbeschnittenen nach einer Frau zu suchen kommt doch überhaupt nicht in Frage!« Es kommt dann aber ein sehr schöner Einschub, der in etwa so lautet: »Sie wussten ja nicht, dass damit einerseits eine Prophezeiung erfüllt werden sollte beziehungsweise eine List dahinter steckte.«

Ja genau, das ist die Wende.

Dessen war sich Simson vielleicht selbst auch schon bewusst.

Ich glaube, dass es ihm sehr wohl bewusst war, es war Strategie. Es galt, den eigenen Leuten Zuversicht einzuflößen und den Feind das Fürchten zu lehren.

Auf dem Weg dorthin kommt es jedenfalls zur ersten Machtdemonstration, zu der Begegnung mit dem Löwen. Das ist eine Szene, die in der bildenden Kunst immer wieder dargestellt worden ist, weil sie wirklich sehr eindrucksvoll ist. Was ist da genau geschehen?

Vor allem interessiert mich an der Stelle die Tatsache, dass dieses Land damals ganz anders war als heute. In dieser Gegend hat es demnach noch Urwald und Steppen mitsamt vielerlei wilden Tieren gegeben – also auch Löwen. Er geht durch diesen Wald und … Halt, am Anfang lesen wir interessante Kleinigkeiten: Normalerweise gehen sie, die Familie, zusammen. Es ist so weit, der Sohn absentiert sich von seinen Eltern und verirrt sich im Wald. Dort trifft er dann auf den Löwen. Jeder andere Mensch würde in dieser Situation davonrennen. Nicht so unser Simson. Er geht auf das Tier zu, flieht nicht und reißt mit seinen bloßen Händen den Löwen entzwei. Er besiegt einen lebendigen Löwen! Das ist dieses berühmte Bild. Es ist gewissermaßen ein Initiationsritus, der ihn zum starken Mann macht, zu einem »Leader«.

Er zerreißt ihn wie ein Böcklein.

Das ist das, was ich vorhin schon erwähnt habe: Jesus besiegt dann in gleicher Typologie den Satan. Dieser Löwe spielt später eine große Rolle, denn Simson lässt den Kadaver liegen. In diesem Kadaver setzt sich ein Bienenschwarm fest. Aus dieser Tatsache macht Simson dann sogar ein Gedicht in Rätselform. Ich kann es mir nicht verkneifen, er ist wirklich auch sprachlich, ja dichterisch begabt. Er besingt nämlich, dass in dem Kadaver aus »Bitterem« »Süßes« wird. Das ist insofern ein schönes und interessantes Bild, weil normalerweise immer dann, wenn in der Bibel von Honig die Rede ist, wie im Ausdruck »Land von Milch und Honig«, damit in der Regel nie Bienenhonig gemeint ist, sondern immer nur Dattelhonig. Denn ein Volk, das in der Wüste von Oase zu Oase wandert, braucht Dattelbäume, Schatten spendende Palmenhaine. Wenn also immer wieder davon die Rede ist, dass einem im Land, wo Milch und Honig fließen, es an nichts mangeln wird, dann ist im Gleichnis damit Dattelhonig gemeint. Die Dattelpalme kann nämlich selbst unter schwierigsten Bedingungen gedeihen: Sie spendet nicht nur Schatten, sondern liefert auch einen süßen Sirup, ihre Frucht ist zudem äußerst haltbar. Die Dattelpalme ist ein Segen sondergleichen. In unserer Simson-Geschichte ist aber ausnahmsweise die Rede von Bienenhonig. Ich will bemerken, dass sich Simson wirklich sehr geistreich und amüsant auszudrücken weiß.

Er holt den Bienenhonig später heraus und gibt auch den Eltern davon. Dann gehen sie weiter zu den Philistern zur Hochzeit von Simson.

Sie gehen nach Timnat zu der Frau, die Simson heiraten wird. Ich halte auch das für einen strategischen Schachzug. Er will dort Fuß fassen.

Es findet also eine Brautwerbung statt.

Heiligt der Zweck vielleicht doch die Mittel? Ich halte das für eine List, wie er am schnellsten seine Duftmarke im Philisterlager bekannt machen konnte. Er sagt ganz energisch: »Diese Frau will ich!«

Die Eltern geben dann auch tatsächlich nach.

Ja, sie geben nach, er will diese Frau und bekommt sie auch. Aber, oh Schreck, es geht alles schief. Diese arme Frau tut mir wirklich sehr leid: Sie ist diejenige, die eigentlich die Zeche bezahlen wird. Nun, das kommt davon, wenn man sich auf solche Männer einlässt! Man muss es nicht unbedingt tun, aber da ist eben die Sehnsucht der Frauen nach so einem großen und starken Mann. Die Frau von Timna ist Simson nicht gewachsen und wird zudem von ihren Landsleuten missbraucht und unter starken Druck gesetzt.

Die große Hochzeit wird vorbereitet: Zu ihr sind auch 30 Philister eingeladen und sie sitzen mit Simson an der Tafel.

Es geht dabei auch um viel Geld, denn es kommt wieder zu einem Rätsel mit großen Preisen. Das ist in der Antike oft der Fall: Den Gästen wird ein Rätsel aufgegeben. Damit zeigt man, dass man nicht nur reich, sondern auch gescheit ist. Simson stellt also folgendes Rätsel: »Was ist das? Vom Fresser kommt leckeres Essen und vom Bitteren kommt Süßes?«

Er meint damit natürlich den Honig im Kadaver des Löwen, den er eigenhändig zerrissen hatte. Die Philister nehmen die Herausforderung sehr ernst, können das Rätsel aber nicht lösen.

Er versprach dabei auch, wenn er verlöre, dann würden sie etwas von ihm bekommen – und umgekehrt sollte das natürlich auch gelten.

Meinen Sie nicht auch, dass er damit ganz deutlich versucht, sich auf beiden Seiten populär zu machen? Er schafft sich Vertrauen bei den eigenen Leuten, denn diese ganze Geschichte ereignet sich in archaischen Zeiten. Sie spielt 200 Jahre vor David.

Er sagt: »Wenn ich verliere, dann bekommt ihr 30 Hemden von mir!«

Ja, er sagt das, obwohl er, wie mir scheint, diesen Besitz gar nicht aufweisen kann. Er ist also ein Freibeuter. Die Philister treibt er mit der Zeit zur absoluten Weißglut, weil sie seine Rätsel nicht lösen können. Daraufhin wenden sie einen Trick an: Seine eigene Frau soll ihn aushorchen! Das ist natürlich ein alter und immer wieder vorkommender Druck zum Verrat. Er hat die Philisterin geheiratet, aber sie ist im Gegensatz zu ihren Nachfolgerinnen nicht charmant genug, um mitzuspielen, es herauszubekommen. Er macht ihr dauernd etwas vor und verrät sich nicht. Sie ist nicht die perfekte Verführerin – das Geheimnis ist nicht zu lüften, die Spannung wächst zusehends. Es kommt dann zu einer Szene, die man auch heute noch jeden Tag irgendwo im Fernsehen sehen kann: Am Abend sagt irgendeine Frau weinend zu ihrem Mann: »Du liebst mich nicht, du liebst mich ja gar nicht – oder beweise es mir doch!«

Letztlich schafft sie es aber doch, dass er ihr die Lösung des Rätsels mitteilt, die sie natürlich sofort an ihre Brüder, die Philister, weitergibt.

An dieser Stelle kleidet Simson die Situation wieder in ein geistreiches Gedicht: »Wenn ihr nicht gepflügt hättet mit meinem Kälbchen, dann hättet ihr die Lösung meines Rätsels nie gefunden!« Damit entsteht natürlich die erste Konfrontation – die er aber genau heraufbeschwören wollte.

Ein großer Streit entsteht.

Nein, es gibt eine Schlacht: Das Bergvolk der Judäer erhebt sich gegen die Philister. Er wollte diesen Eklat ganz bestimmt. Die Philister misshandeln, wie in solchen Fällen üblich, wütend die neue Familie Simsons, obwohl sie aus ihren eigenen Reihen stammt.

Zunächst einmal ist es aber doch so, dass er 30 andere Philister erschlägt, deren Hemden und Prunkgewänder er als Schuld aus dem Rätsel den Brüdern seiner Frau bringt: »Da habt ihr eure Gewänder! Ich habe zwar nicht wirklich verloren, aber ich löse meine Schuld ein!«

Ja, er ist eben ein Freibeuter. Dieser Konflikt wird immer ärger, und genau das will Simson auch erreichen. Die Leidtragenden sind dabei natürlich die Mitglieder der Familie seiner Frau, denn deren eigene Leute sagen, dass sie mehr für sie hätte tun können. Simsons Frau kann uns leid tun. Sie hat es einfach nicht geschafft. Dennoch wird ihr vorgeworfen, sie hätte den Philistern mehr verraten müssen und sie auch stärker warnen sollen. Sie wird zwangsmäßig anderweitig verheiratet, um Druck auf Simson auszuüben, und später von ihren Landsleuten verbrannt.

Es geschieht dann etwas, was im Vorderen Orient scheinbar Tagesgeschehen ist: Hass gebiert neuen Hass, Vergeltung neue Vergeltung. So geht es die ganze Zeit hin und her zwischen den Philistern und Simson. Die ganze Situation eskaliert von Tat zu Tat, und das ist doch das Schlimme dabei.

Hier muss man natürlich schon auch fair sein und danach fragen, was die Philister eigentlich dort im Bergland von Judäa verloren hatten. Das ist wirklich die große Frage, denn sie wohnten unten an der Küste. Dieses Bergvolk, die Israeliten, war eigentlich nicht anti-philistäisch eingestellt. Im Gegenteil, man kann quer durch die Bibel immer wieder lesen, dass die Philister eine herausragende Rolle bei ihnen spielen. Nehmen Sie nur mal den Hof von David, wo Philister regelrechte »Stars« waren. Es lässt sich also darüber streiten, was die Philister im Gebirge von Gilboa zu tun hatten, wo sie Saul besiegen.

Erstaunlich ist auch die Tatsache, dass ein Israelit überhaupt die Möglichkeit sieht, sich mit einer Philisterin zu verheiraten.

Ich habe gewusst, dass Sie mich das fragen werden. Aber ich kann Ihnen sagen, dass solches doch die ganze Zeit über passiert. Die Propheten rügen das zwar andauernd, aber es kommt immer wieder vor. Selbst bei Salomo und auch nach ihm. Er hatte angeblich 1000 Frauen aus der ganzen Umgebung. Wenn wir zu Hause auf diese Stelle zu sprechen kamen, pflegte mich mein Vater immer mit den Worten zu beruhigen: »Du musst das nicht wörtlich nehmen, Kind. Denn in dem Fall hätte er auch so viele Schwiegermütter gehabt, und das hätte er bestimmt nicht ausgehalten!« Es haben also immer wieder die jungen Männer aus Staatsräson oder aus finanziellen Gründen irgendwelche Prinzessinnen aus der Umgebung geheiratet. Das hat auch funktioniert. Es kam dabei aber wie hier in unserer Geschichte vor, dass den Männern eingeredet wurde, sie sollten doch lieber nach der Sitte des Landes die ältere Schwester der Braut nehmen, weil sie die schönere sei. Das heißt, es wird also über die Frauen ganz einfach verfügt. Man merkt aber den Frauen oft auch an, dass sie genau wissen, was sie wollen, und sich auch durchsetzen können.

Simson fühlt sich aber nach wie vor verheiratet.

Ja, er ist wütend und empört.

Und er kehrt dann auch zurück.

Man merkt, es liegen Spannungen in der Luft, weil er sich in seine Heimat in den Bergen zurückzieht. Nach einer Weile geht er dann aber wieder zu seiner Frau in Timnat. Er weiß, dass sie dort bei ihrer Familie geblieben ist. Dort musste er aber die ganze Tragödie erfahren, dass sie von den eigenen Leuten, also von den Philistern, zu leiden hatte und umgebracht worden ist. In dem Moment ist er natürlich außer sich, denn er hat sie immer noch als seine Frau betrachtet. Er schlägt daher zu, und der Konflikt eskaliert damit noch weiter.

Vorher bietet ihm aber noch der Vater der Philisterin seine zweite Tochter an.

Ja, das ist die jüngere Schwester, die angeblich hübschere. Nun, das war damals leider so üblich. Diese Schwester will er aber nicht.

Die Situation eskaliert, und der Hass wächst.

Er ist jetzt derjenige, der sich benachteiligt fühlt.

Simson fühlt sich in dem Moment aber auch ungeheuer stark. Hier an dieser Stelle kommen schon fast märchenhafte Züge zum Durchbruch. Er wird im Grunde genommen zu einem Riesen stilisiert.

Ja, aber er war natürlich kein Riese, sondern eher ein durchtrainierter Bodybuilder-Typ.

Viel Kraft muss er aber schon gehabt haben, denn später …

Ja, das sind dann auch Legenden. Hinzu kommt natürlich, dass jeder Mensch dann, wenn er richtig motiviert und angestachelt ist, große Kräfte entwickeln kann. Adrenalinschub nennt man das heute.

Insgesamt häufen sich hier aber die Legenden und Wundergeschichten. Es heißt zum Beispiel, dass er zwei Füchse zusammenbindet, eine Fackel dazusteckt und sie dann über die Felder rennen lässt, um die Felder der Philister anzuzünden.

Nicht nur zwei Füchse, sondern 300!

Ja, aber er bindet je zwei Füchse zusammen. Er ist sehr trickreich und dabei auch jemand, der sich gut in der Landwirtschaft und deren Bedingungen auskennt.

Er nimmt auch den Unterkiefer eines Esels und erschlägt damit soundso viele Philister.

Er nimmt den Unterkiefer eines verendeten Esels, der da in der Gegend herumliegt, und schlägt damit als Waffe zu. Das ist eine solche Sensation, dass dieser Ort daraufhin quasi »Kiefersberg« genannt worden ist. Er erschlägt also einen nach dem anderen mit dem Kiefer in der Hand. Es ist nämlich so, dass er sonst keine Waffe hat. Nur die Philister hatten schon Zugang zu Eisen, aus dem sie sich Waffen schmieden konnten. Daher kommt es, dass die zwölf Stämme der Israeliten an großem Waffenmangel litten. So ein Schwert ist unter ihnen zu dieser Zeit eine große Seltenheit. Das Schwert des Goliath, der ebenfalls aus der Ecke der Philister kam, bekommt dann nach seinem Kampf der David. So ein Schwert zu haben ist eine Riesenseltenheit. Es dauert noch Jahre, bis Israel auch Streitwagen und Schwerter hat.

Sie haben schon auf die Frauen in dieser Geschichte hingewiesen. Es war wohl eine ganze Reihe von Frauen, die Simson »beglückte«. Sie sind ihm nachgelaufen.

Im Gegensatz zu seinem Vater ist er ausgesprochen erfolgreich im Umgang mit Frauen. So viel wir hören, waren es mehrere, die er geheiratet hat. Bei der ersten fängt er noch ganz klein, brav und bescheiden und mit richtiger Eheschließung an. Deren jüngere Schwester will er nach ihrem Tod aber nicht: Er lässt sich doch nicht mit einer Schwester abfertigen! Das war auch als Geringschätzung von Seiten der Philister gedacht.

Diese erste Frau geht schrecklich unter, wie Sie bereits angedeutet haben.

Die Philister waren nicht zufrieden mit der angeheirateten Familie Simsons, und vor allem nicht mit dem Vater. Der Meinung der Philister nach hätte dieser Vater mehr tun müssen, um Simson zu überwältigen.

Das ist aber nun wieder ein Racheakt: Simson vernichtet das gesamte Getreide und die Getreidespeicher durch die Füchse, die dort brennend hineinlaufen. Die Philister verbrennen daraufhin die ganze Familie der Frau Simsons, weil sie diese für die Schuldigen halten.

An der Stelle kommt nun etwas ganz Interessantes: Die eigenen Leute, Israeliten vom eigenen Stamm, sind mit der Politik Simsons nicht einverstanden. 3000 stehen auf und sagen, dass sie seinen Weg nicht mehr akzeptieren wollen. Sie wollen ihn sogar den Philistern ausliefern.

Könnten wir vielleicht davor noch kurz bei dieser zweiten Frau bleiben?

Gerne. Diese zweite Frau wird uns vorgestellt als Hure. Er hat nun keine Frau mehr, ist aber enorm fruchtbar und agil. In den Apokryphenquellen wird erzählt, dass ihm die Frauen nur so nachgelaufen seien.

Sein Glied sei so groß gewesen wie ein ganzer Mann, sein Samen sprühte wie eine Riesenquelle usw.

Da müssen wir gar nicht so sehr ins Detail gehen, denn sonst regen wir damit vielleicht nur die Leute auf. Es ist eben wie immer bei diesen Legenden: Die ganze Sache wird ausgeschmückt noch und noch. Wenn da zuerst einmal ein kleines Stück erzählt wird, dann wird es beim Weitererzählen immer nur noch größer und prächtiger.

Er geht zu dieser Prostituierten.

Ja, diese zweite Frau ist ganz klar eine Sona, also eine Hure.

Welche Funktion hat denn diese Frau? Ist das nur so überflüssigerweise eingeschoben? Was hat sie für eine Bedeutung für die Geschichte und für Simson?

Sie hat schon eine Bedeutung: Er will wieder von vorne anfangen, nachdem eine gewisse Ruhe eingekehrt war. Nun gut, seiner Meinung nach kann man sagen, dass er gelitten hat: Die erste Frau, die er geliebt hat, hat man ihm verbrannt. Er fühlt sich daher ungerecht behandelt. Er möchte aber dennoch wieder Kontakt haben und fängt daher wieder von vorne an. Die eigenen Leute jedoch wollen ihn nicht mehr: Das ist das Phantastische an dieser Geschichte. Sie wollen ihre Ruhe haben.

Die Philister bedrohen also weiterhin die Israeliten und sagen, dass sie nun Rache an Simson üben müssten. Die eigenen Leute sagen noch zusätzlich, dass er eigentlich an der ganzen Misere schuld sei: Er hätte die Philister gegen sie aufgebracht.

Sie wollten ihre Ruhe haben. Es kommen dann 3000 Leute seines eigenen Stammes zu ihm und wollen ihn gefangen nehmen. An der Anzahl kann man schon sehen, wie mächtig dieser Mann inzwischen geworden war und wie viel Einfluss er in der Zwischenzeit wohl auch gewonnen hatte. Er konnte sie nämlich von Folgendem überzeugen: »Also gut, macht, was ihr wollt, aber gebt mir freies Geleit. Ihr dürft nicht gegen mich sein, mich nicht umbringen. Mit den Philistern werde ich selbst fertig!«

Es heißt: »Ihr sollt mich nicht töten!«, aber sie fesseln ihn dann doch und übergeben ihn den Philistern.

Man könnte hier das berühmte Stoßgebet zitieren: »Lieber Gott, beschütze mich vor meinen Freunden, vor meinen Feinden tue ich es selbst.« Aber man muss sich das mal vorstellen: Der ganze Vorgang ist eine ausgesprochen friedensstiftende Strategie seines Stammes. Sie sagen nämlich den Philistern: »Gut, wir übergeben euch den Simson.« Einige werden natürlich nun sagen, dass es an sich nicht sehr schön ist, dass sie ihn ausliefern. Andere aber sagen, dass er bis jetzt sowieso nichts erreicht und den eigenen Leuten nur Schaden zugefügt hat. Es ist jedenfalls so, dass sie ihn übergeben und die Philister ihn übernehmen. Daraufhin gehen die eigenen Leute nach Hause. Er hat aber natürlich immer noch diese unglaubliche Kraft: Er zerreißt die Fesseln und ist nicht zu bändigen. Er geht dann demonstrativ zu der

Hure in Gaza, und das ganze Spiel beginnt wieder von vorn. Die Philister merken, dass an ihm eine besondere Kraft sein muss. Sie wollen aber herausfinden, woran das liegt. Die Hure wird dann dazu gedungen, das Geheimnis zu lüften. Es gelingt ihr aber nicht, weil er auf ihre Fragen diesbezüglich immer nur irgendwelche rätselhaften Antworten gibt.

Als die Philister ihm wieder einmal bei der Hure in Gaza auflauern, um ihn zu töten, erhebt er sich, reißt die Stadttore aus ihrer Verankerung und schleppt sie zeichenhaft auf seinen Schultern den Berg hinauf bis nach Hebron. Die Eskalation ist nicht zu bremsen. Dann kommt es aber zu einem weiteren Höhepunkt, denn nun tritt Delila auf, die große Verführerin aus dem kleinen Nest Nachal Sorek.

Die symbolträchtigste Frau in dieser ganzen Geschichte.

Es wäre nun wiederum wichtig, separat über diese Delila, über diese Mata Hari, zu sprechen. Ich verstehe nicht, warum Simson immer wieder auf sie hereinfällt. Auch die ganze Literatur zu diesem Thema fragt immer wieder danach, warum er sich permanent dieser Frau so aussetzt. Er müsste doch sehen, dass sie treulos ist. Das ist nun eine Frage, die ich Ihnen als Mann stellen muss.

Er ist eben ein Frauenheld und weiß auch, dass sie ihm sehr ergeben sind. Er könnte sie alle haben. Sein Ruhm verbreitet sich immer mehr: Da gibt es einen starken, großen und gut aussehenden Mann namens Simson.

Trotzdem ist das schon eine Frage. Das ist wie bei Mata Hari und den wahren Begebenheiten in unserer Zeit: Diese Geschichten gibt es nach wie vor. Ein Unschuldslamm war er jedenfalls nicht.

Nun gut, er verliebt sich jedenfalls erneut.

Delila ist weder seine Frau noch ist sie eine Hure, sie ist die Femme fatale. Ihr Name sagt es auch schon: Delila kommt im Hebräischen von Leila, der Dunklen, der Nächtigen. In der Kabbala, in der Mystik, gibt es dazu natürlich einige Ausführungen. Ich werde immer sehr viel nach Lilith gefragt. Auch der Name Lilith hat seine Wurzeln in Leila.

Leila ist jedenfalls »die Nächtige«.

Eher das Dunkle, die »Sünde«. Da ist schon auch etwas dran. Die Lilith wird doch heute noch gefürchtet im Orient als diejenige, die am Bett einer Gebärenden steht und Schlechtes über diese Frau bringen will.

Delila ist ein rechtes Luder, denn sie hält weiterhin Verbindung mit den Philistern.

Natürlich. Und deswegen wundere ich mich ja so, dass Simson, der nicht blöd ist, immer wieder auf sie hereinfällt.

Delila legt ihn also drei Mal fast herein.

Ja, drei Mal. Sie sagt immer wieder zu ihm: »Du liebst mich nicht! Du liebst mich nicht!« Das ist natürlich ein uralter Trick. Steter Tropfen höhlt aber auch harte Steine aus.

Die große Frage ist doch, warum Simson so stark ist, das will sie wissen. Sie will sein Geheimnis lüften.

Zunächst wiederholt er immer wieder: »Du sollst mich nicht befragen!« Einmal sagt er zu ihr, man dürfe ihm auf keinen Fall seine Haare an der Wand festnageln, das würde ihn schwächen. Das macht sie dann prompt in der Nacht und ruft dann die Philister, ihre Leute, herbei. Sie sagt dann noch sehr hämisch zu ihm: »Plischtim aleicha!« – »Da hast du die Philister!« Er befreit sich aber sofort ganz elegant, und sie ist die Blamierte. Ähnliches erfolgt drei Mal hintereinander. Sie weint dann hemmungslos, und die Bibel erzählt an dieser Stelle: »Er hat es über!« Wie würden Sie reagieren? Hat es ein Mann dann wirklich über, wenn ihm die ganze Zeit solche Szenen gemacht werden? Wenn sie immer wieder sagt: »Du liebst mich nicht, du liebst mich nicht … Ich will dein Geheimnis kennen, jetzt!«

Er hatte zwei Möglichkeiten, aber letztlich gibt er dann doch nach und erzählt ihr sein Geheimnis, weil er eben in sie verliebt ist.

Das ist doch interessant für alle Mädchen und alle Frauen: Man muss nur lange genug bohren! Denn im Grunde genommen ist das doch schon eine Gemeinheit: Er hätte es eigentlich wissen und voraussehen müssen, was später passiert. Nein, er geht sehenden Auges in sein Unheil.

Er hatte vielleicht doch die Hoffnung, dass sie das Geheimnis für sich behalten könnte.

Aber sie hatte ihr Versprechen schon drei Mal gebrochen! Drei Mal ging sie mitten in der Nacht hinaus und rief die Gegner ins Haus: »Da habt ihr ihn! Gebunden, genagelt.«

Als sie das Geheimnis dann aber wirklich kennt, geht es um die Haare: Simson wird geschoren.

Ja, ach wie schrecklich! Es ist nicht so, dass man ihn schert, nein, sie ist es, seine geliebte Delila, die ihn schert! Ich halte das schon für eine Tragödie sondergleichen. Es kann also nicht sein, dass sie ihn geliebt hat. Es ist Verrat, und sie bekommt viel Geld dafür von ihren Landsleuten.

Sie schneidet ihm die Haare ab: Sie steht auf der anderen Seite.

Sie ist eine gedungene Verräterin, die Spionin.

Damit ist er dann jedenfalls ausgeliefert.

Das gibt es eben, aber das liest sich phantastisch: Es erinnert mich auch an die Spionagegeschichte um den israelischen Spion Vanunu, der vor einigen Jahren Geheimnisse aus einer Nuklearanlage verraten hatte. Man setzte eine Frau auf ihn an, die ihn letztlich aus England auf ein israelisches Schiff herausgelockt hat. Er sitzt bis heute in einem israelischen Gefängnis, und von schönen Haaren hört man nichts bei ihm. Wenn ich etwas über den Fall Vanunu lese, muss ich daher immer an Delila denken. Es ist also passiert: Delila schneidet Simson, noch dazu in ihrem Bett, in ihrem Schoße liegend, die Haare ab und ruft erneut: »Plischtim aleicha!« Diesmal funktioniert es. Er ist schwach und die Philister sind darüber außer sich vor Freude. Sie haben es endlich geschafft. Dass sie ihn überwältigen konnten, lag eben an diesem Nasiräat: Das Geheimnis war der Haarschnitt. Er hat sein Gelübde, das Haar nicht zu schneiden, gebrochen.

Sie haben ihn also endlich. Was machen sie dann mit ihm?

Sie beschämen ihn furchtbar. Sie lassen ihn, wie man es auf orientalischen Bildern oft sehen kann, die Mühlsteine drehen.

Er wird von ihnen auch geblendet.

Ja, das auch. Es ist also furchtbar, was sie mit ihm alles anstellen.

Er wird im schlimmsten Sinn erniedrigt und eingesperrt. Er wird quasi als Maultier hergenommen, um die Mühle zu betreiben.

Das ist das, was normalerweise Tiere oder Sklaven machen mussten: den Stein am Brunnen drehen, damit die Eimer nach oben kommen. Das alles lassen sie nun ihn tun.

Man kann sich vorstellen, wie sie ihn verspottet haben.

Sie veranstalten sogar riesengroße Feste dafür. Das Interessante dabei aber ist, dass seine eigenen Stammesangehörigen vom Stamm Dan nichts unternehmen: Sie sind total verzweifelt, wie gelähmt.

Sie sind verzweifelt – oder fühlen sie sich auch befreit, weil sie froh sind, diesen »Troublemaker« endlich los zu sein?

Das ist eine ganz große Frage, denn das Kapitel beginnt mit der Feststellung, dass es vor Simson 40 Jahre lang Krieg gegeben hatte, und es war schon so, dass er seinen Leuten geholfen hatte gegen die Philister. Wenn wir alles zusammenfassen, dann erstreckt sich der Zeitraum, von dem wir hier gesprochen haben, über 20 Jahre. Es herrschte immerhin 20 Jahre lang Ruhe vor den Philistern, und das hat Simson bewirkt, oben in den Bergen und am Abhang zwischen Zora und Eschtaol. Das war keine Kleinigkeit.

Aber die Philister hatten natürlich auch weiterhin die Israeliten bedroht. Deswegen hat es bestimmt Israeliten gegeben unter ihnen, die gesagt haben: »Wenn wir diesen Kerl nicht gehabt hätten, dann wäre es vielleicht leichter gewesen, vor den Philistern Ruhe zu haben.« Simson hatte zwar sehr viele Philister erschlagen und den Israeliten damit ein wenig Luft verschafft, aber man darf dabei doch die Szene nicht vergessen, in der sie ihn ausgeliefert haben, um ihn los zu werden.

Das ist eben in solchen Fällen immer die Frage. Es gab damals noch keine Demokratie. Aber sicher, es war schon aufregend genug, dass sich 3000 Israeliten zusammengefunden hatten, um in der Nacht zu ihm zu gehen und ihm zu sagen: »Wir sind mit deiner Politik nicht einverstanden, wir liefern dich aus.« Das war natürlich noch kein demokratischer Akt, jedoch kamen sie später wieder zu einem Einvernehmen.

Nein, das nicht, aber …

Es gibt Leute, die bei der Lektüre behaupten, die 3000 Israeliten wären damals die Vorläufer der Friedensbewegung gewesen. Diese Sache ist jedenfalls nicht einfach zu entscheiden. Fest steht, dass vorher 40 Jahre lang Krieg geherrscht hatte und dann 20 Jahre lang Ruhe war.

Kommen wir zum Geschehen zurück: Die Philister feiern also immer wieder große Feste zu Ehren ihres Gottes Dagon. Bei einem dieser Feste kommt jemand auf die Idee, Simson als Tanzbären zur allgemeinen Belustigung aus dem Gefängnis zu holen.

Sie wollten sich amüsieren lassen. In der Zwischenzeit ist aber schon wieder eine kleine Zeitspanne vergangen und Simsons Haare sind wieder ein wenig nachgewachsen.

Ein Junge führt ihn aus dem Gefängnis heraus, weil Simson geblendet worden war.

Er wird zur Volksbelustigung und als Dankesdemonstration für Dagon wie ein großer Löwe herangeführt.

Er soll dann zur Belustigung der Anwesenden tanzen.

Ja, das soll er tatsächlich machen. In der Antike ist das öfter vorgekommen. Die Politiker selbst sollten den Kampf vorführen und ihn nicht von Zigtausenden junger Männer und Frauen, die ihn mit dem Leben bezahlen mussten, durchführen lassen. Auch in der Bibel kommt das jedenfalls häufiger vor.

Die Haare sind ihm jedoch in der Zwischenzeit wieder gewachsen.

Er betet darauf inständig zu Gott und bittet, dass er ihm wenigstens noch einmal diese Kraft zurückgeben möge. Das Ganze ist eine große Tragödie: Er ist sich dessen bewusst, dass alles schief gelaufen ist.

Ein großes Fest wird abgehalten.

Und dabei sind vor allem sämtliche »Seranim«, das sind alle wichtigen Bonzen der Philister, anwesend.

Das Fest spielt sich in diesem Haus auf zwei Ebenen ab. Auf dem Dach des Hauses sitzen, wie es in der Bibel heißt, 3000 Philister, während im Erdgeschoss Simson seinen Gott anruft. Er steht auf, bekommt noch einmal Kraft zurück. Was macht er dann?

Das ist es, was ich vorhin gemeint habe: Es gibt merkwürdige Momente im Leben, in denen man die eigene Kraft in sich selbst entdecken und Fesseln sprengen kann. Simson ist ein blinder, gedemütigter und vor Freund und Feind blamierter Mann. Man könnte meinen, dass da nichts mehr zu machen sei. Ja, dass sich diese Kraft mit einer solchen Wucht manifestiert, ist wohl legendär. Es mag vorkommen, dass einer seine eigenen physischen und psychischen Grenzen sprengen kann. Das ganze Fest ist als einzige Demütigung für Simson gedacht. In dem Haus ist daher die Elite der philistischen Gesellschaft versammelt: Man feiert seine Niederlage. Simson betet jedoch ein Stoßgebet zu Gott. Wir dürfen annehmen, dass er das nicht nur tat, um in dem Moment seinen Gefühlen freien Lauf zu lassen. Nein, vielleicht hat er auch verstanden, dass dies sein krönender Auftrag sein mag. Vielleicht weiß er plötzlich, dass damals der Engel seiner Mutter erschienen war und gesagt hatte, dass sich ihr Kind eines Tages für Israel hingeben würde.

Er opfert sich jedenfalls selbst, denn er macht etwas, bei dem er mit untergeht. Was tut er?

Er sagt zu dem Knaben, der ihn wie ein Tier führt, dass er ihn zu den zwei zentralen Säulen führen möge, auf denen das gesamte Gebäude ruht. Er kennt diese Architektur – er hatte in seiner Glanzzeit einst die Stadttore von Gaza aus ihrer Verankerung gerissen und sie auf seinen Schultern nach Hebron hinaufgetragen. Er sagt also dem Jungen, dass er sich zwischen den Säulen anlehnen wolle und deswegen dorthin geführt werden möchte. Der Junge tut dies tatsächlich auch. So gelangt Simson zu den tragenden Säulen des gesamten Gebäudekomplexes. Diese Szene ist in der Kunstgeschichte immer wieder dargestellt worden. Er stützt sich zwischen den Säulen ab und spricht sein Stoßgebet: »Sterbe meine Seele mit den Philistern!« In einem letzten übermenschlichen Kraftakt stemmt er sich gegen diese Säulen und das ganze Haus kracht zusammen.

Alles bricht zusammen, die Philister gehen unter – und er auch.

An dieser Stelle gibt es daher den Ausruf des »Berichterstatters« in der Bibel: »Bei seinem Tod hat Simson mehr Philister umgebracht als in seinem ganzen Leben davor!«

Damit sind wir am Ende der Geschichte von Simson angelangt.

Die Frage nach der Gewalt und den Frauen bleibt freilich offen.

Das bleibt offen, aber man kann darüber weiter nachdenken.

Samuel –
Der Königsmacher

Frau Lapide, bei Samuel muss man mit der Geburt und der Kindheit beginnen, einer wunderbaren Geschichte. Er ist der Sohn Hannas. Was hatte es mit Hanna auf sich, mit der Versprechung und schließlich mit der Geburt?

Darüber rede ich gerne, am liebsten hätte ich hier noch einen Sessel für den Samuel stehen. Wir beide nehmen also unsere Siebenmeilenstiefel und gehen zurück nach Rama, einer Stadt, deren Ruinen heute noch zu sehen sind, weil sie archäologisch ausgegraben worden sind. Diese Ruinen befinden sich eine halbe Stunde nördlich von Jerusalem. Leider herrscht dort zurzeit Intifada. Diese Stadt ist auch aus dem Neuen Testament bekannt: Das ist die Stadt Arimathäa, die Stadt, aus der der berühmte Josef von Arimathäa, der Freund von Jesus, stammte. Sie ist eine Stadt mit großer Vergangenheit und kommt auch beim Propheten Jeremia vor. Ich darf das deswegen erzählen, weil uns das vielleicht einen Einblick gibt, welchen Hintergrund Samuel hatte. Aus dieser Stadt kommt jedenfalls auch der Stamm Efraim. Heutzutage ist sie weltbekannt als Ramallah.

Er ist also Efraimit.

Ja, das ist eine ziemliche Seltenheit und uns bisher in den ganzen biblischen Geschichten wenig begegnet. Es sind jedenfalls die Nachfahren des Josef. Damit kommen wir auch schon zu der Andeutung, dass eine kleine Spannung bestanden haben könnte im damaligen Judentum. Es gab nämlich über lange Jahrhunderte hinweg unter den Stämmen Konkurrenz, wer der Bevorzugte der zwölf Stämme, der eigentliche Segensträger war: Juda (Sohn der Lea) oder Josef (Sohn der geliebten Rahel). Efraim war einer der Enkel von Jakob, und damit ein völlig legitimes Kind von Josef, des Lieblingssohns von Jakob und Rahel. Von dieser Genealogie stammt also die Familie Elkana; das ist der Vater des Propheten Samuel. Dieser Vater wird uns als ein Mann geschildert, der zwei Frauen hatte. Das ist etwas völlig Legitimes gewesen, über das wir heute nicht die Nase rümpfen müssen. Das waren auch keine Konkubinen, wie in manchen anderen Fällen. Man kann in der Bibel in diesem Zusammenhang sehr viel Anregendes lesen, denn da steht geschrieben, dieser Vater von Samuel würde eine von diesen beiden Frauen »lieben«. Im Morgengrauen der Geschichte taucht also das Phänomen der Liebe auf. Diese geliebte Frau ist die Hanna. Die andere Frau, Pnina – so steht es im Text –, wird von ihrem Mann »gehasst«. Ein Wort, das wir später auch bei Jesus wiederfinden.

Von dieser anderen Frau hatte er aber Kinder.

Genau, und das ist das Rätsel. Bei Vorträgen werde ich immer wieder nach diesem Problem gefragt, wenn Jesus sagt: »Wer seinen Vater und seine Mutter und seine Kinder nicht ›hasst‹, kann nicht mein Jünger sein.« oder »Wer sein Leben nicht ›hasst‹, hat keinen Anteil an der kommenden Welt.« Dort finden wir also erneut dieses Wort. Doch in der damaligen Begriffswelt bedeutet dieses Wort nicht »hassen«, wie wir das kennen, sondern es bedeutet »hintansetzen«. Das heißt, Samuels Vater liebt natürlich diese Frau namens Pnina, die Mutter seiner Kinder, ebenfalls. Aber er liebt sie eben nicht so stark wie die Hanna, diese ist die große Geliebte.

An der Stelle übersetzen Buber und Rosenzweig: »Er verschloss ihren Schoß.« Mit »er« ist »Jahwe« gemeint: Er hatte also beschlossen, sie solle keine Kinder bekommen. Dies wohl deshalb, weil er noch etwas vorhatte mit ihr.

Das ist so eine Sache. Ich neige dazu, immer zu sagen, dass das eben menschlich verständlich erzählt worden ist, im Sinn von »So sind wir Menschen!«. Das ist »die Frau, die keine Kinder bekommt«. Das ist Aufsehen erregend und furchtbar: Eine verheiratete Frau, die noch dazu geliebt wird, bekommt keine Kinder! Das war ein Stigma sondergleichen. Heute ist es eher umgekehrt. Die Frauen nehmen Pillen, damit sie keine Kinder bekommen. Damals bestand dagegen die Selbstverwirklichung der Frauen im Gebären, die Kinder waren eben Krankenversicherung, Altersversorgung und Schutz vor Angriffen. Diese arme Hanna ist also die geliebte Frau, und weil sie keine Kinder bekommt, nimmt man an, Gott hätte das so gewollt und dass ihr das wohl schon zu Recht geschehe.

Dieser Meinung bin ich aber nicht. Das ist eine Krankheit wie jede andere auch. Wir können das doch bei Jesus so schön nachlesen. Auch dort wird immer wieder beschrieben, wie man bei allen möglichen Krankheiten, sogar der Lepra, annimmt, dass das schon so seinen Grund haben wird, weil der Betreffende eben das oder das getan hat. Ich sehe das jedoch ganz anders. Im Fall Hanna gibt es jedenfalls wunderbare psychosomatische Zusammenhänge. Diese Hanna wird uns nämlich in der Bibel im Laufe des Geschehens als eine mehr oder weniger magersüchtige Frau geschildert: Sie isst nicht, sie trinkt nicht, sie wird blass, sie wird grau …

… sie leidet …

… sie weint, sie zieht sich zurück, sie sitzt abgesondert da. Pnina macht ihr die Hölle heiß. Aber ihr Mann kommt zu ihr und sagt: »Hanna, warum bist du denn so traurig? Warum sonderst du dich ab? Ich bin dir doch mehr wert als zehn Söhne!« Dieser Satz verfolgt mich in einem guten Sinne seit Jahrzehnten, denn er hätte doch, wie wir alle meinen, weil wir so erzogen sind, das Recht gehabt, diese Frau wegzuschicken. Sie hatte noch nicht einmal, wie man auf gut Bayerisch sagt, »a lumperts Töchterlein« – von einem Sohn gar nicht zu reden. Nein, er liebt sie. Er liebt sie und er liebt sie auch sexuell, da gibt es kein Wenn und Aber. Nun kommt das, was wir heute in der Psychologie auch kennen: Von dem Moment an, in dem eine Frau aus verschiedenen Gründen dann doch ein Kind bekommen kann, ist diese psychische Blockade überschritten und sie gebärt weitere Kinder. Auch Hanna bekommt nachher noch weitere fünf Kinder.

So ist es. Beide gehen dann in »seine Halle«, also in einen Tempel. Obwohl: Wahrscheinlich wird das noch kein Tempel gewesen sein, sondern eine Versammlungshalle.

Das war ein Vorläufer, ein Stiftszelt, das herumgewandert ist. Es gab seit Josua viele Hauptstädte Israels: erst in Schilo, dann Bet-El und später andere.

Diese Geschichte findet jedenfalls in Schilo statt. Dort gibt es einen Priester, den Eli. Hanna geht in dieses Zelt und wird dabei von Eli beobachtet, der dort an einem Pfosten beim Eingang sitzt. Sie geht also dort hinein und betet. Sie macht dabei einen »Deal« mit Jahwe.

Halt, langsam, das müssen wir uns erst ein wenig genauer vergegenwärtigen. Wir sagen heute so einfach, »sie ging und betete«. Da müssen wir schon ein wenig innehalten. Das spielt nämlich noch in einer Zeit vor dem Gebet. Die Menschen haben zu der Zeit überhaupt noch nicht gebetet. Sie haben geopfert, denn das Gebet ist noch nicht »erfunden«, wenn ich das mal so burschikos ausdrücken darf. Die Phase des Betens kommt in der Geschichte erst viel später, erst nach der Rückkehr aus der babylonischen Gefangenschaft. Diese Frau namens Hanna ist daher für mich eine Art von »Spurenlegerin«: Sie betet! Das ist unerhört. Und sie betet auch noch alleine, sie braucht keinen vorgefertigten Text dafür, denn sie erfindet und komponiert ihren Text selbst. Und sie wird sogar von Gott erhört! Dem Eli kommt das jedenfalls komisch vor.

Sie betet und sie sagt in diesem Gebet etwas Bestimmtes: »Wenn du«, also Gott …

»... mein innigstes, einziges Gebet erhörst, dann ...« Sie betet also nicht um Schönheit, Erfolg oder Karriere, sondern sie will »nur« das Kind, den Sohn. »Wenn du es machen kannst, lieber Gott, dann wird dieser Sohn in diesem Heiligtum sein Leben lang dienen, nachdem er entwöhnt ist.« Die Entwöhnung betrug damals drei Jahre. Auch das ist interessant. Sie darf ihn also drei Jahre lang nähren. Danach soll er dann in diesem Heiligtum zu einem Mann Gottes erzogen werden. Sie sagt dann noch: »Aber er wird sein Haar nicht schneiden lassen!« Im Orient damals war das natürlich eine andere Angelegenheit als heute. Heute würden wir doch sagen: »Na und, er hat sich halt seine Haare nicht schneiden lassen.« Dort war das jedoch eine ganz besondere und große Leistung bei dieser Hitze, bei 40 Grad im Schatten! Es handelt sich um ein Nasiräatsgelübde (wie bei Simson).

Im Tempel bekommt das Kind dann auch eine gute Erziehung. Das ist keine Barbarei oder so, sondern die Gewährleistung einer schönen Zukunft. Aber dennoch ist es so, dass dadurch dieses Kind nicht mehr an Hannas Seite ist.

Dieses Kind wird also entwöhnt, dann wird es zu Eli in den Tempel gegeben und wird dort zu einem Tempelknaben ausgebildet, wie es so schön heißt.

Eli war damals sozusagen die höchste Behörde. Ich habe mir lange Zeit den Kopf darüber zerbrochen, was es mit diesen Männern wie Eli eigentlich auf sich hatte. Das war wohl so wie bei den heutigen Politikern. Auch bei denen gibt es heute viel Elend bei ihren Frauen daheim im Wahlkreis, wenn die Ehemänner dauernd weit weg in der Hauptstadt sind. Bei Eli gab es damals auch Probleme mit seinen Kindern. Später, bei Samuel, wiederholt sich das dann. Eli hatte jedenfalls zwei ganz missratene Söhne. Er hatte wohl keine Zeit, sie zu erziehen.

Er konnte sich nicht um sie kümmern, weil er doch als Priester des Heiligtums groß »im Geschäft« war. Dafür hatte er aber diesen Samuel.

Ja, und den schließt er ins Herz.

Er schätzt ihn. Und dann kommen wir zu einer herausfordernden Szene. Sie legen sich schlafen …

Ich würde davor noch gerne über dieses Magnifikat von Hanna nach der Geburt ihres Kindes sprechen.

Ja, richtig, denn Hanna stimmt danach einen großen Lobgesang an, der nicht nur ein Dankgebet ist.

Dieses Lied der Hanna ist eigentlich im positiven Sinn so etwas wie der Vorläufer des Magnifikats der Maria von Nazaret. In diesem Lied schäumt sie geradezu über vor Liebe, Dankbarkeit und Anerkennung gegenüber Gott, von dem sie dieses Wunder annimmt, dass sie nach so vielen Jahren und als Ziel ihres Lebens endlich ein gesundes und begabtes Kind geboren hat. Es fällt in diesem Lied aber noch etwas anderes auf: Sie dankt nicht nur für dieses Kind, sondern sie gibt darin auch ihrer Zuversicht Ausdruck, dass dieses Kind Israel eines Tages befreien wird von all seinen Unterdrückern und Angreifern. Das ist doch ziemlich konkret, denn ihr Israel litt damals furchtbar unter den Philistern, unter den Amalekitern, unter den Ammonitern. In der Tat, Samuel wird dann später auf diesem Gebiet wirklich eine große Rolle spielen. Wenn ich das hier an dieser Stelle erwähnen darf: Im Magnifikat Marias ist auch davon die Rede, dass die Mächtigen von ihrem Thron gestoßen werden. Was hat diese Geschichte eigentlich mit der Geburt Jesu zu tun? Theoretisch nichts, und dennoch ist auch dort die Rede von Unterdrückern, den Römern nämlich, die das ganze Volk der Juden quälen und ausbeuten.

Dieses Lied ist aber auch ein theologischer Lobpreis, der die Position von Jahwe noch einmal gut beschreibt: »stark wie eine Säule …« Dieses Lied ist in einem ganz hohen Ton gehalten. Es ist ein Gedicht, schon fast ein Hymnus auf Gott Jahwe – und zwar unabhängig von der Erfüllung von Hannas Wunsch.

Ja, Sie haben vollkommen Recht. Es gab dauernd die Herausforderung, die Verführung, die Verlockung der anderen Götter seit Sinai: Es gab die Baale, Astarten, die Moloche und wie sie alle hießen, und selbstverständlich zu dieser Zeit auch noch die Fruchtbarkeitsgöttinnen und die Tempelprostitution. Die Männer waren dann verlockt, da jeden Dienstag sozusagen einmal hinzuschauen. Es hat natürlich damals auch noch keine formalen Religionsübertritte gegeben. Man ging halt hin und sündigte fröhlich ein wenig mit. Man bat diese Göttin Astarte: »Bitte segne uns, unsere Fruchtbarkeit, unsere Tiere und unsere Felder.« Das zeigte man ihr mit der Tempelhure. Das ist aber nichts Obszönes, was ich da sage, das war über Jahrhunderte so üblich. Genau diese Verlockung wird von den Propheten aber immer wieder tobend gerügt.

Eli hat das ebenfalls gerügt, und so wird erst klar, was Hanna mit diesem Lied gemacht hat: Sie setzt sich damit von früheren Ritualen und religiösen Überzeugungen ab.

Ja, das ist von Rama aus das Bekenntnis zum Monotheismus, das Samuel somit schon von der Mutter in die Wiege gelegt worden ist. Deswegen spielt auch dieses Rama eine so große Rolle im Alten Testament: Auch bei Rahel kommt es vor. Da gibt es doch diese wundervolle Lyrik über Rahel beim Propheten Jeremia: Sie weint um ihre Kinder im Zusammenhang mit der babylonischen Gefangenschaft. Sie weint in der Rama-Gegend. Rama kommt also immer wieder vor. Rahel nimmt dort den Faden wieder auf, in der Gegend der Nachfahren von Josef, ihres Lieblings. Im Hinblick auf die beiden Frauen gibt es noch etwas Interessantes, was auch heute möglicherweise noch gilt. Die Frauen leiden zwar miteinander, aber sie tun sich einander auch viel Böses an. In dieser Geschichte lesen wir jedenfalls, dass, so lange Hanna im Gegensatz zur Pnina keine Kinder hat, die Pnina trotzdem sehr eifersüchtig ist auf sie, weil der Mann eben lieber zur Hanna geht. Das ist die gleiche Geschichte wie seinerzeit bei Jakob, Rahel und Lea, in der wir auch lesen können, dass Jakob Rahel liebte. Aus diesem Grund hatte die zunächst kinderlose Rahel viel zu leiden. Hier in der Geschichte von Pnina und Hanna ist es ebenso.

Der junge Samuel wird also nur für eine kurze Zeit, für drei Jahre in der Familie aufgezogen und dann entwöhnt. Danach kommt er zu Eli in die Schule. Das ist an sich etwas ganz Normales: Samuel wird einer der Tempeldiener im Heiligtum werden. Aber dann werden Eli und Samuel unglaublich herausgefordert. Das ist eine singuläre Szene.

Eli hat, wie gesagt, großen Kummer bei sich zu Hause. Seine Söhne sind böse Buben. Im Zusammenhang dieser Geschichte gibt es auch viele medizinische Berichte, die man mit großem Interesse lesen kann. Die Schwiegertochter von Eli ist schwanger und gebiert ein Kind. Dieses Kind liegt verkehrt, in Steißlage, die Geburt wird also sehr schwer. Woher wissen wir das? Ganz deutlich: weil die Hebamme zur Schwiegertochter des Eli, die bei der Geburt furchtbar leidet, sagt: »Es ist ein Knabe, es ist ein Knabe!« Das ist als ermutigender Ausruf gemeint. Daran können wir aber auch erkennen, dass das Kind in Steißlage gewesen sein muss, denn sonst könnte sie das während des Geburtsvorgangs ja noch gar nicht wissen. Dieses Kind wird dann aber geboren, und im selben Moment kommt ein Bote von der Front an. Das ist wie in der griechischen Tradition: Der Bote bringt fast immer schreckliche Nachrichten. Heute hat man Internet, aber damals fürchtete man sich geradezu vor dem Boten, den man schon von weitem sehen konnte. Man musste sich immer die bange Frage stellen: Bringt er gute, bringt er schlechte Nachrichten?

Die Schwiegertochter Elis ahnt schon, dass schlechte Nachrichten von der Front kommen. Sie gibt im letzten Moment ihrem Kind noch einen Namen und stirbt dann an ihrem Blutverlust. Es heißt an dieser Stelle, dass sie unehrenhaft gestorben sei. Die ganze Geschichte um Eli herum ist also eine einzige Tragödie.

Eli aber liebt den kleinen Samuel, unterstützt ihn und erzieht ihn. Eines Nachts kommt also der Samuel zum Eli – und das ist das, worauf Sie angespielt haben –, klopft an dessen Tür und sagt: »Du hast mich gerufen?« Eli sagt jedoch: »Nein, geh schlafen, ich habe dich nicht gerufen!« Diese Geschichte wiederholt sich dreimal. Die Bibel ist voller Zahlenmystik, wobei die Zahlen Drei und Sieben eine besondere Rolle spielen. Beim dritten Mal dämmert es aber dem Eli schon langsam, dass da etwas los ist. Er sagt daher zum Samuel: »Wenn das nun noch einmal passiert, dann sollst du wissen, dass du eine göttliche Vision haben wirst.« In der Tat ist es dann so. Es passiert also noch ein viertes Mal, dass er gerufen wird. Dieses Rufen läuft wie immer in diesen Berufungen ab, das gilt noch bis hin zur Apostolats-Berufung von Saulus durch seinen jüdischen Messias Jesus vor Damaskus. Bei Saulus lesen wir »Saulus, Saulus!« bzw. »Schaul, Schaul!«. Der Name wird also immer zweimal gerufen. Hier bei Samuel ist es ebenso. Er wird »Schmuel, Schmuel« – »Samuel, Samuel« gerufen. Der Name »Schmuel« ist übrigens sehr verwandt zu »Schaul«: Das ist »der von Gott Erbetene«. Die Antwort von Samuel auf diesen Ruf ist ungeheuer schön, denn er sagt nur ein Wort: »Hineni!« Dieses eine Wort ist allerdings, wie so oft, ein ganzer Satz: »Ich bin bereit!« Eine Bereitschaft, die wir seit Abraham schon kennen.

Eli fragt ihn dann hinterher, was ihm in der Vision eigentlich gesagt worden wäre.

Samuel zögert in diesem Moment, denn er ist zu dem Zeitpunkt bereits ein ganz kluges Kind. Er fragt sich, ob er dem Eli all diese schrecklichen Sachen sagen kann oder muss, die er in dieser Vision gehört hat. Er steckt hier also im Konflikt zwischen Zuneigung und Wahrheitsliebe. Zuneigung bedeutet, dass man das Gehörte beschönigt, so wie das jedem im Leben mal passiert, dass er nicht die brutale ganze Wahrheit sagen will. Bei Krankheiten kommt das auch häufig vor, jeder Arzt kennt diese Situation, mit der er oft einsam konfrontiert ist.

Ja, denn es ist ziemlich hart, was er ihm da sagen muss.

Sehr hart. Er muss Eli nämlich die ganze schreckliche Zukunft seiner Familie sagen, diese schreckliche Zukunft, die Gott Samuel in dieser Vision offenbart hat. Er sagt es ihm dann aber letztlich doch.

Er muss ihm sagen, dass seine Kinder sterben werden, dass seine Kinder nicht seine Nachfolger als Priester werden. Eli erkennt dann aber, dass Samuel der Herausgerufene ist, sein Nachfolger, und er akzeptiert schließlich diese Entscheidung.

Das ist das Große an Eli, denn es hat da, wie auch später bei Saul, auch ganz andere Reaktionen gegeben. Saul hat sich doch empört und aufgebäumt. Eli hätte den Samuel auch fortschicken können, aber er akzeptiert es: Dies ist eine große, zart gezeichnete Tragödie. Hier fängt nun sozusagen das eigentliche Kapitel mit Samuel an.

Damit beginnt die eigentliche Samuel-Geschichte. In ihr geht es auch um seine Rolle bei den Auseinandersetzungen und Kämpfen mit den umliegenden Völkern. An dieser Stelle ist nun ein Blick auf die damalige politische Situation notwendig: Die Bundeslade geht verloren.

Zuerst einmal ist es so, dass die Heimat und das große Zentrum Schilo verloren gehen. Dies ist eine Situation, die sich über Jahrhunderte hin erstreckt. Samuel ist der Letzte einer bestimmten Kategorie in der israelitischen Geschichte. Das heißt, er ist ein Mann, der sehr begnadet und begabt ist. Er ist zugleich Richter, Lehrer, Priester und Heerführer.

In der Forschung wird bezweifelt, ob damit eine Person gemeint sein kann. Es heißt, dass möglicherweise doch verschiedene Personen zusammengeflossen seien, denn Samuel hätte so viele Berufe gleichzeitig gar nicht ausüben können. Richter war er hingegen sicher. Es wird aber nichts bringen, nun darüber zu streiten.

Ich weiß, wir könnten ein anderes Mal auf moderne Art und Weise und bibelkritisch über diese Sachen sprechen. Dies ist aber eine andere Ebene, denn heute haben wir vor, zunächst einmal diese Geschichte aus dem Alten Testament zu erzählen.

Ja, wir müssen das Phänomen namens Samuel betrachten.

Dazu haben wir auch allen Grund, denn mit Samuel befinden wir uns an einer Wasserscheide der israelitischen Geschichte. Bis dahin haben jedenfalls die Stämme selbst ihre Geschicke gelenkt. Jetzt aber werden sie dieser Sache nicht mehr Herr.

Gemeint ist damit das Werden des Monotheismus, was in der Tat keine Kleinigkeit ist. Wir können das auch heute sehen, in welche Krise eine Kirche gerät, wenn sich ein Volk, z.B. das der Bundesrepublik, nach der Wiedervereinigung verändert. Auf andere Art hat es damals auch eine sehr, sehr große Veränderung gegeben: Die israelitischen Nomaden werden nämlich sesshaft. Ich kann mich da schon hineinfühlen und mir daher vorstellen, dass es in so einer Situation einen großen Denker, einen Mahner braucht, der die Leute zusammenhält. Und Samuel war der Letzte dieser Sorte.

Aber zurück zu Ihrer Frage: Er gibt sehr wohl Rat im Hinblick auf Krieg und Frieden. Er sagt aber auch, wie der Opferkult aussehen, wie man Gott dienen, wie man miteinander umgehen soll. All das sind Aufgaben eines Richters. Darunter darf man natürlich keinen heutigen Richter meinetwegen an einem Landesgericht verstehen. Nein, damit war damals viel mehr gemeint: Er war Gesetzgeber und -vollstrecker zugleich. All das ist in der Hand dieses einen Mannes.

Er war darüber hinaus in einem übertragenen Sinne auch der philosophische Lehrer, der gesagt hat, was zu tun und zu lassen sei. Es gab über Jahrhunderte hinweg dort einen »Erbfeind«, wie das Frankreich für Deutschland auch gewesen ist: Das waren die Philister, die Invasoren von den Mittelmeerinseln.

Mit ihnen kommt es dann im Laufe der Zeit zu großen Konfrontationen.

Ja, immer wieder. In einer solchen stirbt dann auch Saul während der Amtszeit des Samuel. Das ist eine furchtbare, blutige Konfrontation, wobei es aber zwischendurch ruhige Phasen gegeben hat. Und manchmal behielt in diesen Kämpfen auch Israel die Oberhand.

In dieser großen Konfrontation ziehen die Israeliten mit der Bundeslade gegen das Heer der Philister.

Diese wollen ihnen dabei die Lade immer abnehmen.

Die Bundeslade ist das Heiligtum, in dem …

Das müssen wir genauer sagen. Die moderne Auslegung hat dazu andere Ansichten, aber das wollen wir heute aussparen. Wir gehen davon aus, dass die Bundeslade in diesem Sinn das Heiligtum für die Israeliten war. In ihr wurden die beiden Tafeln vom Sinai aufbewahrt.

Ja, darin sollen die beiden Tafeln vom Sinai gelegen haben. Mit dieser Bundeslade ziehen sie jedenfalls in den Krieg.

Ja, die muss mit, und die Philister wissen das auch.

Die Philister sagen sich: »Jetzt bringen die ihren Gott mit! Um Gottes willen! Was tun wir denn da?«

Da gibt es ein dauerndes und spannendes Hin und Her. Bald haben diese und bald jene die Oberhand. Wir hatten bei den Krankheiten im privaten Leben vorhin schon einmal darüber gesprochen: Wenn einem etwas passiert oder wenn man eine Krankheit hat, wird schnell gesagt, dass man selbst daran schuld wäre. Genau das sagten die Philister auch, wenn etwas schief ging: »Das liegt daran, dass wir ihnen diese heilige Lade genommen haben!« Denn die Philister bekommen einen Ausschlag, ihre Herden werden krank und vieles mehr.

Zunächst aber haben sich die Philister aufgerafft und mit letzter Kraft versucht, den Kampf zu gewinnen. Sie besiegen die Israeliten und nehmen die Bundeslade mit, die sie dann in ihren eigenen Tempel in Aschkelon neben ihren Gott Dagon stellen.

Dieser Gott Dagon fällt aber um und bricht gleich mehrfach auseinander. Er wird repariert, weil man genügend Künstler dafür zur Verfügung hat. Es fallen ihm aber immer wieder die Arme und die Füße ab. Zusätzlich bricht eine schreckliche Rattenplage aus. All das schreibt man dieser Bundeslade der Israeliten zu. Es kommt dann so weit, dass sie sagen: »Weg damit, wir wollen sie nicht mehr haben!«

Sie stellen diese Lade dann bei den Tyrannen der Philister, also bei den unterschiedlichen Stammesfürsten, ab. Dort geschieht aber immer wieder das Gleiche.

Ja, das ist ein Drama sondergleichen. Sie wollen letztlich diese Lade nicht mehr. Es gibt dann diese herrliche Geschichte innerhalb Israels, die bis dahin geht, dass David später halb nackt tanzt, als diese Bundeslade endlich wieder nach Hause kommt.

Vorher aber spielt Eli noch kurz eine Rolle. Er erfährt von der Niederlage, und es wird ihm mitgeteilt, dass seine zwei Söhne gefallen sind. Das ist dann auch das Ende von Eli.

Eli fällt vom Stuhl und bricht sich das Genick. Das wird genau geschildert. Diese medizinischen Schilderungen sind eigentlich sehr kompakt und genau im Alten Testament.

Dann kommt die große Zeit Samuels. Nun ist er derjenige, der in Israel das Sagen hat, auf den die Israeliten hören. Er möchte im Grunde genommen den Monotheismus, den Jahwe-Glauben, rein halten gegenüber den anderen Religionen. Es geht ihm dabei wohl auch darum, dass die Gesetze eingehalten werden. Das zeigt sich dann später auch in seiner Konfrontation mit Saul. Samuel gerät im Laufe der Zeit jedoch in einen Konflikt, weil nämlich die Israeliten etwas Bestimmtes wollen.

Sie wollen einen König. Darauf werde ich gleich eingehen, davor aber noch etwas anderes zur Person Samuel. Das berührt nämlich allgemein ein Problem, das man immer hat, wenn ein großer Mann jahrelang herrscht und er sein Gedankengebäude aufgebaut hat. Wenn er dann alt wird, wird er oft ein wenig starrköpfig. Ich will in dem Punkt ganz behutsam argumentieren, weil ich niemanden kränken will, aber nehmen Sie doch nur mal Adenauer, Churchill, Ben Gurion usw. All diese wirklich großen Männer, die Großes geleistet haben, wurden, als sie alt wurden, starrköpfig, die nächste Generation kam mit ihnen nicht mehr klar und sie konnten auf die veränderten Umstände nicht mehr reagieren. Das ist also eigentlich ein menschliches Problem, das dann später auch bei Samuel auftritt. Er kann es einfach nicht verstehen, dass das Volk schreit: »Wir wollen wie alle Völker sein, wir wollen einen König haben!« Das macht Samuel fassungslos. Er sagt ihnen nämlich: »Ihr habt doch einen König!« »Nein, nein, wie denn?«, bekommt er zur Antwort, »Diese und jene und die anderen haben alle einen realen König!«. Es geht also nicht mehr weiter. An dieser Stelle kann man schön die Starrköpfigkeit Samuels erkennen, denn er hätte doch auch sagen können: »Probieren wir das mal aus!« In diesem ganzen Abschnitt zu Samuel finden sich übrigens immer wieder wunderschöne lyrische Passagen. Das ist alles in Form von Gedichten gehalten. Auch in diesem Zusammenhang finden wir im Alten Testament ein herrliches Gedicht, in dem Samuel sagt: »Einen König wollt ihr? Ihr werdet noch an mich denken. Er wird euch ausbeuten und ihr werdet euch dumm und dämlich an Steuern bezahlen müssen. Eine goldene Nase wird er sich verdienen an euch! Eure Söhne wird er in den Krieg schicken, eure Töchter werden bei ihm im Palast arbeiten müssen und seine Konkubinen werden. Das wollt ihr?« »Ja, das wollen wir!« Da fügt er sich dann.

Das hat etwas mit dem Selbstverständnis zu tun, das das Volk der Israeliten damals endlich erreicht hatte: »Wir wollen sein wie andere Völker auch!«

Ja, so etwas haben wir 1989 hier bei uns doch auch erlebt. Diese ganze Sache ist also schon ziemlich lebendig. Nun gut, er fügt sich jedenfalls, denn Gott sagt zu ihm: »Gib nach, Samuel!« Gott sagt an der gleichen Stelle so schön: »Beruhige dich, Samuel, mich haben sie doch beleidigt. Ich, der sie getragen hat wie eine Mutter ihr Kind, der sie aus Ägypten befreit hat durch das Wasser und das Feuer. Mich haben sie beleidigt. Was regst du dich also so auf? Dich haben sie doch nicht verstoßen. Also gib ihnen ihren König.« Gut, das macht er dann auch.

Er kürt dann …

Übrigens, diese Szene hat mich sehr angeregt, denn sie zieht sich wirklich durch die Weltliteratur. Sie wissen das sicherlich besser als ich. Im Zusammenhang mit Cromwell zum Beispiel, also diesem großen englischen Rebellen, habe ich das wiedergefunden: Bei Cromwell ist Samuels Widerwillen gegen den König ebenfalls ausschlaggebend gewesen für seinen eigenen Widerwillen gegen die englischen Könige.

Es gibt auch eine Oper, ein Oratorium über Samuel. Er ist in der Tat eine Gestalt, die durch die Jahrhunderte lebendig geblieben ist.

In dem Zusammenhang ist mir noch etwas anderes aufgefallen, wenn ich das hier erwähnen darf: In der Kunstgeschichte gibt es Gemälde, auf denen Samuel zu sehen ist. Es gibt da ein Bild, ungefähr aus dem Jahr 1295 heutiger Zeitrechnung. Man sieht darauf Samuel, wie er seinen spitzen Judenhut aufhat, den es in Europa seit ungefähr 1215 gegeben hat. Dieser Hut ist deutlich zu sehen. Er salbt auf dem Bild den jungen David, der jedoch keinen solchen Judenhut aufhat. Das ist schon symptomatisch für das christliche Europa. Da wird ganz selektiv vorgegangen: »Wer Israelit ist, bestimme ich«, hat die Kirche gesagt. David braucht sie nämlich als Urahne ihres Heilands: Jesus, der Davidssohn.

Samuel salbt Saul zum König der Israeliten, und diese ganze Geschichte fängt eigentlich schön an.

Diese Geschichte fängt gut an. Saul ist ein schöner Mann. Es wird uns erzählt, dass er sehr groß gewesen ist. Größer als zwei Meter, obwohl damals die Menschen doch viel kleiner waren. Saul wird uns jedenfalls als bildschön und in jeder Beziehung passend geschildert. Es heißt auch, »der Geist Gottes ruhte auf ihm«.

Samuel bleibt aber doch der Mahner: Man kann fast sagen, dass er in einem gewissen Sinne ebenfalls ein Prophet gewesen ist.

Ja, er kann nicht lockerlassen. Die Sache zwischen diesen beiden Männern gerät jedenfalls schon bald in eine Schieflage. Warum? Normalerweise würde man sagen, dass Saul ein paar Jahre braucht, um sich einzuarbeiten. In dieser Zeit sollte ihm der andere helfen, und dann erst würde man weitersehen. So kommt es aber nicht, sondern das ganze »Unwetter« braut sich sehr früh und stark im Zusammenhang mit Michmas und Gilgal zusammen. Samuel sagt nämlich zu Saul: »Bau eine defensive Armee auf, denn es kommen schwere Zeiten auf uns zu.« Die Zeit war wirklich schlimm, denn die Philister vom Meer, von der Gaza-Zone, waren bis Jerusalem und noch weiter nördlich bis Nazaret im Gebirge Gilboa vorgestoßen.

Da wird es gefährlich.

Ja, die Philister kommen ganz aggressiv immer näher. Samuel lässt Saul aber gar keine Zeit, alles gut vorzubereiten. Die Ereignisse im Zusammenhang mit den historischen Orten Michmas und Gilgal sind für mich schon eine gewisse Wasserscheide. Samuel sagt zu Saul, er solle das Volk zur Verteidigung vorbereiten, er selbst würde dann nachkommen und das Tieropfer darbringen. Das ist der große Konflikt, den wir später in Europa als den Konflikt zwischen Thron und Altar kennen lernen. Was hat Europa in dem Zusammenhang nicht alles erlebt. Ich sage nur Canossa. Das war immer wieder die gleiche Problematik.

Es kommt zum Konflikt zwischen den beiden.

Das ist mir doch so vertraut und bekannt. Saul ist, meine ich, zunächst einmal voll guten Willens. Er bereitet diesen Tag vor und wartet und wartet und wartet auf Samuel.

Samuel kommt nicht. Was ist da los?

Saul ist ungeduldig, weil er doch diese große Verantwortung tragen muss. Und es kommt das, was wir später auch wieder und wieder erfahren haben: Das Volk, die Soldaten fangen bereits an davonzulaufen.

Es musste also etwas passieren, das Opfer muss dargebracht werden.

Ja, sie mussten inspiriert werden, und er will endlich losziehen gegen die bösen Philister.

Davor muss aber das Opfer stattfinden.

Das wäre das Signal. Unter uns, Sie und ich sagen das nicht weiter, oder? Ich frage mich schon, ob der Samuel das nicht mit Absicht verzögert hat, um seine Zügel straffen zu können. Aber lassen wir es dahingestellt.

Es kann sein. Es ist jedenfalls so, dass Saul das Opfer selbst darbringt.

Er sagt, es geht nicht anders, da muss ich es eben selbst machen. Danach kommt aber Samuel angebraust und rügt ihn: »Was hast du da gemacht?« Es kommt erneut eine solch lyrische Protestrede: »Du wirst schon sehen, was daraus wird. Ich sage dir gleich, dass dir alles wieder abgenommen werden wird. Dein Haus wird nicht das bleibende Königshaus sein.« Es beginnt sofort der Zwist zwischen diesen Männern: Sie haben nicht harmonisiert, nicht zusammengepasst. Jedenfalls ist es so, dass ihm Samuel das furchtbar übel nimmt, obwohl Saul acht Tage auf ihn gewartet hatte. Samuel müsste also die Zügel locker lassen und kann es nicht.

Sie sagten zu Recht, dass das der Konflikt zwischen Thron und Altar sei.

Ja, ansatzweise.

In diesem Fall ist aber noch etwas anderes zu bedenken, denn beide sind doch Auserwählte. Das heißt, auch Saul ist als König von Jahwe erwählt worden. Von Samuel selbst wurde er dann gesalbt. Samuel bleibt also dabei, er habe trotzdem noch das Mandat, auch den König darauf hinweisen zu können, wie die Dinge zu sein hätten.

Ja, das ist aber die große Frage.

Wo ist da das göttliche Recht?

Das ist die große Frage. Aber es ist natürlich so, dass Gott kein Polizist ist. Nein, Gott hat die Geschicke, die Verantwortung diesen beiden Männern in die Hand gegeben. Nun müssen sie selbst schauen, wie sie damit zurechtkommen. Ich halte das so auch für gut. Wenn wir annehmen, dass Gott ein Polizist oder ein Kindermädchen ist, dann bringt das nichts. Diese Frage wird aber landauf, landab immer wieder gestellt, denn sie ist auch in unseren Tagen aktuell: »Wo war Gott in Auschwitz?« Meine Antwort ist da aber die gleiche: Gott ist kein Polizist und ist auch kein Kindermädchen. In Auschwitz war das eine menschliche Frage: Wo war da der Mensch? Warum hat es nicht mehr Menschen wie die Geschwister Scholl gegeben? Niemand wurde nach Auschwitz zum Schergendienst gezwungen. Auch diejenigen, die dort nicht mehr dienen konnten oder wollten, wurden nicht bestraft, sondern ganz normal wieder zu ihren Kameraden an die Front versetzt.

Lag Samuel also falsch, als er das Gesetz eingefordert hat?

Ich glaube, er hat es dem Saul jedenfalls zu schwer gemacht. Für unsere Tage sehr interessant ist aber vor allem diese lyrisch sehr schön gesprochene Rede, in der er sagt: »Gott ist nicht interessiert daran und baut auch nicht auf das Opfer, das du ihm gebracht hast. Gott braucht dein Opfer nicht!« Er widerspricht sich damit gewissermaßen selbst. Er sagt nämlich: »Gott hat doch selbst diese Tiere geschaffen. Er will daher das Blut dieser Tiere nicht trinken. Nein, es ist viel wichtiger zu gehorchen!« Bei aller Liebe zu Samuel bleiben da bei mir doch so einige nagende Zweifel. Diese feurige Rede war allerdings bahnbrechend. Das ist nämlich der erste Ansatz gegen das Tieropfern. Auch dies ist mir ein großes Anliegen. Gott braucht die Tieropfer nicht, es sind die Menschen, die das brauchen – aufgrund der entsetzlichen Ängste, die sie hatten und haben vor Überschwemmungen, vor Dürreperioden, vor Kriegen, vor Feinden, vor Krankheiten. Den besten Beweis dafür finden wir schon bei Kain und Abel: Kain und Abel sind erwachsen, die ganze Welt gehört ihnen, und es herrscht sozusagen keine Wohnungsnot. Wir lesen aber an dieser Stelle, dass sie stracks anfangen zu opfern. Sie bauten jeder auf seine Art Altäre. Es ist nicht Gott, der sagt: »Lieber Kain, lieber Abel, opfert mal schön!« Nein, es sind die Menschen, die das brauchen. Genau dies ist zum ersten Mal bei Samuel in dieser Rede ausgedrückt worden.

Die Israeliten sind hineingewachsen in eine Gesellschaft, in der das Opfer alltäglich gewesen ist. Alle haben geopfert und viel Blut ist geflossen, auch Menschenblut.

Es war ein riesiger Fortschritt, dass die Israeliten – und das war der große Kampf seit Abraham – mit den Menschenopfern Schluss gemacht haben, obwohl die Völker ihrer Umgebung sie noch lange praktizierten. Das war ein riesiger Erfolg. Die Tieropfer gehen aber noch bis zum Jahr 70, bis zur Zerstörung des späteren Tempels weiter. Seitdem gibt es auch keine Tieropfer mehr bei den Israeliten. Die Frage kann dabei natürlich aufkommen, was man denn mit den eigenen Sünden anfängt, wenn es keine Tieropfer und keinen Tempel mehr gibt. Für diesen Fall wurden dann – auch bereits bei Jesus von Nazaret – drei Begriffe eingeführt: Es gibt die Metanoia, also die Umkehr, das Gebet und die Mitmenschlichkeit.

Das ist in kulturhistorischer Hinsicht natürlich ein gigantischer Fortschritt: Vom Opfer wird Abschied genommen. Das heißt, es wird kein Blut mehr vergossen, sei es das Blut anderer Menschen oder das Blut von Tieren, um der göttlichen Macht zu gefallen.

Ja, einer göttlichen Macht, die diese Tiere selbst geschaffen hat.

Dieser Abschied wird jedenfalls bei Samuel zum ersten Mal eingefordert. Aber es wird noch lange dauern, bis er wirklich vollzogen ist.

Das klappt noch nicht, denn die Menschen sind damit zunächst einmal überfordert. Ich muss schon sagen, dass ich die Leute damals durchaus verstehen kann, denn es herrschten wirklich sehr grausige Zeiten – vielleicht so wie hier in Deutschland im Jahr 1945?

Man kann also sagen, dass sich Samuel ein wenig von Saul entfernt?

Ja, sehr weit sogar.

Er hält aber weiter die ihm vorgegebene Rolle aufrecht. Das heißt, er hat den Auftrag, dafür zu sorgen, dass die durch Gott vermittelte Königsherrschaft, dass die Salbung durch ihn selbst weitergeführt wird. Samuel fühlt sich dieser Aufgabe sein ganzes Leben lang verpflichtet.

Das macht er auch so – bis er einen neuen Auftrag bekommt.

Den er dann auch bekommt.

Der neue Auftrag, um es kurz zu fassen, ist David. Bei der Salbung Davids laufen mehrere Stränge zusammen. Da gibt es zunächst einmal diese Vision, weil die Sache mit Saul doch so schief läuft. An dieser Stelle müsste ich jetzt eigentlich auch erwähnen, dass Saul krank wird.

Er wird schwach und verfällt regelrecht.

Ja, das ist wohl eine psychologische Angelegenheit, wie wir heute sagen würden. Es ist eine wirkliche Tragödie, das zu lesen. Er wird von Hass und Angst und Misstrauen gegenüber seinen eigenen Familienangehörigen zerfressen. Das ist eben so bei dieser Krankheit. Er wird hin und her gerissen zwischen Euphorie, himmelhohem Jauchzen und einem Zustand, in dem er zu Tode verzweifelt ist. Er ist wirklich ein ausgesprochen kranker Mann, der dann seine ganze Umgebung ziemlich fertig macht. Ich meine damit seinen Sohn Jonathan und seine beiden Töchter Michal und Merab. Später macht er das auch mit dem jungen David so. Das ist alles jedenfalls eine große Tragödie. Er versagt und kann dem großen und glanzvollen Auftrag, der ihm gegeben worden war, nicht mehr nachkommen. So ist es. Da betritt dann dieser gesunde und vor Selbstbewusstsein strotzende David die Bühne.

Den Samuel aber erst einmal finden muss. Es ist wohl so, dass er ausgeschickt wird und zum Stamm Juda gehen muss.

Samuel hat natürlich seinen Groll auf Saul. Man hat schon das Gefühl, dass er sich da recht gern auf den Weg macht nach dem Motto: »Schieb' mich, ich geh' gerne!« Es wird aber sehr darauf geachtet, dass David das nicht usurpiert. Es gibt also die Vision, und es stimmt dann auch alles mit der Realität überein, weil das Los tatsächlich auf David fällt. Zudem gibt es Davids Leistung für das Volk. Es treffen sich hier also tatsächlich drei verschiedene Ebenen, sodass man eben nicht sagen kann, das wäre alles nur aus der Wut Samuels gekommen. Das wäre für die folgenden Jahrhunderte furchtbar gewesen. Nein, die Entwicklung hat ihre Ordnung und die Geschichte geht recht langsam und behutsam ihren Gang. David kommt jedenfalls aus kleinsten Verhältnissen. Heute würde man sagen, er stammte aus kleinbürgerlichen Verhältnissen. Er ist der Sohn eines Herdenbesitzers mit einer nur mäßig großen Herde. Er kommt aus Bethlehem und er ist der achte Sohn, was natürlich auch wieder eine »Message« ist. Wem nämlich Gott seine Gnade schenkt, das können wir nicht diktieren, das können wir Menschen auch nicht kritisieren.

Er kann den Letzten, den Kleinsten gleichsam hervorholen und ihn in eine solche Funktion bringen.

Diese sieben anderen Söhne werden uns vorgeführt: Einer schöner als der andere, und wie die Orgelpfeifen stehen sie da. Aber es ist eben Gottes Geheimnis, wen er erwählt. Dies ist genauso sein Geheimnis wie die Tatsache, warum er sich, wie die Propheten sagen, gerade dieses »kleine lächerliche Völkchen Israel« für seinen Bund aussucht.

Hätte denn David Samuel eigentlich noch gebraucht?

Ja, denn er fängt bei null an. Wir haben schon gehört, wie kompliziert dieses König-Sein ist: Er braucht jemanden, der ihn dabei fördert, der die Hand über ihn hält. Ja, David braucht Samuel absolut. Er verträgt sich auch mit Samuel.

Sie vertragen sich, aber man könnte auch sagen, dass er sich »rangeschmissen« hat.

Ich meine, wenn das so gewesen wäre, dann wäre er ein Parvenü gewesen.

Nun, da ist die Geschichte mit Goliath: David kommt zu großem Ruhm.

Ja, aber das hat etwas mit dem Volk zu tun: So sind die Volksmassen eben. Sie, Herr Flemmer, sind doch ein Mann des Fernsehens. Ich sehe in dieser Geschichte jedenfalls schon Vorläufer des Fernsehens. Es wird nämlich erzählt, wie die Frauen hysterisch und geil David anhimmeln, als er mit dem Schwert des Goliath ankommt. Gut, man muss verstehen, dass sich das in der Eisenzeit abspielte und Israel noch kein Eisen hatte, was natürlich schrecklich war. Sie hatten bestenfalls etwas Bronze. Ihre Gegner, die Philister und die Kanaaniter, hatten jedoch schon Eisen und Streitwagen – eine Sensation! Das ist so, als müsste man heute mit Pfeil und Bogen gegen Nuklearbewaffnung kämpfen. Dieses Schwert war also ein wichtiger Faktor. David hatte lediglich mit ein paar Steinchen diesen Goliath besiegt. Die Frauen rasen ihm jedenfalls nach und jubeln ihn an: »Geil, geil, geil …« Das regt den Saul natürlich furchtbar auf, denn er ist ja auch ein Mann! Es werden ihm Berichte zugetragen, dass David 10 000 Frauen zujubeln würden. Er erinnert sich wehmütig, dass es ihm einst ähnlich ergangen war.

Saul ist in dem Moment natürlich ein ganz armer Kerl.

Samuel hätte an sich gar nichts dagegen, dass Jonathan, der Sohn von Saul, dessen Nachfolge wie geplant übernimmt, denn das war ein großartiger Charakter. Der will aber nicht.

Wie geht denn die Samuel-Geschichte zu Ende?

Samuel wird nur 52 Jahre alt. Das ist sehr wenig. Er altert ziemlich rasch und gilt eigentlich schon als uralt, als er das noch überhaupt nicht ist. Wenn man die Geschichte seines Abgangs liest, meint man, er wäre stattdessen 102 Jahre alt geworden. Die letzte Szene ist jedenfalls die Szene bei der Hexe von Endor.

Ja, da taucht er dann noch einmal als Geist auf …

… und versöhnt sich mit dem verzweifelten, todgeweihten Saul.

Er versöhnt sich mit Saul. In der Geschichte ist es jedenfalls so, dass er ganz einfach stirbt. Das heißt, seine Rolle ist beendet.

Er hat seinen Dienst an Israel getan. Das würde jedenfalls ich auf seinen Grabstein schreiben lassen.

Er hatte eine riesengroße Aufgabe.

Die Tragödie dabei ist, dass Samuels Söhne Joel und Abija ebenfalls nichts taugen.

Das heißt, auch er wird wohl ein bisschen verbittert gestorben sein.

Ja, sehr sogar. Die Sache läuft also schief, wo immer man auch anfängt mit der Geschichte: Sein Auftrag lautete, Frieden zu stiften. Dies gelingt ihm nicht. Die Söhne taugen nichts und der von ihm gewählte Saul ist auch eine Enttäuschung.

Ein trauriges Ende, aber doch ein großartiges Leben.

Isebel –
Die Powerfrau

Das Thema Isebel führt uns in eine ganz bestimmte politische Situation hinein. 928 bis 720 vor Christus gab es in Israel zwei Königreiche: Israel und Juda waren die beiden getrennt nebeneinander existierenden Reiche. Das ging so bis zum Untergang Samarias, der neuen Hauptstadt des Nordreichs namens Juda. In diesem Nordreich herrschten König Omri und dann sein Sohn Ahab, der sich eine ganz besondere Frau leistete. Wieso hat es eigentlich zwei Königreiche gegeben? Wie ist es dazu gekommen? Haben die Juden damals vergessen, dass ihnen Jahwe eigentlich nur einen König zugedacht hatte, einen König, der der Gesalbte des Herrn sein sollte? Gab es denn dann viele Gesalbte des Herrn?

Es geht hier um die Wiedervereinigungsproblematik. Unter Saul waren versuchsweise diese schwierigen zwölf Stämme Israels, die wir seit Jakobs Zeiten kennen, unter einen Hut gebracht worden. Diese ganze Entwicklung ist aber sehr kompliziert, und es deuteten sich auch schon Schwierigkeiten zwischen Thron und Altar, also zwischen Saul und Samuel an, denn zwischen diesen beiden klappt es überhaupt nicht. Das Volk aber schrie: »Wir wollen eins sein und einen König haben!« Das kommt uns heute doch besonders bekannt vor. Der Wiedervereiniger schlechthin, dem das in ganz großem Stil gelingt, war dann David. 40 Jahre lang ist er der große Held des Zusammenschlusses. Sein Sohn Salomo genießt nach ihm die Früchte des Davidischen Reichs. Alles ist vereinigt und Israel erstreckt sich vom heutigen Eilat bis in den Norden zu den Golanhöhen. Auch große Landstriche jenseits des Jordans gehören dazu, und es herrschte sozusagen Friede, Freude, Eierkuchen.

Aber diese großen Männer versagen häufig bei der Bestellung ihrer Nachfolge zu ihren Lebzeiten, denn Nachfolger muss man sich ganz einfach erst einmal heranziehen, sie fallen nicht wie Schnee vom Himmel. Salomo und viele andere versagen auf diesem Gebiet jedoch total. Als Salomo stirbt, ist sein Sohn Rehabeam nicht in der Lage, dieses vereinigte Königreich zusammenzuhalten. Es bricht also auseinander, und es ergeben sich zwei Reiche. So kam es zu der Situation, über die wir heute sprechen.

Bis dahin sind in der Zwischenzeit allerdings Jahrhunderte vergangen. Die Könige des Nordreichs aus Samaria, dem heutigen Nablus, und die judäischen Könige aus dem heutigen Hebron, die dann später nach Jerusalem gehen, vertrugen sich bisweilen mal gut, mal weniger gut: »Pack schlägt sich, Pack verträgt sich.« Wenn es einen gemeinsamen äußeren Feind gibt, können sie recht gut miteinander, und solche Feinde von außen gibt es immer noch eine ganze Menge. Da gab es die Bedrohung durch Aram. Das ist die Gegend des heutigen Syriens. Es waren große Könige, die in der Stadt Damaskus herrschten. Wenn es also große äußere Gefahren gibt, dann schließen sich diese beiden Reiche zusammen. Wenn es aber keine äußere Gefahr gibt, dann schlagen sie sich untereinander. Genau diese Situation herrschte zu Zeiten des Omri. Man kann das genaue Datum heute nicht mehr feststellen, aber ich glaube doch, dass die Isebel als Tochter des Königs von Sidon, des heutigen Tyrus, das im Libanon liegt, circa 800 vor Christus geboren wurde. Ihr Geburtsland war ebenfalls ein großes Königreich, denn wir wissen schon von Salomo, dass dieses große und wohlhabende Reich von Sidon existierte, mit dessen König Hiram er ein sehr gutes Verhältnis aufbaute. Man handelte von dort aus mit Zedern und betrieb vor allem Holzwirtschaft – so wie heute beispielsweise die Finnen oder die Schweden. Man lebte auch damals schon von Export und Import: Das hat es also alles auch schon früher gegeben. Mit den Zedern des Libanon baute Salomo den Tempel in Jerusalem.

Omri betreibt jedenfalls eine ganz präzise dynastische Politik, eine Politik, die in den Großraum hineinführt. Seit dem 9. Jahrhundert vor Christus ist Assyrien eine aufsteigende Macht, die die ganze Region bedroht. Dies scheint der Grund dafür zu sein, dass Omri sich gesagt hat, er bräuchte nun eigentlich gute Verbündete. Er schaut daher auch nach Tyrus, zu den Sidoniern und deren wichtigem Herrschaftsbereich. Er meint dann, dass es wohl das Beste wäre, mit diesen Leuten eine Verwandtschaft zu begründen. Genau das macht er dann auch.

Das ist richtig. Wenn wir die damalige politische Großwetterlage betrachten wollten, bräuchten wir eigentlich eine große Landkarte. Es gibt einerseits dieses aufstrebende Reich Assyrien. Das ist für damalige Verhältnisse zunächst allerdings sehr weit weg, denn das Zentrum dieses Reichs lag da, wo sich heute in etwa Teheran befindet. Das war zugleich auch das Ende der allgemein bekannten Erde. Hinter dem Hindukusch wusste man nichts Näheres mehr. Man dachte zumeist, dort sei die Erde zu Ende. Die Welt erstreckte sich also wie ein Brett vom östlichen Ende Persiens, also vom Hindukusch, bis nach Gibraltar. Das Reich Assyrien bedroht daher den ganzen Mittleren Osten. Später wurde dieser Bereich auch von ihm erobert. Dazwischen lag unter anderen noch das Reich Aram mit der Hauptstadt Damaskus. Im Süden lag natürlich das alte Ägypten, das mit dem heutigen Ägypten allerdings nichts zu tun hat – dies gilt höchstens für die heute christlichen Kopten, die zumindest ihrem Namen nach noch auf dieses alte Ägypten verweisen.

So waren also damals die politischen Verhältnisse. In dieser Lage besaß Salomo so viel Verstand – deswegen hatte er auch den Erfolg –, ringsherum langsam und sachte Verbündete zu gewinnen. Er schloss die geschäftlichen Verbindungen mit Tyrus, die Sie bereits erwähnt haben. Die heutigen world trade organizations sind also nichts Neues: Auf dem Handel aufbauend, konnte man damals schon Frieden schaffen.

Damit wächst eben der Wohlstand.

Ja, genau. So war das zur Zeit Salomos arrangiert. Omri spürte später ebenfalls diese drohenden Gefahren aus dem

Osten. Aus diesem Grund wollte er natürlich die bestehenden Verbindungen weiter ausbauen. Sein Nachfolger war dann unser Ahab.

Das ist sein Sohn. Es geht also darum, eine Handlungsbasis gegen den drohenden großen Feind aufzubauen.

Wir sprechen hier von einem eigentlich recht kleinen Land. Das Land Nord-Israel, das Land der zehn Stämme, umfasste das Westufer des Jordans, Galiläa und Teile jenseits des Jordans. Es gibt im Laufe der Zeit dort mehrere Hauptstädte: Schilo, Tirza, Beth-El und andere. Das ging so lange, bis man sich auf Samaria – Schomron – einigte. Schomron hatte im Laufe der Geschichte jedoch viele verschiedene Namen: Sebastia, Nablus und Napoli. Das waren alles Namen für die Stadt Samaria, von der wir heute sprechen. Napoli nannten sie die Römer, also Neapel, »Neustadt«. Ursprünglich war es die Stadt der Patriarchen Abraham, Isaak und Jakob und hieß Sichem.

Omri hatte Samaria als Hauptstadt neu gegründet, als Hauptstadt des Nordreichs.

Wegen der andauernden Kämpfe mit allen möglichen Völkern ist die Hauptstadt von Fall zu Fall auch mal verlegt worden. Omri entschied sich für Nablus. Ich sage hier Nablus, damit wir uns das geographisch leichter vorstellen können. Diese Stadt liegt auf einem Bergrücken und befindet sich etwa in der Mitte zwischen Galiläa und Hebron bzw. Jerusalem. Sie liegt also genau auf dem Weg, der das ganze Land verbindet. Von Jesus wird uns doch im Evangelium erzählt: »Und er begab sich abermals von Galiläa nach Jerusalem …« Auf dem einfachsten Weg dorthin kommt man jedenfalls immer in Schomron, also in Samaria vorbei. Im Hebräischen hieß diese Stadt deshalb Schomron, weil Omri den Grund und Boden dafür einem Mann namens Schemer abgekauft hatte. Omri hat dann die Stadt darauf gebaut, die letztlich eine Konkurrenz zu Jerusalem darstellen sollte.

Tyrus ist die Hauptstadt, und Isebel die Königstochter in einem Reich, das, von den Juden her gesehen, eigentlich ein Reich der Heiden ist. Wie kommt man denn eigentlich als gesalbter König Israels dazu, für den Sohn eine solche Frau auszusuchen?

Omri war insgesamt dem alten Gottesbündnis untreu geworden.

Er war längst säkularisiert, wie man heute sagen würde.

Vielleicht, aber ich würde es auch so deuten, dass man in seiner Zeit noch nicht einmal wirklich beim Ein-Gott-Glauben angekommen war. Das ist also eigentlich der umgekehrte Fall, denn Säkularisation bedeutet ja, dass ein Gott, der vorhanden war, verschwindet.

Nun, ein bisschen wird er doch von der Salbung behalten haben.

Wenig, denn er war auch nicht gesalbt. Gesalbt waren nur die judäischen Könige, die Könige in Jerusalem. Jerusalem bleibt in der Hinsicht auch immer das Zentrum: Darum dreht sich doch die ganze Sache. Die Könige von Juda halten sich für die Träger der Verheißung, die sich von Jakobs Segen über den Stamm Jehuda ableitet. Das erfahren wir bei Jesus auch: Er gilt als der »Sohn« Davids. Die Salbung ging also immer nur auf die Könige in Jerusalem über. Diese Teilung in zwei Reiche sollte aber eigentlich gar nicht sein. Sie ist ungesund. Wenn ich das lese, dann denke ich dabei immer so ganz leise an Deutschland und seine jahrzehntelange Teilung.

Dann passt es ja, dass der Sohn von Omri die Tochter eines ehemaligen Astartepriesters heiratet, denn ein solcher Priester ist der Vater von Isebel doch wohl gewesen: Er war ganz in diese Kulte einbezogen, denn der Baalskult war am Hof in Tyrus völlig üblich. Dessen Tochter bestimmt Omri also als seine Schwiegertochter.

Das war aber nicht der einzige Fall, denn das war gang und gäbe. Auch Salomo hatte schon Prinzessinnen von ringsherum geheiratet, seine Hauptfrau war eine Prinzessin aus Ägypten. Diese Heiraten waren wichtig zur Förderung des Handels. Nach der Heirat hat Salomo Pferde aus Ägypten importiert, die aber damals das Kriegsgerät schlechthin waren. Dass man an den Königshöfen die Söhne und Töchter untereinander verheiratet hat, war auch in unserer europäischen Kultur aus politischen Gründen so Usus: Denken Sie nur an Maria Theresia.

Isebel kommt dann an den Hof nach Samaria. Ahab, der Sohn von Omri, übernimmt in dessen letzten Jahren schon mehr oder weniger unmittelbar die Herrschaft über das Land. Das mag vielleicht auch der Grund für die unterschiedlichen Zahlenangaben bei seiner Regentschaft sein: Man spricht da entweder von 871 oder 875 bis 852 oder 854 vor Christus. Isebel etabliert sich an diesem Hof sofort: Wie macht sie das?

Warum etabliert sie sich sofort? »Cherchez la femme!«, könnte man an dieser Stelle sagen. Sie war eine großartige Frau. Zwar eine böse Frau, aber eben auch eine großartige und gut aussehende Frau. Der Anfang der Geschichte ist recht schön: Ahab verliebt sich in sie. Diese Ehe ist daher nicht nur eine rein politisch-rationale Verbindung. Nein, sie gefällt ihm: Zu Beginn will er sie haben. Hinzu kommt natürlich, dass das alles auch politisch zusammenpasst. Ich muss dabei an die heutige Situation denken. Der Staat Israel hat immer gesagt: »Zuallererst muss Frieden mit Libanon geschaffen werden, wenn das eines Tages möglich sein sollte!« Tyrus ist eine Stadt im heutigen Libanon.

Der Vater von Isebel war ein mächtiger Mann und selbstverständlich ein kompletter Heide, dem der Monotheismus völlig fremd war. In Samaria ging es zu der Zeit allerdings auch nicht so besonders »heilig« her. Die Heirat mit Isebel stellte also kein größeres Problem dar, und so tat sich für Ahab mit dieser Heirat zunächst einmal eine große Zukunft auf. Gleich am Anfang der Geschichte stellt sich aber bereits heraus, dass dieser Ahab ein großer Schwächling ist. Die Isebel ihrerseits war schon von der Wiege an für eine große Zukunft erzogen worden. Omri und all diese anderen Könige des Nordreichs vor ihm oder nach ihm waren hingegen irgendwie auch Parvenüs: Sie mussten alle erst ihre Vorgänger wegjagen und mit den Brüdern ihre Kämpfe austragen. Man hatte dort also keine große friedliche Tradition. Ganz nebenbei: Isebel hat schon so einen klingenden Namen. Er geht zurück auf Zebul. Zebul heißt auf Kanaanäisch aber wiederum »Gottheit« im Sinne von Götzen. Sie ist also eine Tochter der Götzen. Leicht verstümmelt geht dieses Wort auch über in »Beelzebub«, der nun wiederum ein ganz wichtiger Gott war. All das steckt schon in dem Namen »Isebel« drin. Es ist ganz wichtig, hier festzuhalten, dass diesem Mädchen vom ersten Moment an eine große Zukunft anerzogen worden ist. Schön und energisch war sie obendrein. Als ich noch Studentin in Jerusalem war, durfte ich einmal ein Siegel in die Hand nehmen, das man in Israel ausgegraben hatte. Auf diesem Siegel standen tatsächlich die vier Buchstaben ihres Namens. Das Ganze war natürlich noch ohne Vokalisierung, denn im Hebräischen wurde diese erst im 9. Jahrhundert nach Christus entwickelt und eingeführt. Man hatte also damals dieses Siegel mit den vier Buchstaben wirklich gefunden. Wenn man so etwas in der Hand hält, dann läuft es einem doch heiß und kalt den Rücken hinunter. Das ist wie ein Gruß aus uralten Zeiten.

Sie hat dann später mit diesem Siegel einiges angestellt.

Genau.

Zunächst aber kommt sie an den Königshof in Samaria, und ihre erste Tat scheint wohl die Errichtung eines Baal-Tempels zu sein.

Sozusagen rechts, links und in der Mitte! Es werden nämlich von ihr gleich in Bet-El, also an der Grenze zum Südreich und damit zum Konkurrenzreich in Jerusalem, und im Norden an der Grenze zum heutigen Libanon und zu Syrien wieder zwei Goldene Kälber aufgestellt. Wobei die Goldenen Kälber für den israelitischen Monotheismus ein Gräuel sind – in Erinnerung an die schreckliche Geschichte mit dem Goldenen Kalb in der Wüste. Es geht hier mit Volldampf zu dem zurück, was sie von zu Hause kennt. Ahab ist damit wohl einverstanden, denn wir lesen nichts davon, dass er dagegen irgendeinen Widerstand leisten würde. Sie erzieht auch die beiden Söhne in dieser Richtung. An dieser Stelle können wir lesen, dass Ahab das eigentlich nicht so wollte. Diese beiden Söhne, Joram und Ahasja, wollte er an sich schon in seiner eigenen Tradition erziehen. Man merkt nämlich, dass in den Namen der beiden Söhne auf Hebräisch der Name Gottes, und damit der Monotheismus als Programm steckt. Die Erziehung übernimmt dann aber doch sie. Sie haben auch eine Tochter, die Atalja. Sie ist noch ärger veranlagt als die Mutter. Diese Kinder werden von Anfang an gleich so erzogen, wie die Mutter das will. Es geht bei dieser ganzen Angelegenheit jedoch nicht um Religion. Das ist eine sehr wichtige Feststellung, denn der Begriff »Religion« kommt im ganzen Alten Testament nicht vor. Es geht stattdessen um eine politische Weltanschauung. Das ist so wie in der Bundesrepublik in den siebziger Jahren: Isebel wollte eine andere Republik!

Sie wollte ein Reich auf der Tradition von Tyrus aufbauen, auf der Tradition des Vorderen Orients. Ahab selbst interessiert sich auch schon lange nicht mehr für Jahwe. Ihm ging es lediglich um den wirtschaftlichen Fortschritt. Es scheinen sich in dieser Zeit in Israel zwei Klassen gebildet zu haben: die Oberklasse der Besitzenden, denen es aufgrund der politischen Konstellation immer besser ging, und die Schicht von eher einfachen Menschen, die am Jahwe-Glauben festhielten.

Heute würde man sagen, dass sich die Schere zwischen Arm und Reich immer weiter auftut.

Isebel war dies jedoch völlig gleichgültig. Sie hat sogar Hunderte Baalspriester aus Tyrus geholt, die in diesen Tempeln ihren Dienst verrichteten. Das ist doch eigentlich eine ungeheure Geschichte.

In der Tat. Und wer ist der Einzige, der den Mut hat, sich dagegen aufzulehnen, und das alles zu blockieren versucht? Das ist Elija, der Prophet aus Tischbi von jenseits des Flusses Jordan.

Ein Prophet kommt, der sagt, dass es so nicht weitergehen könne. Diese Propheten tauchen auch sonst immer wieder in einer mahnenden Rolle auf. Der Prophet Elija scheint seinen Rückhalt eher unter den einfachen Leuten besessen zu haben, weil diese noch am Ein-Gott-Glauben festgehalten haben.

Das ist gar keine Frage, und wir sehen auch, mit wem er es zu tun hat. Darunter ist auch die Witwe von Sarepta. Das sind alles einfache Leute, die am Hungertuch nagen. Dieser Mann also steht einsam und ohne Hausmacht, wie man heute sagen würde. Er steht auf gegen die Königin Isebel und sagt: »Das ist nicht das Erbe von Israel, und du bist nur eine angeheiratete Fremde!« Den Ahab schreit er an: »Wo bist du, Ahab?« Aber Ahab ist eben ein Schwächling. Isebel und Elija hingegen sind vom gleichen Schlag: Da prallen zwei starke Charaktere aufeinander. In einer Apokryphenquelle findet sich das Zitat von ihr: »Du bist Elija, ich bin

Isebel, wir sind vom selben Stoff!« Während der ganzen Zeit ist es ihr wichtig, was er macht – und umgekehrt. Wir hören nie davon, dass sich Ahab einmischen würde, obwohl er doch der König ist. Sie hingegen versucht den Elija auszurotten: Sie verfolgt ihn bis aufs Blut. Bei ihr wird die Ermordung von Elija wirklich zu einer fixen Idee.

Es geht also um die Auseinandersetzung zwischen den beiden Personen, und damit um die Auseinandersetzung zwischen dem monotheistischen Gott Jahwe und den Baalsgöttern. Dies ist im Grunde genommen der Kern der Geschichte.

Ja, genau. Elija sagt: »Wozu haben wir denn diese ganze Tradition? Wozu sollte sie denn dann gut gewesen sein? Gott ist mit uns!« Sie wirft ihm jedoch entgegen: »Ich bin die Königin!« Ahab tritt hier so gut wie gar nicht auf. Isebel lässt Elija dann bis aufs Blut verfolgen. Das ist eine politische Verfolgung, so ähnlich wie wir das in den siebziger Jahren in der Bundesrepublik Deutschland bei der RAF erleben konnten: Die Anhänger der RAF verfolgten auch bestimmte Personen bis aufs Blut, weil sie der Ansicht waren, dass diese eliminiert werden müssen. Elija wird zwar müde, aber Isebel gibt nicht auf – und er gibt dann eben auch nicht auf. Es kommt zum casus belli, bei dem alles zusammenprallt. Das ist der Fall Nabot.

Vorher haben wir die Opferszene der Baalspriester und die Herbeirufung Jahwes. Wir können aber auch bei der Geschichte von Nabot weitermachen, denn es ist alles spannend, was damit zusammenhängt. Nabot ist jedenfalls ein typisches Beispiel für den Durchsetzungswillen der Isebel. Was geschieht da also?

Der Ahab ist wirklich bereits ein müder, älterer Mann und Isebel macht alles alleine: Sie erzieht die Kinder, sie lenkt den Staat. Man behauptet ja immer, dass die Frauen damals nichts zu sagen hatten. Hier ist es ganz anders. Sie ist sogar für die Außenbeziehungen des Staates zuständig. Der Ahab will jedenfalls irgendwann nur noch seine Ruhe haben. Er zieht sich aus der schönen Stadt Samaria nach Jesreel zurück und baut sich außerhalb der Stadt einen Landsitz. Das ist vielleicht vergleichbar mit Castel Gandolfo im Verhältnis zum lärmenden Rom heute.

Ein Zweitwohnsitz, ein Winterquartier, ein Ruheort.

Er lebt dort in einem Tal in einer ganz anderen Atmosphäre: ruhig und schön gelegen mit Weinbergen rundherum. Das alles ist verloren gegangen im Laufe der vielen Kriege um das Heilige Land. Aus dem Alten Testament erfahren wir doch, dass es in Israel sowohl Urwälder wie Weinberge in Fülle gegeben hat.

Neben seinem Besitz liegt jedenfalls ein Weinberg, der einem anderen gehört.

Richtig. An sich ist sein Besitz dort in Jesreel schon riesig: Er bekommt einen Palast hingestellt. Dieser Palast ist vor Jahren auch ausgegraben worden. Neben dem Palast gab es einen winzig kleinen Weinberg, den Weinberg des Nabot. Dieser Weinberg nun stört den Ahab. Ich kann mir das schon vorstellen: Da hat man selbst riesige Ländereien, und mittendrin befindet sich das Grundstück eines gewissen kleinen »Nobody«.

So etwas passiert häufiger.

Denken Sie doch nur mal an Frankfurt, wo sich neben den riesigen Wolkenkratzern manchmal auch noch Häuser finden, die nur ein oder zwei Stockwerke hoch sind. Das sind meist Häuser, die seit 200 Jahren im Familienbesitz sind.

In New York gibt es das auch.

Da gibt es dann Ärger, und dann wird durch alle Instanzen prozessiert, um diese Leute dort wegzubekommen.

Ahab bietet dem Nabot jedenfalls sehr viel Geld an, aber Nabot sagt: »Nein, ich will kein Geld, ich lebe hier, wie meine Vorfahren gelebt haben. Ich bin zufrieden, ich will so weiterleben.« Solche Fälle gibt es bis heute. Ahab hat alles in seinem Leben, aber genau dieser eine kleine Mosaikstein macht ihn völlig fertig.

Er will dieses Grundstück haben, schafft es aber nicht, den Nabot zum Verkauf zu überreden. In dem Moment schaltet sich Isebel ein.

Isebel kommt sozusagen am Wochenende hinaus zu ihm und findet Ahab ganz grau und krank vor. Sie fragt ihn so ungefähr: »Was hast du denn schon wieder?« – »Dieses Grundstück, ich kann es nicht bekommen!« – »Was, sonst hast du keine Probleme? Ich sorge dafür, dass du dieses Grundstück bekommst, dann muss aber Ruhe sein!« Sie geht also nach diesem Wochenende zurück nach Samaria und dingt falsche Zeugen.

Wessen wird Nabot angeklagt? Er hat angeblich geflucht und gelästert gegen Gott und den König. Es ist interessant, dass in der hebräischen Fassung an dieser Stelle ein merkwürdiges Wort vorkommt, denn es heißt dort, er habe »gesegnet«. Das Wort lautet »berech«. Es gibt in der Bibel mehrere solche Fälle, so auch im Umfeld Jesu oder bei Hiob. Es kommt immer wieder dieses Wort »berech« vor. Die Schreiber der Bibel bringen es also nicht über sich zu schreiben, er hätte Gott verflucht. Auch bei Hiob steht das nicht. Die Frau von Hiob sagt doch zu ihm an einer berühmten Stelle: »Segne Gott und mach Schluss!« In Wirklichkeit kann von Segnen aber gar nicht die Rede sein. Nein, sie fordert ihn eigentlich auf, Gott zu verfluchen und seinem Herzen endlich Luft zu verschaffen. Hier steht also auch, dass Nabot angeklagt wird, weil er »Gott gesegnet« habe. Das ist quasi ein Euphemismus. Deswegen veranstaltet Isebel einen Schauprozess gegen ihn unter Aufbietung von falschen Zeugen. Es wird ihm kurzer Prozess gemacht, er wird für schuldig befunden und anschließend hingerichtet. Die Isebel kann also hinterher zu Ahab sagen: »Da, da hast du deinen Weinberg!« Über die Geschichte mit »berech« bei Jesus sprechen wir ein andermal, es ist wichtig.

Nabot wird vor dem Tor gesteinigt.

Ja, er wurde für schuldig befunden, den König und Gott quasi verflucht zu haben.

Hier nun taucht erneut Elija auf, der sofort auf Konfrontationskurs zu Isebel geht. Er schleudert ihr einen berühmt gewordenen Satz entgegen.

Das ist in der Tat der ärgste Zusammenstoß zwischen diesen beiden. Man kann von dieser Tatsache schon recht beeindruckt sein. Diese Konfrontation zwischen ihm und ihr läuft schon seit Jahren so, wie wir überall lesen können. Er beschimpft sie, dass sie Götzenkulte wieder einführt, dass sie den Monotheismus in Gefahr bringt. All das ist aber nicht so schlimm wie diese soziale Frage. Er wirft ihr und Ahab diese drei klassisch gewordenen Worte an den Kopf: »Harazachtah ve-gam jaraschtah?«, also »Hast du gemordet und willst auch noch erben?« Hier geht es um einen schweren Vorwurf: Sie lässt diesen armen kleinen unschuldigen Nabot ermorden, um ihn dann auch noch zu beerben!

Er wirft ihr vor, dass sie sich seinen Besitz angeeignet hat.

Ja, darum geht es. Als es damals 1952 im Hotel Waldorf Astoria in New York in den Gesprächen zwischen Adenauer und Ben Gurion um die so genannte Wiedergutmachung ging, ist dieses Wort ebenfalls oft zitiert worden. Diese drei Worte sind von jüdischer Seite als Motto in die Verhandlungen eingebracht worden. Denn wiedergutmachen kann man ein so schreckliches Unheil ja nicht. Es konnte stattdessen nur um Restitution, Rückerstattung gehen. Es gab damals auf jüdischer Seite auch einige Leute, die gesagt haben, dass sie von diesem Blutgeld nichts haben wollten (Menachem Begin etwa). Ben Gurion sagte dazu: »Es ist gemordet worden, aber es besteht kein Grund dafür, dass wir die Güter der Ermordeten nicht wieder zurückbekommen. Habt ihr gemordet und wollt auch erben?«

Zurück zu Elija. Mit seiner Kritik überschritt er damals seine Grenzen bei Isebel und Ahab. Heute würde man sagen, dass er dabei außer Rand und Band geraten ist. Er prophezeit der Isebel ein schreckliches Ende: »Du wirst es noch so weit bringen, dass die Hunde dein Blut lecken werden und du keine Beerdigung haben wirst.« Die Beerdigung ist seit der Genesis-Geschichte für die Menschen der Antike etwas sehr Wichtiges: Wir kommen von der Erde, ernähren uns von der Erde und müssen zur Erde zurück. Es ist wie Recycling. Elija sagt also zur Isebel, dass sie einst nicht einmal bestattet werden wird und die Hunde dann ihr Blut lecken würden. Diese Vorstellung ist nicht nur für unsereinen, sondern vor allem für den damaligen Menschen eine schreckliche Vision.

Die Konfrontation zwischen Elija und Isebel findet auch auf der Ebene der Baals-Priester und einer ganz bestimmten Opferszene statt. Das ist die große Szene, bei der die Baals-Priester schließlich verlieren. Wie kam es dazu? Denn es klingt doch sehr märchenhaft, was da inszeniert worden ist.

Sie haben natürlich völlig Recht. Wir müssen ganz einfach berücksichtigen, dass das Wundergeschichten sind, die im Lauf der Jahrhunderte dann auch übertrieben wurden. Wenn es zuerst heißt, einer hätte 100 besiegt, heißt es beim Nächsten schon, er hätte 1000 überwunden. So ist es auch heute noch: Wenn es einen Autounfall gibt und man hinterher unabhängig voneinander die Zeugen befragt, dann wird man jedes Mal einen anderen Unfallablauf geschildert bekommen. Bei all diesen Legenden und Heiligengeschichten ist es genauso. Ich will niemanden kränken, aber übertrieben wird gelegentlich auch in den Wundergeschichten um den irdischen Rabbi Jesus oder in den Geschichten um andere berühmte Rabbiner. So entstehen diese Legenden, nur aus Verehrung.

Elija jedenfalls will ein Gottesurteil herbeiführen.

Ich versuche das mal ganz nüchtern zu verstehen, und deswegen ist für mich diese Geschichte auch so glaubwürdig. Wir befinden uns in der Gegend des heutigen Haifa. Dort, an dieser wunderbaren Bucht, existierte damals schon eine Vorläufer-Ansiedlung, und zwar auf dem Berg Karmel.

Elija bringt die Konfrontation nun zum Äußersten. Isebel hatte, wie gesagt, Hunderte von Baalspriestern aus Tyrus importiert und wollte damit massiv den früheren Götzenkult wieder einführen. Das zarte Pflänzchen Monotheismus war damit natürlich in großer Gefahr, denn die Kirche wurde nicht, wie bei uns heute, durch ein Gesetz des Bundestags oder per Grundgesetz geschützt. Nein, damals war das alles total frei, und diese kleine Pflanze verteidigt Elija ganz allein, ohne Geld, ohne Kirchensteuer. Es kam jedenfalls eine schreckliche Dürre über das Land. Der Mensch in der Antike führte solche Katastrophen natürlich immer auf irgendein menschliches Versagen zurück. Einer muss schuld sein.

So eine Katastrophe wurde als Strafe für irgendein Vergehen oder Verbrechen gesehen.

Die Leute fragten sich also, woher und warum diese grausame Dürre kommt. Wir meinen heute manchmal, Umweltkatastrophen gebe es nur in unserer Zeit. Aber auch damals sind durch Dürren oder Überschwemmungen ganze Völker zugrunde gegangen. Die Dürre war zu Elijas Zeit jedenfalls so groß, dass die Menschen auf der Straße verhungerten.

Die Baalspriester sagen in dieser Situation, dass sie eine Zeremonie veranstalten und damit dieses Problem lösen würden. »Unser Baal wird helfen!« Durchführen wollten sie das in Haifa auf dem Berg Karmel. Elija, ganz alleine, wie er war, sagt jedoch: »Nein, mein Gott wird helfen!« Diese Konfrontation sucht Isebel natürlich. Sie will den endgültigen Sieg Baals erleben und eine vernichtende Niederlage für ihren Hauptkonkurrenten Elija und den Monotheismus, denn sonst hat sie in ihrem Reich keine Probleme.

Was wird dazu also arrangiert?

Die Baalspriester bringen ihre Opfertiere und fügen sich selbst auch Wunden bei. Diese Art des Rituals gab es auch in Europa bis ins Mittelalter hinein, denken Sie nur mal an die Flagellanten. Warum fügen sie sich Wunden zu? Um ihrem Gott einen Gefallen zu tun! Und um sich selbst in Hysterie, in einen Blutrausch zu bringen.

Es gab also zwei Opferaltäre. Es ging dann darum, an welchem sich das Feuer zuerst von selbst entzündet.

Eben, das war die Frage. Es kommt in der Tat ein schrecklicher Blitz vom Himmel, der in den Altar von Elija fährt.

Seine Gegner wollten ihn davor aber noch mit ein paar ganz unverschämten Methoden austricksen.

Ja, sie brachten sich weithin in einen Blutrausch durch ihre Wunden. In dieser Situation kommt der riesige Blitz. Er schlägt auf dem Altar von Elija ein und entzündet das Holz. So sehen es jedenfalls die Menschen – bestimmt nicht Gott. Es wird so gedeutet, dass das Opfer des Elija angenommen wird, weil sein Holzstoß brennt. In so einem Moment schaut man natürlich nach oben. Und was sieht man? Die Menschen sehen eine kleine schwarze Wolke, und langsam fallen die ersten Regentropfen.

Das Feuer verzehrt den ganzen Altar.

Es regnet in Strömen und Elija gerät in Ekstase. Er hat keinen Blutrausch wie die anderen, aber er ist doch völlig hingerissen. Es hatte eben doch einen Eingriff von oben gegeben mit diesem Blitz und mit dieser kleinen schwarzen Wolke, die die dreijährige Dürre beendet. In diesem Rausch schlägt Elija jedenfalls die anderen Priester alle tot, wie uns berichtet wird. Ein fürchterliches Gemenge wird es sicher gegeben haben.

Die Zuschauer sagen jedenfalls, dass Elija gesiegt hat.

Es entstand wohl so etwas wie vor kurzem in Genua oder Hannover: Chaostage! Es gab ein heilloses Durcheinander, und Elija gilt als Sieger, das ist die wichtige »Message«. Ob er nun die anderen Priester alleine samt und sonders totgeschlagen hat, weiß ich wirklich nicht.

Er sagt: »Ergreift sie, lasst sie nicht entkommen!« Daraufhin führt er sie hinunter an einen Bach und richtet alle hin.

Nun, ich glaube das alles trotzdem nicht so recht.

Wobei man natürlich die Frage stellen kann, warum er sich damit zu einem Urteilsvollstrecker aufspielt.

Was sagt die Bibel dazu? Gott will das nicht und Gott rügt Elija auch nachher. Er sagt nämlich immer wieder: »So nicht. Wir dürfen die Gegner nur mit dem Geist und nicht per Gewalt bezwingen!«

Wir kehren nun langsam zu Isebel zurück, die eigentlich unser Thema ist. Nach dieser gewalttätigen Episode kommt es durch Gott zu einer leisen Abberufung des Propheten Elija. Dies geschieht zwar nicht von heute auf morgen, aber Gott sagt ihm tatsächlich, dass es so nicht weitergeht und dass Elischa sein Nachfolger werden wird. Das alles bahnt sich hier bereits an. Gott will diese Gewalt nämlich nicht, bei aller bleibenden Liebe zu Elija, der eine Himmelfahrt erfährt und als Vorläufer des Messias gilt. Alle anderen Interpretationen der Gewalt haben Menschen im Laufe der Jahrhunderte in diese Geschichten hineingedichtet. Nein, Gott will die Gewalt nicht.

Isebel ist jedenfalls wütend.

Ja, Isebel ist außer sich vor Zorn.

Sie will sich das nicht bieten lassen, sie will ihn sich greifen.

Es ist immer wieder das Gleiche. Sie fragt, wer das Ganze mit ihren Priestern veranstaltet hat, und immer wieder bekommt sie die Antwort zu hören, dass es dieser Elija gewesen ist. Weil er also von ihr bedroht wird, flieht er weit, weit fort von ihr.

Weil sie gedroht hatte, ihn umzubringen, so wie er die Baalspriester umgebracht hatte.

Die ideologische Auseinandersetzung ist also vorbei, jetzt geht es ihr nur noch um die Eliminierung von Elija. Sie kann sich dieses Verhalten sogar erlauben, denn das Land hat inzwischen wieder genug Regen, der Notstand ist überwunden. Elija vollzieht in dieser Situation einen ganz wunderbaren Geniestreich: Er flieht in ihre Heimat. Das halte ich für genial, denn wer kommt schon auf so eine Idee? Er war davor auch schon öfters vor ihr geflohen: Einmal floh er vor ihr in ein Wadi, an den Bach Kerit. Es gibt in Israel bis heute diese Bäche, die man »unberechenbare Bäche« nennt, weil sie mal vorhanden und mal verschwunden sind. In einem ganz unerwarteten Moment rauscht da in diesen Bächen unglaublich viel Wasser und im nächsten Moment kann dieses Wasser schon wieder versickert sein. In so einem Bach hielt er sich einmal vor ihr versteckt. Das ist die Geschichte, in der die Raben zu ihm kommen und ihn verwöhnen, weil sie ihm Fleisch bringen. Bei der anderen Flucht im Sinai-Gebiet hat er jedoch nur Brot mit dabei, sodass er immer magerer und magerer wird. Es kommt dabei sogar so weit, dass er sich das Leben nehmen will. Er flüchtet immer wieder vor dieser Frau, und wegen ihr will er sich das Leben nehmen! Doch da ist Gott davor. Es gibt noch viel zu tun für Elija.

Er sagt sich, dass es nun reicht. Er will nicht mehr weiterleben.

Alles nur wegen Isebel. So eine Frau ist das gewesen! Er flieht diesmal also in ihre Heimat, in die Nähe von Sidon, nach Sarepta. Dort erleben wir beinahe schon einen ganz anderen Elija. Er fühlt sich endlich einmal geborgen vor dieser schrecklichen Frau. Die Frau, die er dort in Sarepta trifft, ist eine liebe und goldige Bäuerin. Er kommt dort an und bittet sie um etwas Einfaches zu essen: Er hätte gern Brot von ihr. Solche Bitten kommen in der Bibel immer wieder vor, wie auch bei David auf seiner Flucht. Diese Bäuerin antwortet ihm jedenfalls: »Ich habe nichts, ich bin noch ärmer als du.« Er sagt ihr daraufhin: »Es wird dir daran nie mehr mangeln. Du sollst immer Öl und Mehl haben.« Daran können wir sehen, dass ein Orientale, wenn es sein muss, auch nur von Öl und Mehl leben kann. Es kommt also so weit, dass sie ihm ein Zimmer gibt. Dadurch bringt sich diese Witwe von Sarepta natürlich in große Gefahr. Im Obergeschoss ihres Hauses bekommt er ein Zimmer und wird von ihr mit Essen versorgt. Ich nenne das eine konspirative Wohnung, denn Isebel hat die Suche nach ihm längst noch nicht aufgegeben. Für sie wird es zur Staatsaffäre, ihn zu finden und zu vernichten.

Gehen wir wieder zurück nach Samaria und sehen uns an, wie sich dort die Geschichte weiterentwickelt.

Ja, in der Zwischenzeit kommt es dort so weit, dass das Militär Isebel nicht mehr unterstützt. Es gibt einen Obersten mit Namen Jehu. Er ist ein flotter Mann im besten Alter und hat die Macht des Militärs hinter sich. Isebel hatte in der ganzen Zeit notgedrungen ein großes Heer aufgebaut. Sie musste aufrüsten aufgrund der geographischen Lage, in der sich, wie oben geschildert, ihr Reich befand.

Es ging ihr aber auch darum, die Koalitionen zu stärken.

Nein, ich würde schon sagen, dass sie das Militär aufgrund der äußeren Gefahren so aufgebaut hatte, denn die Assyrer drängten auch nach Westen zum Mittelmeer. Von Süden wurde das Land von den Ägyptern bedroht. Israel war wegen der via maris der Zankapfel all dieser Völker, wegen des Weges von Haifa am Meer nach Osten und zurück. Der Weg von Tiberias nach Haifa führt durch die Schlucht von Megiddo im Land Israel, im Reich Isebels. Aus dieser gefährlichen Schlucht Megiddo entwickelte sich in gewissen christlichen Kreisen übrigens bis heute die panische Angst vor »Armageddon«, einer Verballhornung von Har Megiddo.

Aus diesem Grund brauchte sie also das Militär, das war ganz bestimmt kein Luxus. Während sie intern den Kampf gegen Elija führte, gab es nach außen hin permanent Kriege mit anderen Mächten. Dabei hören wir die ganze Zeit kein Wort von Ahab: Er sagt kein Wort und sitzt schön brav in Jesreel, also in seinem »Castel Gandolfo«. Sie, Isebel, macht alles alleine. Jehu wird aber im Laufe der Zeit immer bitterer gegen diese Frau. Er spürt ihre Gegnerschaft.

Er findet Verbündete im eigenen Land, weil die Menschen sagen, dass sie ihm mehr vertrauen als diesem korrupten Königshaus.

Letztlich kommt es zu dem, was wir heute auch noch als Militärputsch kennen.

Aber Elija flicht auch noch eine Intrige.

Ja, Elija ist noch nicht am Ende, obwohl es auch mit ihm langsam zur Neige geht. Bleiben wir aber bei Jehu: Das Wichtige dabei ist, dass er der designierte Nachfolger ist. Sagen wir mal so: Die Schrift bzw. die Leute vom Hof erzählen es uns so.

Er wird im Geheimen gesalbt, bekommt Öl über sein Haupt gegossen.

Ja, dort haben wir diese Ansätze der Salbung, die sich quer durch die ganze Bibel finden lassen: von Aaron bis zu David, der selbstverständlich auch gesalbt worden ist. Oder die Jünger Jesu, die ebenfalls Salbungen an ihm vornehmen, weil sich in diesen Geschichten des Neuen Testaments selbstverständlich auch die jüdischen Traditionen wiederfinden. Dies ist aber ein Thema für sich. Was mich an dieser Geschichte, um die es heute geht, jedenfalls sehr inspiriert, ist die Tatsache, dass sich Elija und nach ihm dann Elischa, sehr um das Wohl der Völker der Umgebung kümmern. Keine »Israelozentrik« also. Elija hat eine Prophezeiung für den Offizier Jehu, gleichzeitig hat er aber auch ein Friedensangebot für den König von Aram, also den absoluten Gegner. Elija will integrativ wirken und dem Nahen Osten Frieden bringen.

Er organisiert dann aber auch einen Umsturz.

Ja, schon, aber Elija gibt mit der Zeit dann doch die Zügel aus der Hand, bis Jehu die Führung übernimmt, denn er wird alt und schwach. Er tritt ab von der Bühne, Jehu übernimmt, beauftragt von Elija, jetzt das Kommando. Elischa folgt Elija als Prophet.

Kann man sagen, dass Jehu der Repräsentant des monotheistischen Gottes wird?

Jawohl, als genau solcher stellt er sich vor. Zunächst einmal hat er auch Recht damit. Die Ansätze sind schon richtig, für seine spätere Handlungsweise melde ich aber schon jetzt erhebliche Bedenken an. Er war alles andere als ein edler, gottesfürchtiger Mensch.

Es kommt dann aber doch zu einigen Kriegen und Kämpfen.

Ja, zu furchtbaren Kriegen. Die Isebel sucht sich natürlich ihre eigenen Verbündeten, so den Bruderkönig von Juda aus Jerusalem. Aber diese Verbündeten sind meistens nur genauso schwach wie sie. Sie machen also teilweise mit bei diesem Krieg und teilweise nicht. Das Hauptproblem ist aber, dass Isebel ihre zwei Söhne schlecht erzieht. Ahab hatte sie zu Beginn immerhin noch auf den richtigen Weg bringen wollen, wie man zu seiner Ehrenrettung anfügen muss. Mit Isebel kommt er schon lange nicht mehr klar, daran ist nichts mehr zu ändern. Seine Söhne jedoch wollte er richtig erziehen.

In unserem Gespräch kommt Ahab recht schlecht weg, denn in Wirklichkeit heißt es, dass er auch ein sehr erfolgreicher König gewesen ist: Er war wirtschaftlich und auch mit seiner Kooperationspolitik recht erfolgreich.

Ja, das ist richtig.

Ganz so schwach kann er also gar nicht gewesen sein. Schwach war er höchstens der Isebel und ihren Einflüssen gegenüber.

Ja, vor allem aber ist es so, dass er sich zurückzieht und sie einfach machen lässt. Aber man muss schon zugeben, dass das Königreich in seiner Amtszeit wirklich geblüht hat. Dass es zu solchen Kriegen kommt, ist ganz einfach das Schicksal dieses kleinen Landes als Landbrücke zwischen drei Kontinenten.

Das Land rafft sich dann aber doch zu einem relativ großen Krieg auf: Es ist von 10 000 Infanteristen die Rede, von Streitwagen und so weiter. Weil Israel dies nun alles aufbringt, stoßen auch die Verbündeten mit dazu.

Es geht alles furchtbar durcheinander. Aber Jehu erweist sich in dem ganzen Chaos als der Stärkste, als Mann und aufgrund seiner Erfahrung. Er ist derjenige, der als Militär geschult ist. Jehu ist also der Sieger und macht auch gar kein Geheimnis daraus, dass er eine Palastrevolution will. Er will nicht nur als General erfolgreich sein, sondern – so wie heute manche Generäle in Südamerika – er will auch König werden.

Er weiß, dass er eigentlich König werden wird.

Wenn heute in Südamerika das Militär einen Putsch macht, dann sagen wir natürlich mit Recht »Um Gottes willen!«. Damals in Israel war es aber so, dass auch vorherige Könige auf dieselbe Art und Weise ans Ruder gekommen waren – auch Omri, der Vater von Ahab.

Die beiden Söhne stehen also gegen den angreifenden Jehu.

Ja, aber sie sind ihm nicht gewachsen.

Jehu kommt mit seinem Heer in die Residenz.

Ahab erlebt das alles nicht mehr, weil er bereits vorher umgekommen ist. Die Schrift sagt ausdrücklich – und das ist auch für jeden Christen wichtig –, dass Ahab am Ende seiner Tage eingesehen hat, wie falsch manche seiner Taten und Unterlassungen gewesen sind. Er bittet daher um Vergebung und übt Umkehr. Deshalb sagt die Schrift – das kann nun jeder glauben, wie er will –, dass er eben wegen seiner Umkehr dieses ganz große Desaster nicht mehr erleben musste, denn er fällt schon in der ersten Schlacht, aufrecht stehend in seinem königlichen Wagen. Das hat mich alles ein wenig an Siegfried erinnert: Der Pfeil, der Ahab getroffen hat, bohrte sich genau unter der Achsel in seinen Körper, genau dort, wo die Rüstung ein Scharnier hatte. Die Streitwagenfahrer trugen alle Rüstungen, und diese Rüstungen mussten an den Beinen und Armen natürlich Scharniere haben. An dieser einzigen durchlässigen Stelle ist er also getroffen worden – ähnlich wie in der Sage um Siegfried. Nach dem Treffer blieb er aber noch aufrecht in seinem königlichen Wagen stehen. Und hier kommt es nun zu einer ähnlichen Szene wie bei Saul: Er will nicht vom Feind getötet werden und bittet daher jemanden vom eigenen Hof, ihm den Gnadenstoß zu geben. Er erlebt also das folgende ganze Desaster nicht mehr. Aber seine Söhne müssen es erleben, und zwar ganz furchtbar.

Jehu kommt also mit seinem Heer an den Hof und sucht die Konfrontation mit den Söhnen.

Es ist so, dass Jehu zunächst einmal einen Trick versucht: Er tut so, als ob er verhandeln wollte. Dieser Trick ist aber etwas Schreckliches. Er tut also so, als würde er mit ihnen verhandeln, und die beiden Söhne verwenden bei diesem Treffen immer wieder das Wort »schalom«. Dieses Wort kommt in vielerlei Beziehungen vor. Das ist nicht nur so ein Tagesgruß, es handelt sich auch um die Bezeichnung für einen allumfassenden Frieden. Jehu ist jedenfalls als jemand von der schnellen Truppe bekannt, wie man heute sagen würde. Von weitem schon kann man sehen, dass am Horizont der Sand aufgewirbelt wird, und die Höflinge sagen deshalb zu Joram, dem König: »Da kommt garantiert der Jehu, denn nur Jehu fährt seinen Streitwagen so rasend.« Joram beabsichtigt dann, es zunächst einmal mit friedlichen Mitteln zu versuchen. Sie schicken ihm Boten entgegen, um ihn zu fragen, ob er in friedlicher Absicht käme. Aber Jehu trickst sie eben aus, kommt immer näher, ignoriert quasi die Boten und zeigt somit, dass er auf sie alle am Königshof »pfeift«. Joram schreit dann seinem Volk zu »mirmah, mirmah«, also »Betrug, Betrug«, aber es ist bereits zu spät.

Jehu richtet dann die Frage an Joram, ob am Königshof eigentlich alles in Ordnung sei.

Genau, nichts ist nämlich in Ordnung.

Jehu sagt ihm auch, warum nichts in Ordnung ist. Und damit wären wir wieder bei Isebel angelangt.

Isebel ist in dem Moment aber gar nicht anwesend.

Das stimmt schon, aber was sagt Jehu auf dieses Frage?

Jehu antwortet, dass nichts in Ordnung sein kann, weil man am Hofe dieses und jenes getrieben habe, weil sie eben das Wort Gottes missachtet haben. Er befindet sich also bereits ganz auf der Linie des Elija.

Er sagt sogar: »Diese Königin schläft immer noch mit soundso vielen Männern, treibt Unzucht und so weiter.«

Apropos Isebel und ihre Umtriebe: Es wird uns über Ahab noch eine ganz charakteristische Geschichte in der Hinsicht erzählt. Isebel hatte ihm einst, um ihn zu beruhigen und zu besänftigen, auch den Zugang zu verschiedenen »Huren« verschafft.

Ja, aber es geht hier auch gar nicht darum, dies nun alles zu bewerten.

Es war jedenfalls so, dass Ahab längst total ausgeschaltet war.

Jehu wirft Joram das unzüchtige Leben Isebels vor.

Ja, natürlich.

Er sagt im Grunde genommen: »In Ordnung wird das alles erst sein, wenn diese Frau weg ist!« Zuvor aber fallen noch ihre beiden Söhne.

Ja, diese beiden Söhne fallen unter furchtbaren Umständen. Es wird genau geschildert, wie sie in ihren königlichen Wagen fallen, wie und wo sie von den Pfeilen getroffen werden. Wenn man nun meint, dass Isebel in dieser ausweglosen Situation nachgibt, dann kennt man diese Frau wahrlich nicht. Sie gibt nicht nach.

Jehu rückt jetzt vor ihren Palast.

Ja, aber Achtung: Er hat zwar Samaria, die Hauptstadt erobert, Isebel sitzt aber noch in Jesreel in der anderen Residenz. Von dort aus gibt sie um keinen Preis der Welt auf: Das macht den Charakter dieser Frau aus. Nicht umsonst wurden so viele Theater- und Musikstücke um ihre Person geschrieben, denn es kommt letztlich zu dieser schrecklichen und berühmten letzten Szene um sie. Sie sitzt am Fenster und schaut hinaus. Vielleicht denkt sie nach, was denn nun zu tun sei. Ihre Bediensteten wandeln dabei im Haus herum wie Schatten. Sie sind im Übrigen alle Eunuchen.

Sie schminkt sich und macht sich fertig für den Besuch.

Sie schminkt sich aber erst, als Jehu näher kommt. Sie sitzt also in Jesreel und die Eunuchen wandeln eingeschüchtert dort in ihrem Haus hin und her. Jehu kommt an, und sie schminkt sich immer noch, denn eine Königin empfängt nicht ungeschminkt.

Vielleicht will sie ihn auch verführen?

Das glaube ich nicht. Nein, sie will nur als Königin sterben: geschminkt. Das schätzt Jehu auch. Sie wird also geschminkt sterben.

Jehu steht vor ihrem Haus, sieht nach oben zu ihr und ruft:

»Das hast du dir selbst eingebrockt. Jetzt ist es so weit!«

Dann fragt er: »Wer hilft mir?« Zwei, drei ihrer Diener packen sie daraufhin.

Wie entsetzlich. Auch hier wieder: Verrat, Verrat auch in der allernächsten Umgebung.

Jehu ruft, sie sollten Isebel aus dem Fenster nach unten werfen, damit endlich Schluss sei mit ihr. Sie wird hinuntergeworfen und die Pferde zertrampeln sie.

Ja, das ist ein schreckliches Bild, und die Hunde lecken ihr Blut.

Es heißt auch noch, dass bei ihrem Aufprall auf den Boden das Blut an die Mauer spritzte.

Später sagt Jehu dann aber doch: »Sie war immerhin eine Königin, begrabt also ihre Reste!« Ein Drama.

Saul –
Der zerrissene König

Saul ist der erste König in Israel, der von 1050 bis etwa 1004 vor Christus regiert hat. Diese Zeit bedeutete eine Umbruchsituation im Staat Israel: Welche Staatsform hatte dieses Gebilde? Zunächst einmal war es doch nicht auf einen König hin ausgerichtet.

Ich freue mich riesig, dass wir heute über ihn sprechen: Er ist sozusagen hier in unserer Mitte in diesem Gespräch mit dabei – so greifbar ist diese Geschichte für mich. Man kann auch wirklich sehr viel lernen für die heutige Politik von den Ereignissen um diesen Mann, so absurd das vielleicht auch klingen mag. Er hatte es als Aufgabe jedenfalls mit der Vereinigung des Volkes zu tun. Hier sollte sozusagen schon das erste Lämpchen aufleuchten: Das ist doch etwas ungeheuer Schweres. Wir erleben das mutatis mutandis auch heute so.

Es ging um die Stämme Israels, bis dahin Nomaden, die auf der Wanderschaft waren, die Sklaven gewesen sind und dann befreit wurden, und die sich einander entfremdet hatten. Es gab ansatzweise bereits ein so genanntes Südreich mit der Hauptstadt Hebron unter judäischem, davidischem Zusammenhalt. Und es gab die restlichen Hauptstämme mit dem Zentrum in Samaria oder Sichem. Diese Stämme tun sich jedenfalls sehr schwer, zueinander zu finden. Jeder Stamm geht seinen eigenen Weg, und es gab auch etliche, die im heutigen Transjordanien sesshaft wurden. Zur gleichen Zeit wird aber auch ein Krieg von außen geführt, und da ist es natürlich schwer, zueinander zu finden und einen einigen Staat zu bilden. Dieses zu tun war aber das Ziel, das Volk wollte das so.

Es gab bereits die Institution der Richter, die im Grunde die Marschrichtung vorgeben sollten. Sie waren manchmal auch in Personalunion Richter und Prophet. Da kann man sich doch fragen, warum die Juden in dieser Situation auch noch einen König haben wollten. Sie haben wohl ganz einfach um sich geblickt und dabei festgestellt: Dieses Volk hat einen König, jenes Volk hat einen König. Die Philister hatten sich zu der Zeit kurz davor quasi auch einen König ausgeguckt. Sie sagten soeben, dass der Druck in dieser Frage vom Volk her gekommen sei: Das Volk wollte einen König haben. Warum?

Ich hätte jetzt beinahe gesagt, dass Sie soeben fast schon wie ein Prophet gesprochen haben. Ich kann an der Stelle aber noch gar nicht von Propheten sprechen, weil es noch gar nicht um Propheten ging: Sie hießen damals nämlich noch »ro-e«, also »Seher«. Dieser Ausdruck gefällt mir persönlich eigentlich sehr gut. Erst später wurde dieses Wort dann zu »navi«, zum Propheten – ohne dabei jedoch zu dem zu werden, was man im griechischen Sinne darunter verstand.

Das Volk sah sich damals von so vielen Herausforderungen umgeben, dass es aufschrie und einen politischen Führer wollte. Sie wollten eine Führungsgestalt, einen König. Der Prophet, in dem Fall war das Samuel, warnt sie jedoch und sagt in dieser wunderbaren Textstelle: »Ich warne euch, der König wird euch ausnützen, er wird euch ausbeuten. Ihr werdet euch dumm und dämlich an Steuern zahlen, ihr werdet keine Arbeit haben. Er wird alles für sich und seine Familie verschwenden.« Aber nein, das Volk hatte den Slogan: »Wir wollen sein wie alle Völker.« Ich kann das sogar verstehen. Die Vereinigung ist unter Kriegsbedingungen auch wirklich sehr kompliziert. Jenseits des Jordans gab es zum Beispiel ein feindliches Volk mit dem Namen Ammon. Der König der Ammoniter griff damals die Stämme Israels an und forderte von ihnen – das muss man sich mal vorstellen – ein Auge von jedem Kämpfer. Solche Bedingungen herrschten also. Insofern will ich auch gar keinen Stab über das Volk brechen. Denken wir doch nur mal, was in Europa im 20. Jahrhundert alles passiert ist. Wir sollten uns in der Frage also nicht auf den Richterstuhl setzen.

Es gab über Jahrhunderte bittere Kriege. Diese haben jedenfalls Saul aufgerieben: Konfrontationen von außen und Spannungen von innen.

Wir sind aber noch nicht an der Stelle, an der er zum König wird. Es heißt stattdessen, dass der Seher namens Samuel zu seinem Volk, das ansonsten auf ihn hört, sagt, dass das eigentlich der falsche Weg sei. Jahwe aber sagt zu Samuel: »Lass sie doch. Warum regst du dich auf? Das Volk soll einen König haben, wenn es das will. Ich sage dir auch gleich, wo du ihn finden kannst.« Er sollte ihn nämlich bei einem ganz kleinen Stamm finden. Jahwe sagt zu ihm: »Geh auf die Suche, ich sage dir, wo du ihn treffen kannst.« Wie entwickelt sich die Geschichte weiter, denn im Buch Samuel folgen sozusagen zwei Königskrönungen bzw. -salbungen, und dieser Vorgang ist doch erstaunlich. Sie laufen parallel, und man könnte fast sagen, dass sie nichts miteinander zu tun haben.

Es fängt an und für sich mit Saul alles recht schön an. Er wird uns als richtig königlich geschildert: Die Bibel nennt ihn einen schönen Mann.

Er überragt alle anderen.

Ja, er ist groß und stattlich. Für eine solche Gestalt ist das doch recht wichtig. Die Bibel hat aber auch, was viele normalerweise nicht zur Kenntnis nehmen, Humor. Es wird uns also Folgendes erzählt: Saul ist unterwegs, weil sein Vater zu ihm gesagt hatte, ihm seien mehrere Eselinnen abhanden gekommen, die er suchen soll.

Ich nehme mir hier an dieser Stelle mal kurz die Zeit, um über das Tier in der Bibel zu sprechen. Die Eselin hat einen ganz besonders hohen Stellenwert. Alle bedeutenden Gestalten kommen per Esel angeritten, einschließlich Jesus bei seinem Einritt nach Jerusalem. Warum? Weil das Pferd ein Kriegstier ist, denn Panzer gab es noch nicht. Was wäre auch ein Ritter ohne Pferd gewesen? Quasi in einer Klammer möchte ich noch Folgendes hinzufügen: Aus diesem Grund haben die Deutschen noch bis zum heutigen Tag einen gewissen Widerwillen gegenüber dem Verzehr von Pferdefleisch, denn man »frisst nun einmal nicht seinen eigenen

Panzer«. In diesem Sinn ist also klar, dass die Eselin eine sehr große Rolle spielt. Sie ist ein Wertobjekt und sie ist obendrein auch noch geduldig und zuverlässig.

Saul läuft jedenfalls in die Wüste hinaus und …

… sucht die Eselinnen. Dort trifft ihn dann Samuel, und in diesem Zusammenhang gibt es das Sprichwort, das besagt: »Du gehst Eselinnen suchen und kommst zurück als König!« Unterwegs passieren aber noch mehr Dinge, die nicht so ganz klar werden. Er trifft auf eine Prophetenschule, die es damals in größerer Zahl gegeben hat. Das waren also Seher-Jünglinge. Er ist von ihnen beeindruckt, und man ahnt schon, dass sich da etwas zusammenbraut. An dieser Stelle kommt nun ein weiteres Sprichwort zustande: »Ist denn Saul auch einer von den Propheten?« Zunächst einmal ist das doch eine recht zweideutige Stelle.

Samuel schickt Sauls Begleiter weg und sagt: »Komm mit mir zur Seite, ich habe mit dir etwas vor.« Er überrascht Saul damit – und schon ist er gesalbt.

Dieser Konflikt geht letztlich zurück auf den Patriarchen Jakob und seine Frauen. Saul kommt aus dem Stamm Benjamin, er ist also ein Nachfahre von Rahel. Rahel war die große Geliebte, und Jakob wollte schon im Jakobssegen eigentlich auch die zukünftige Messianität den Kindern Rahels zuschanzen. Josef wird daher zu seinen Lebzeiten bevorzugt. Das bekommt ihm nicht gut, dass Jakob so ein schlechter Erzieher ist. Benjamin ist jedenfalls der kleine Bruder und steht auch ein Stück in dieser Tradition. Aus dieser Familie kommt eben Saul. Damals hatte sich bereits der Stamm Juda in Hebron angesiedelt, der dann der Träger der Messianität wird.

Zunächst müssen wir uns den beiden Salbungen oder Krönungen widmen. Samuel salbt Saul im Namen Gottes zum König.

Ja. Gott gibt sozusagen nach.

Aber parallel dazu gibt es die Inthronisation bzw. die Volkswahl Sauls. Die Stämme werden versammelt, es wird Ausschau gehalten und schließlich wird Saul dann noch einmal zum König gewählt. Wie ist das zu verstehen?

Das ist doch klar. Er ist zuerst von Samuel berufen worden. Das ist eine Salbung. Danach erst erfolgt die Akzeptanz durch das Volk. Das ist schon eine etwas kompliziertere Geschichte, denn man muss bedenken, wie zerrissen das Volk damals war und unter welchem Druck es gestanden hat.

Als sie Saul sehen, jubelt das Volk. Die Menschen sagen: »So, das ist also derjenige, der uns jetzt von allem befreien kann.«

Es gibt sofort einen Auftrag an ihn. Der Arme kann nicht erst noch feiern und sich etablieren. Gut, essen und trinken tut man bei diesen Anlässen immer. Das ist im Übrigen schon eine interessante Geschichte: Jeder Vertrag und jede Inthronisierung werden mit einem großen Essen besiegelt. Schon als die 70 Ältesten vom Berge Sinai herunterkommen, gibt es ein Festessen. Im Orient ist das gemeinsame Mahl gewissermaßen die Bestätigung eines Vertrags. Nun gut, Saul ist also zunächst einmal der Liebling aller. Aber er hat keine Zeit, sich einzuarbeiten und zu lernen.

Er soll die vereinigten Stämme in den Krieg gegen die Nachbarn führen, die Israel bedrängen.

Ja, und davon gab es jede Menge.

So geht die Geschichte zunächst aber gar nicht weiter. Saul scheint nämlich zurück zu seinen Herden zu gehen. Dieser Auftrag wird erst noch an ihn herangetragen. Er marschiert gerade gemütlich mit seinen Rindern durch das Land, als es plötzlich heißt, nun müsse etwas getan werden.

Ich würde sagen, Saul hat sich die ganze Situation viel leichter vorgestellt. Wir müssen uns genauer hineindenken. Der Stamm Benjamin, also seine Heimat, lebte nördlich des heutigen Jerusalem. Benjamin ist ein sehr kleiner Stamm, und kurz vor der Salbung Sauls hatte es sogar noch einen Zwist mit den Brüdern gegeben, sodass Benjamin noch dezimiert wurde. Er residierte jedenfalls nördlich von Jerusalem, und man kann diese Stelle heute noch finden. Auf diesem Hügel namens Givat Shaul hat sich der verstorbene König Hussein von Jordanien vor Jahren einen Palast bauen lassen. Dort residierten die Benjaminiten. Sie hatten aber auch Freunde und Anhänger in Transjordanien. Diese sehr innige Beziehung zu Jabesch-Gilead werden wir später bei Sauls Tod noch einmal ansprechen. Saul ist jedenfalls bereit, den Auftrag anzunehmen. Bei Samuel hingegen können wir ein Ringen beobachten: Eigentlich will er immer noch nicht aufgeben, er bleibt Gegner einer Monarchie. Er wird jedenfalls immer eigensinniger und immer starrköpfiger, wie wir von Mal zu Mal feststellen können.

Zunächst einmal ist Saul jedenfalls ein sehr erfolgreicher Heerführer. Er führt die Juden in diese Kriege und erringt Siege. Sie sind begeistert von ihm.

Man darf nicht vergessen, dass sich Saul gegen Angreifer auf seinem eigenen Gebiet wehren musste. Der Hauptfeind sind die Philister. »Philister« heißt auf Hebräisch und in vielen orientalischen Sprachen »Plischtim«, wörtlich Eindringlinge, Invasoren. Sie sind Fremde, die von den Mittelmeerinseln gekommen waren. Sie waren Flüchtlinge. Die Fremden wurden im Allgemeinen in Israel gut behandelt. Das Bergvolk der Judäer, die oben in Hebron lebten, ist in dauerndem Konflikt mit ihnen, weil die Philister aggressiv ins Bergland drängten. Die Philister kommen auf die Berge und bedrängen die Israeliten bis hinauf nach Gilboa. Dort, inmitten der Berge, findet später die größte Schlacht statt.

Saul tritt zunächst einmal mit einem kräftigen Herrschaftsanspruch auf.

Er akzeptiert das alles. Aber er stellt es sich leichter vor.

Er schickt an die Stämme eine Botschaft und sagt, sie sollten ihm nun folgen, denn es geht jetzt in den Verteidigungskampf. Als guter Heerführer hätte er die Chance gehabt, später ein grandioser König zu werden. Wo geschieht denn, im Hinblick auf die Psychologie Sauls, dieser Bruch?

Dieser Bruch fängt auf zwei Ebenen an. Erstens kommt der Bruch mit Samuel sehr früh und deutlich. Vor der großen Schlacht von Michmas, ganz am Anfang der Geschichte, wurde vereinbart, dass Samuel kommt und vor dem Antritt des Volkes zur großen Schlacht ein Opfer darbringt. Samuel pocht also auf seine Prärogativen. Das hat ganz deutlich mit dem Konflikt zwischen Krone und Altar zu tun. Nun sitzt aber Saul da in seiner Anspannung vor der Schlacht und Samuel kommt nicht. Er kommt einfach nicht. Was war also zu tun? Die Bibel sagt an dieser Stelle, er wartete sieben Tage. Das wäre eine enorm lange Zeit, die ich mir eigentlich gar nicht vorstellen kann.

Er musste jedenfalls lange warten.

Ja, er wartete lange und die Leute laufen ihm in der Zwischenzeit davon. Es steht wörtlich so in der Bibel: Die Männer, die zum Kampf bereit waren, warteten nicht. Nun kommt der Bruch: Saul sagt, dass er das Opfer darbringen und das Gebet verrichten wird, denn man könne nun nicht länger warten. So macht er das dann auch. An und für sich wäre das nicht so schlimm, aber Samuel kommt dann doch wutschnaubend an und pocht auf seine Rechte. Ich kann mir gut vorstellen, wie so etwas noch in unserer heutigen Zeit aussieht. An dieser Stelle fängt es also ganz deutlich an zu knistern zwischen den beiden. Das ist der Anfang des

Bruchs. Samuel fängt in wunderbar epischen Worten an zu warnen und mahnen, aber Saul sitzt noch recht gut im Sattel. Zu dieser Zeit hat Saul auch bereits drei erwachsene und herrliche Söhne. Einer dieser Söhne heißt Jonathan, er ist genauso wie seine Brüder auf der Seite des Vaters. Sie kämpfen also mit ihm zusammen. Es kommen dann aber große Misserfolge, und Saul hält diesen Bruch mit Samuel, diese permanente Angst nicht aus. Samuel schleudert ihm auch wirklich schreckliche Worte entgegen. Dazu kommt, dass Saul als Heerführer absolut unerfahren ist. Er kommt mit dem Feind und den vielen Fronten nicht zurecht. Drittens ist es so, dass er einfach nicht zum Helden des Volkes wird.

Samuel hat sich also mit seiner Rolle immer noch nicht abfinden können.

Keinesfalls. Samuel wollte an sich weitermachen wie die so genannten Richter vor ihm: Er wollte, dass alles – Thron und Altar – in einer Person konzentriert blieb.

Er hatte gehofft, dass ihm seine Söhne nachfolgen könnten. Aber das Volk hat bereits klar gesagt, dass seine Söhne nicht viel taugen: Sie waren missraten.

Ja, die Schrift sagt hier ganz deutlich, sie waren misslungen. Wobei es aber so gewesen ist, dass die Söhne eines Propheten nicht automatisch seine Nachfolger wurden.

Nein, aber er hatte sich das erhofft.

Das ist genau wie bei seinem Vorgänger Eli, und insofern hätte er den Ausgang der Geschichte eigentlich kennen müssen. Er selbst ist doch auch nur deshalb zum Richter berufen worden, weil die Söhne des Eli ebenfalls nichts getaugt hatten. Die Kinder der großen Bonzen sind nicht immer wohl geraten. Für die möchte ich jedenfalls nicht die Hand ins Feuer legen.

Es gibt also einen Konflikt zwischen Saul und Samuel, und dann gibt es auch noch die Misserfolge. Was war denn der erste Misserfolg?

Es folgt ein Misserfolg auf den anderen. Wir müssen an dieser Stelle vor allem eine Tatsache zur Kenntnis nehmen, die sich so ganz leise zwischen den Zeilen andeutet: Die Philister und andere kanaanitische Völker beherrschten bereits die Eisenverarbeitung. Die Israeliten hatten jedoch noch keine eisernen Waffen. So stellte sich die Situation damals dar: Eisengerät gegen Pfeil und Bogen. Saul erlitt eine Niederlage nach der anderen. Er verfällt in tiefe Depressionen.

Er bekommt eine Depression und verdüstert zusehends. Dann erhält er aber noch einmal einen ganz großen Auftrag: Es geht zum Kampf gegen die Amalekiter.

Ja, und dieses Mal ist der Auftrag sogar von Samuel.

Samuel sagt ihm, Jahwe habe ihn wissen lassen, dass er die Amalekiter angreifen solle. Sie müssten vernichtet werden, weil ansonsten die Gefahr für die Stämme Israels zu groß sei.

Hier stellt sich die Frage, wer die Amalekiter eigentlich sind. Wenn man die Schrift sehr genau verfolgt und das dann auch ernst nimmt, dann geht dieses Wort zurück auf Amalek in der Wüste in der Geschichte um Moses: Hier findet sich die erste Erwähnung. Amalek ist hierbei das Sinnbild für »das Böse«. Damit ist also nicht so sehr eine Person gemeint, sondern das Böse schlechthin. Es war schon bei Moses eine Frage des Überlebens der Israeliten. Man kann es jedoch auch so verstehen, dass damit ein bestimmter Stamm gemeint ist. Ich neige aber eher der Ansicht zu, dass damit in der ganzen Bibel das Böse schlechthin gemeint ist, gegen das man aufstehen muss.

Dieser Auftrag ist doch sehr konkret: Saul muss genau dieses und jenes machen.

Ja, aber das hat ebenfalls wieder mit dem Eigensinn des alternden Samuel zu tun, er will hier unbedingt das letzte Wort behalten. Er mischt sich also, was er eigentlich nicht machen sollte, in die strategischen Planungen des Königs ein.

Welchen Auftrag gibt er ihm genau?

»Du musst sie alle vernichten.«

Männer wie Frauen und Kinder und Säuglinge.

Ja, er soll alles vernichten.

Er zieht also in den Krieg gegen das Böse, gegen das Volk der Amalekiter.

Und ist zunächst auch siegreich. Der König der Amalekiter, Agag, kommt trotzdem sorglos zu ihm, und Saul sagt sich: »Ich habe doch gewonnen, warum soll ich diesen Mann auch noch umbringen?«

»Warum soll ich denen alle Tiere wegnehmen?«

Genau, das tut er nämlich nicht.

Er ist eigentlich sehr friedfertig: Er schont den König.

Ich weiß das nicht so genau, denn gekämpft hat er gegen diesen König. Ich denke, er wollte damit eher dem Samuel zeigen, wer eigentlich die Oberhand hat. Ich glaube, das hat etwas mit dem Profilierungsdruck zwischen diesen beiden Männern zu tun. So sind Männer nun einmal.

Dies führt dann aber zu einem schlimmen Konflikt.

Samuel kommt angerauscht und schreit, was hier eigentlich los sei. Er sieht von weitem, dass der Krieg zu Ende ist und ein Riesenfest gefeiert wird. Dieser König Agag benimmt sich aber auch sehr undiplomatisch: Er kommt daherstolziert mit seinem Gefolge und angeberischer Arroganz, statt sich ruhig zu verhalten und sich kooperativ zu zeigen. Samuel ist deswegen natürlich außer sich. Hier gibt uns der Text zu verstehen, dass Samuel sagt, Gott hätte dieses Vorgehen gegen die Amalekiter so gewollt, während das in Wirklichkeit nur Samuels Wut entsprang. Martin Buber und andere große Interpreten legen diese Stelle jedenfalls so aus. Samuel sagt doch: »Gott wollte unbedingt, dass dieser König Agag getötet wird!« Samuel bringt daher den König Agag sofort um. Das ist der Bruch zwischen Samuel und Saul: Er hat keine Geduld mehr und stößt dann auch noch die Drohung aus, dass ein anderer kommen werde, der seine, also Sauls Nachfolge antreten werde. So kommt es zur Psychose von Saul. Das lag nicht nur an den großen Schwierigkeiten, sondern auch am Bruch und an der Drohung von Samuel, der Saul nie mehr sehen wollte.

Diese Drohung stößt Samuel ebenfalls mit einem Rückgriff auf Jahwes Willen aus: »Mir hat das Jahwe gesagt! Du hast dich« – und das ist das Erstaunliche – »nicht wörtlich an sein Gebot gehalten!« Ist das nicht sogar ein genereller Konflikt? Der absolute Gehorsam, den Samuel hier einfordert, ist doch etwas Schreckliches.

Man muss sagen, dass es so etwas nach Samuel nicht mehr gibt, denn schon bei David kommen Natan, Gad und andere Propheten vor, die sich nur noch einmischen, wenn etwas Eklatantes passiert wie bei der Geschichte um Batseba. Sie kommen sozusagen nur noch bei Bedarf. Sie mischen sich aber nicht mehr in den Alltag ein. Bei Samuel und Saul war das anders. Die nachfolgenden Propheten anerkennen die

Wichtigkeit von Umkehr und Reue im Falle einer Versündigung und sprechen dem reuigen König die Hoffnung auf Vergebung Gottes zu.

Für Augenblicke ist man hier auf der Seite Sauls und sagt sich: Der ist doch gnädig gegenüber dem Besiegten gewesen. Aber dieser Seher oder auch Prophet fordert einen regelrechten Kadavergehorsam ein. Ist das eigentlich noch nachvollziehbar?

Es ist eben so, dass Samuel nicht aufgeben möchte. Er möchte das bleiben, was er bis dahin war: Seher und Richter gleichzeitig, in Personalunion. Die Existenz eines Sehers und eines Königs nebeneinander tut ihm weh. Das ist neu, und das will er eigentlich nicht.

Samuel ist aber dennoch immer die Brücke zu Jahwe.

Trotzdem möchte er die Macht für sich alleine haben. Er will keinen König, darum geht es doch.

Warum aber lässt Jahwe Samuel nicht fallen?

Er verliert letztendlich doch, denn es fängt in der Tat mit Saul eine neue Ära an.

Zunächst aber sagt Samuel zu Saul …

… dass ein neuer, ein besserer König kommen wird.

Er sagt zu ihm: »Jahwe hat dich verworfen. Du bist nicht mehr würdig, König zu sein. Er hat seine Hand von dir genommen, ein anderer wird kommen. Denn Gott hat sich schon einen anderen ausgesucht.«

Ja, Samuel ist richtig wutschnaubend.

Saul bleibt aber zunächst einmal König, während Samuel bereits auf den neuen, den kommenden Mann zugeht.

Das weiß aber Saul nicht. Dieses Drama spitzt sich also langsam zu. Wir Leser ahnen natürlich schon einiges. Zunächst einmal werden die Jugendgeschichten Davids erzählt. Er ist der achte, der unbedeutende Sohn seiner Familie. Aber er wird von Anfang an ebenfalls als sehr groß geschildert, und vor allem als blond und blauäugig. Das ist im Orient natürlich eine Sensation. Heutzutage gibt es viele Drusen, die blond und blauäugig sind als Erbe der Kreuzritter. Es gibt am Karmel sogar noch bis heute französische Sprachreste. Ich weiß jedenfalls nicht, woher David dieses Aussehen hatte. Er ist jedenfalls sehr schön und erfolgreich. Er wird am Königshof auch sofort angestellt, denn die Psychose des Königs Saul wird so schlimm, dass nur noch Davids Musik ihm hilft. Das ist doch für damalige Zeiten recht ungewöhnlich: Der König kann sich nur bei Musik beruhigen.

Berater am Hof fragen sich, was sie tun können, um den König aufzuheitern.

Dass sie darauf gekommen sind, ist doch ziemlich erstaunlich. Es kommt in dem Zusammenhang ein Instrument vor, das Kinor heißt. Die einen übersetzen das als Geige, die anderen als Harfe. Die meisten Maler malten David mit der Harfe. Ich glaube, dass es weder eine Geige noch eine Harfe war, denn das Instrument Kinor ist das gleiche Instrument, das schon auf der vierten Seite der Bibel im Buch Genesis erwähnt wird: Der erste musisch begabte Mensch, Juval, spielte ein Kinor. Das wird vermutlich irgendein Blasinstrument gewesen sein, ein Ast mit ein paar Löchern drin etwa. Oder aber sie haben damals schon irgendwie per Zufall verstanden, aus den Därmen der Schafe ein Instrument herzustellen. Heute werden noch die Saiten der guten Geigen aus Tierdarm hergestellt. Kinor wird also auf jeden Fall irgendein primitives Instrument gewesen sein. Genau dieses Instrument zu spielen, war die Spezialität von David. Die Mystiker erinnern daran, dass das Wort »Kinor« dem Wort »Kinneret« vergleichbar ist. Kinneret wiederum ist der Tiberias-See: Er hat die Form eines Klangkörpers dieses alten orientalischen Instruments namens Oud. Die Kabbalisten sagen, dass in bestimmten Mondnächten der Kinneretsee herrliche alte Musiken spielt. David wird also an den Hof berufen, weil er dieses Instrument so gut spielen kann.

Er scheint ein Meister auf diesem Instrument zu sein.

Und er hat auch Erfolg. Es folgt dann dieser schreckliche Satz, der doch jeden Mann in der Lebensmitte – das ist auch so ein Begriff, denn was ist denn eigentlich die Lebensmitte genau? – zutiefst ärgern würde. Es heißt nämlich: Die Frauen liefen dem Saul zu Tausenden nach, dem David aber zu Abertausenden. Etwas Ärgeres kann man doch einem Mann nicht antun! Stellen Sie sich das doch mal vor!

Na gut … Er erheitert also Saul, der immer noch der Gesalbte Gottes bleibt.

Aber der doch schon ahnt, was nun kommt. Es kommen jedenfalls furchtbare Probleme auf ihn zu.

Was hat denn Saul eigentlich verbrochen? Ich zumindest frage mich das die ganze Zeit schon: Wieso wird er so in die Enge getrieben?

Ich glaube übrigens, dass das gar nicht von Gott so bestimmt ist. Wie kommen Sie darauf, dass er etwas verbrochen hat? Nein, wenn Sie das sagen, dann sind Sie quasi ein »Samuelist«. Ich glaube also, dass es nicht um Verbrechen geht, und wir werden das nachher auch noch sehen in der großen Szene, in der er den toten Samuel trifft. Allerdings ist Saul ganz irdisch einfach nicht in der Lage, diese Last zu tragen: So einfach ist das. Es kommen derartige Kriege und Probleme intern und extern auf ihn zu, dass es dazu einer bestimmten Kraft bedarf. Er aber kann das nicht leisten.

Man kann natürlich auch sagen, dass der Schreiber des Buches Samuel diese ganze Geschichte im Grunde genommen auf David hin ausgerichtet und orientiert hat.

Ich versuche das ganz nüchtern zu betrachten. Es gibt schwere Probleme, die gelöst werden müssen, aber Saul verliert die Hoffnung und die Selbstsicherheit, dies bewältigen zu können. Vor allem fühlt er sich, und das ist nun einmal in solchen Fällen häufig so, von Verrätern und unzuverlässigen Leuten umgeben. Es kommt sogar so weit, dass er dieses Misstrauen auch gegenüber dem eigenen Sohn entwickelt. In dieser ganzen Gruppe von Menschen ist mir dieser Jonathan, der Sohn Sauls, sehr sympathisch. Er kämpft zunächst für den Vater und ist überall in vorderster Linie mit dabei: Er ist 100 Prozent zuverlässig und quasi ein Gentleman. Aber Saul traut nicht einmal mehr Jonathan. Er traut niemandem mehr – und das ist krankhaft.

Zunächst einmal empfindet er David als einen sehr attraktiven Tröster und sehr erfolgreichen Heerführer.

Ja, aber er wird ihm dann zu erfolgreich, besonders seit der Geschichte mit dem Riesen Goliath.

Saul muss sogar erkennen, dass Jonathan ins Lager von David überwechselt. So entsteht auch noch ein Konflikt zwischen Vater und Sohn.

Ich habe über diese Sache mit Jonathan viel nachgedacht. Jonathan hat zunächst einmal total im Lager seines Vaters gestanden und war auch sein designierter Nachfolger. Ich glaube aber, dass Jonathan dieser Situation nicht gewachsen war, und er hat sich dabei selbst richtig eingeschätzt. Das ist der Unterschied zu Saul, denn Saul konnte das nie. Es kommt auch mit Jonathan zu einem Bruch. Ich werde gelegentlich von Feministinnen und auch von Freimaurern immer wieder gefragt, ob David und Jonathan homosexuell gewesen seien. Ich möchte deutlich sagen, dass ich nicht glaube, dass David und Jonathan homosexuell waren – und ich habe dazu noch viele andere außer den kanonischen Quellen studiert. Das waren sie meiner Meinung nach bestimmt nicht! Diese Behauptung stützt sich auf die herrliche Eulogie, die David auf Jonathan gesungen hat, und auf die vielen guten Worte, die sie einander gegeben haben.

Wobei dies keine Rolle für die Geschichte spielen würde.

Das spielt schon eine Rolle. Im Mittleren Osten hätte das damals eine große Rolle gespielt: Das wäre nicht so einfach durchgegangen. In Persien war es zwar damals gängig, dass man nebenher Lustknaben als Gespielen hatte, aber im alten Israel war dem nicht so. Es gibt auch keinen Grund, dies anzunehmen. Es ist aber sehr wohl anzunehmen, dass es damals sehr tiefe Männerfreundschaften gegeben hat, die etwas anderes darstellten als das, was wir heute mit hämischem Unterton so bezeichnen. Es gab also oft Männerfreundschaften, in denen ein tiefer Gedankenaustausch gepflegt wurde: So war es eben auch bei David und Jonathan. Jonathan hat jedenfalls in kluger Selbsterkenntnis gemerkt, dass er zur Königsnachfolge nicht imstande war. Dieses aufmüpfige Volk, diese zerstrittenen Stämme vereinigen und zugleich gegen diese furchtbaren Herausforderungen von außen angehen, das konnte er nicht. David dagegen spürte: Ich mach' das! Ich kann das! Darum geht es bei dieser Geschichte. David hatte eben ein enormes Selbstbewusstsein und war erfolgsverwöhnt.

In der Zwischenzeit stirbt Samuel und ist somit aus dieser Geschichte entlassen.

Ich sehe Jonathan so ähnlich wie damals den Herzog von Windsor in England. Man muss das heutigen jungen Menschen irgendwie mit Beispielen aus der Jetztzeit näher bringen. Der Herzog von Windsor hatte wegen einer geschiedenen Frau auf den Thron von England verzichtet. Ich glaube, dass er diese Frau nebenher auch hätte haben können. Ich glaube, dass das nicht der eigentliche Grund dafür war, dass er 1936 auf die Krone von England verzichtet hat. Nein, er wollte diese Nachfolge nicht antreten! Als offizieller Grund wurde dann eben die Frau angegeben. Dass jemand eine Nachfolge nicht antreten will, hat es in Europa in der Geschichte schon oft gegeben. Ich glaube also, dass auch Jonathan die Nachfolge nicht wollte. Er schließt daher mit David einen Bund und sagt zu ihm: Du kannst es besser als ich, ich will mit dir kooperieren. Was dieses wiederum für seinen Vater bedeutete, kann man sich sehr gut vorstellen.

Der Vater verzweifelt also immer mehr und sucht dann das Heil in ganz seltsamen Praktiken. An dieser Stelle müssen wir daher auch über die so genannte Hexe von Endor sprechen. Während seiner Regierungszeit hatte er versucht, die magischen Praktiken abzuschaffen.

Ja, mit großem Aufwand.

Er wollte die Rituale, die überall praktiziert wurden, zurückdrängen.

Es gab Schamanen, alle möglichen Kräuterweiblein und dergleichen. Ich glaube übrigens, dass wir uns heute in der Bundesrepublik im Hinblick auf Esoterik in einer ähnlichen Situation befinden. Ich möchte aber, wenn Sie mir das gestatten, eine kleine Korrektur anbringen. Es handelt sich bei dieser Frau aus En-Dor nicht um eine Hexe, denn die deutsche Übersetzung mit dem Wort »Hexe« hat etwas mit diesem Hass der mittelalterlichen Kirche gegenüber klugen

Frauen zu tun. Eine kluge Frau ist da ganz schnell zu einer Hexe gemacht und dann verbrannt worden.

Damit hat diese Stelle in der Bibel jedenfalls gar nichts zu tun.

In der Übersetzung wird diese Frau eben als Hexe bezeichnet, aber das stimmt nicht. Sie war ganz bestimmt eine sehr kluge Frau, und diese Szene mit Saul ist sehr aufschlussreich. Saul ist also völlig verzweifelt, die Philister sind siegreich und stehen quasi vor der Haustür. Man muss sich das vorstellen: Sie waren von der Ebene bis hinauf in das Bergland gekommen. Er ist also verzweifelt, und weil er der König von Israel ist, ist er natürlich auch verantwortlich. Er geht daher in der Nacht zu dieser Frau.

Er geht sogar verkleidet hin.

Ja, denn er kann ja nicht sagen, dass er Saul sei, wenn er sie und ihre Tätigkeit doch eigentlich verboten hatte. Sie erkennt ihn zunächst auch nicht. Er sagt zu ihr, sie solle ihm jemanden aus dem Nichts, aus dem Nirgendwo rufen. In der Kabbala, in der Mystik, habe ich nachgelesen, in welchem Augenblick eigentlich diese Frau erfasst, wen sie da vor sich hat und dass es Samuel ist, den er sich herbeiwünscht: Als nämlich die Gestalt aus dem Nichts kommt, als sie mit dem Kopf voran aus diesem Nichts auftaucht – das ist fast wie in Goethes »Faust« mit Lärm und Farben und viel Donnerwetter –, ist sie ganz außer sich. Sie bekommt Angst, denn jetzt weiß sie, dass der Mann, der vor ihr steht, König Saul ist. Warum ist das so? Wenn Gestalten aus der Unterwelt gerufen werden, dann kommen sie, so sagt die Mystik, normalerweise mit den Füßen voran nach oben. Gestalten von größerer Bedeutung aber erscheinen aufrecht mit erhobenem Kopf.

Samuel kommt also mit dem Kopf zuerst nach oben. Saul sagt: »Ruf mir den Samuel herbei!«

Sie weiß dann also, dass das Saul ist. In dieser schrecklichen Begegnung kommt aber noch ein weiterer interessanter Aspekt zu Tage: Samuel vergibt ihm nämlich, indem er sagt: »Ja, es ist nichts mehr zu machen, das ist das Ende, aber morgen bist du bei mir.« Das ist doch ein kleiner Trost: Es ist ihm vergeben. Er kommt eben nicht morgen in die Hölle und wird dort verbrannt, sondern er kommt zu ihm in den Himmel.

Er sagt ihm ganz klar: »Du wirst untergehen, es ist aus.«

Das Neue ist aber eben dieser kleine Nebenton: »Du kommst morgen zu mir.« Die Ausleger sagen daher, er vergibt ihm damit. Die Frage ist natürlich, was in diesem Haus in En-Dor eigentlich passiert ist. Man kann annehmen, dass Drogen im Spiel waren. Sie hatten damals sicherlich bereits Wissen um Drogen. Die Indianer wussten auch Verschiedenes auf diesem Gebiet. Das sind also alles Halluzinationen.

In dieser Geschichte gibt es einige Konfrontationen mit David.

Diese ereignen sich aber längst vor En-Dor. Es fängt damit an, dass Jonathan der beste Freund von David ist. So lange Jonathan noch am Hof von Saul ist, warnt er David immer wieder rechtzeitig. Er schließt also mit ihm ein Bündnis und sagt: »Du wirst der König werden nach meinem Vater. Ich will nämlich nicht, ich will nur dein Stellvertreter sein.« Das ist auch ein schöner und guter Plan, aber die Geschichte der Auseinandersetzungen wird immer ärger. Saul hatte in einem seiner Wutanfälle gesagt, dass David seine älteste Tochter Merab zur Frau bekäme, wenn er für ihn 100 Philister tötet.

Er hat genauer gesagt, er solle ihm 100 Vorhäute von erschlagenen Philistern bringen.

Ich wollte das hier nur nicht so deutlich sagen. David sagt: Das mache ich mit links, ich bringe dir gleich 200. So waren damals die Zeiten. Der König von Ammon hatte gesagt, er möchte von jedem feindlichen Soldaten das rechte Auge haben. Der Text an dieser Stelle ist ein bisschen konfus. Manche Ausleger sagen, David hätte beide Töchter bekommen. Aber alles in allem ist es doch so, dass die große Tochter Merab David nicht geliebt hat und schließlich auch mit einem gewissen Adriel verheiratet wurde. Die jüngere Tochter, die Michal aber liebt David unsterblich. Sie liebt ihn wirklich, und David heiratet sie dann auch. Saul verfolgt ihn weiter, obwohl er zu seinem Schwiegersohn geworden ist. David hatte die Philister getötet und die Bedingungen erfüllt. Saul hatte hingegen gehofft, dass David dabei ums Leben kommen würde.

Er sucht jede Gelegenheit, um ihn ins Verderben zu schicken.

Auch beim Musizieren kommt es zu einer solchen Szene. David spielt wundervoll und Saul beruhigt sich dabei. Aber plötzlich kommt der böse Geist, eine schlechte Stimmung erneut über ihn. Er wirft den Speer gegen David. Es wird dabei auch immer wieder erwähnt, dass nur der König selbst Schwert und Speer hat, denn das Eisen ist knapp.

Kommen wir noch einmal zur Tragödie um die Michal zurück. Michal liebt also diesen schwierigen Mann David sehr. Eines Tages schickt Saul Häscher in die Wohnung seiner eigenen Tochter, um dort David verhaften zu lassen. Sie ist völlig zerrissen zwischen der Treue zum Vater und der Treue gegenüber dem Mann. Damals war es noch nicht so, dass man sich, wie heutzutage, um die Eltern nicht geschert hat. Aber sie steht dann doch ganz eindeutig zu ihrem Mann.

Warum?

Sie entscheidet sich für den Mann und sagt daher in dieser wunderschönen Szene den Häschern, dass ihr Mann nicht da sei, während sie ihm zur Flucht verholfen hatte. Mich erinnert das an die Gestapo und ihre Kontrollen. Sie zeigt ihnen die Wohnung, und im Bett von David liegt tatsächlich eine Gestalt.

Eine maskierte Puppe.

Nein, das ist keine Puppe, sondern das sind die Terafim, die Hausgötzen. Das ist das gleiche Motiv wie bei Rahel damals in der Geschichte um Jakob: Sie hatte von ihrem Vater Laban zur Sicherheit ebenfalls diese Terafim mitgenommen. Das war so nach dem Motto: Wir glauben jetzt zwar an diesen neuen Gott und sind eigentlich Monotheisten, aber man kann eben nie sicher sein. Doppelt genäht hält jedenfalls besser. In Brasilien, wo man doch so super-katholisch ist, habe ich das auch kennen gelernt. In der Weihnachtsnacht geht man nach der Messe an die Copacabana und betet dort die Meeresgöttin an, indem man ihr ein Huhn opfert.

Dort geht es wirklich hin und her zwischen der Marienverehrung und der Meeresgöttin. David wird also gerettet.

Er flieht und geht zu den Philistern, dem Erzfeind. Das ist eine alte Sache, die immer wieder vorkommt in der Geschichte. Wo kann man sich am besten verstecken? Wo würde der Verfolger gar nicht auf die Idee kommen zu suchen? Beim Erzfeind! Er geht also zum König von Gat, und dessen Wesire sagen sofort zum König: »Was? Lass die Finger von ihm.« David stellt sich aber, Schauspieler, der er ist, als verrückt dar. Er kommt vor den König und spielt den Verrückten und bittet um Asyl. Das Asyl war aber im ganzen Orient etwas Heiliges. Der König sagt daher zu seinen Wesiren: »Was macht ihr für Panik? Der Mann ist doch meschugge!« Dieses Wort »meschuga« kommt wörtlich vor: Davon stammt dieses Wort in der Tat ab. »Lasst ihn doch, ein Meschuggener mehr oder weniger spielt doch keine Rolle.« David kann also bleiben, und weil er so ein großer

Charmeur ist, weiß er auch diesen König zu umgarnen. Dieser gibt ihm dann sogar eine kleine Stadt namens Ziklag. Dort versteckt sich David eine Weile. Er hält es aber nicht lange aus dort, weil erneut ein Krieg ausbricht und zur Attacke geblasen wird.

Die Philister wollen wieder hinauf, in Juda einfallen. Sie möchten natürlich herausfinden, ob er dabei mitkommt. Das tut er aber nicht, so weit geht er nicht. Er bricht also aus und haut ab. Er kommt nach Haifa auf den Berg Karmel, hat aber nichts zu essen für seine 400 Leute, und so wird er zu einer Art Freibeuter. Saul verfolgt ihn dabei die ganze Zeit. Es kommt dann zu der berühmten Szene, als David auf die Armee von Saul trifft. Saul verrichtet gerade, wie damals üblich, in einer Höhle seine Notdurft. Das muss man als König ja auch manchmal machen.

Bei dieser Gelegenheit hätte David Saul leicht ermorden können, denn er selbst hatte sich, von Saul unbemerkt, in der Höhle versteckt.

Ja, Saul weiß nicht, dass David in genau dieser Höhle ist.

Er bringt ihn jedenfalls nicht um, sondern schneidet heimlich ein Stück seines Gewandes ab.

Damit er einen Beweis hat.

Hier geht es also wieder darum, dass man den Gesalbten des Herrn nicht umbringt. So sagt es David dann auch.

Das ist also auch ein Stück Feindesliebe.

Aber schließlich kommt Saul dann doch um.

Das hat jedoch nichts mit David zu tun.

Richtig, aber Saul geht regelrecht unter.

Im weiteren Verlauf der Geschichte tauchen dann Motive auf, die wir auch sonst aus der Weltgeschichte kennen. Es kommt zu dieser großen Schlacht am Berg Gilboa. Hier gibt es sogar das Motiv, dass der Überbringer der schlechten Nachrichten sofort getötet wird. David lässt ihn umbringen. Wie Saul aber gestorben ist, ist natürlich schon sehr beeindruckend: mitten an der Front am Berg Gilboa. Hinterher hat dann auch David eine Ode auf Saul verfasst, die bis heute zitiert wird: »Ihr Berge von Gilboa, nicht wert seid ihr's, dass Regen euch benetze ...«

Das ist eine der schönsten Oden in der ganzen Bibel. David, der Verfolgte, beklagt den Tod seines Verfolgers, des Gesalbten des Herrn.

Er selbst hätte ihn auch töten können, was er aber nicht getan hat. Man kann andererseits natürlich auch sagen, dass sich David seiner Sache eben sehr sicher war. Er war ein zielbewusster Mann. Es kam also an diesem Berg Gilboa zur großen letzten Schlacht des Saul.

Auch dies ist erneut kein Aggressionskrieg im Zuge der so genannten Landnahme. Nein, die Frage ist vielmehr: Was haben die Philister eigentlich am Berg Gilboa verloren? Gar nichts. Sie waren vom Mittelmeer, also von weit entfernt, bis nach Gilboa auf 1500 Meter Höhe zum Angriff hinaufgestiegen. Diese Schlacht verliert Saul, und dabei kommen auch seine drei Söhne einschließlich Jonathan ums Leben. Saul sieht, dass die Sache verloren ist, und sagt daher zu seinem Diener: »Bring' mich um!« Dieser antwortet aber: »Das mache ich nicht.« Daraufhin versucht Saul Selbstmord zu begehen, indem er sich in sein eigenes Schwert stürzt, um der Misshandlung durch die Feinde zu entgehen. Er ist jedoch nicht sofort tot. Er stellt sogar noch selbst eine Diagnose. Es kommt dann aber ein Amalekiter des Weges und diesen bittet Saul dann, er solle ihm den »Rest geben«. Der Amalekiter macht das auch. Dieser Mann rennt dann freudestrahlend zu David und meint, er könne sich mit dieser Nachricht bei ihm lieb Kind machen. David lässt ihn aber sofort umbringen. Die Philister lassen, wie damals eben üblich, den Kopf von Saul und die Köpfe seiner Söhne im ganzen Philisterland herzeigen. Seinen Körper hängen sie dagegen an die Mauern von Bet-Schean. Die Leute von Jabesch-Gilead, die Benjaminiten von jenseits des Jordans, sehen darin aber eine ungeheure Demütigung und Herausforderung. Sie holen die Leichen Sauls und seiner Söhne herunter und beerdigen sie. Ein kleines Denkmal möchte ich hierbei am Schluss noch einer Konkubine von Saul errichten: Rizpa stellt sich auf den Berg und verjagt die Geier von den Leichen der Söhne, bis sie begraben werden. Solche Frauen verherrlicht die Bibel.

Er erhält am Schluss doch noch eine richtige Beerdigung: Er wird verbrannt und seine Knochen werden beerdigt. Das Königtum geht danach auf David über.

Haman –
Der Judenfeind

Haman ist einer der biblischen Schurken, der, wenn man so sagen darf, es sogar zu einem jüdischen Sprichwort gebracht hat: »Hängt ihn so hoch wie den Haman«, das bedeutet, diese Person muss vernichtet werden bzw. er ist vernichtet, weil er ein ganz, ganz schlimmer Mensch ist. Wir werden deswegen aber nicht nur über Haman zu reden haben, sondern auch über ein paar andere Gestalten, die um ihn herum am persischen Hof des Artaxerxes tätig waren. Es wird also auch um die grandiose Figur der Ester und um Mordechai, ihren Onkel, gehen. In welche Situation blicken wir bei dieser Geschichte? Im Jahr 480 vor Christus fand die Schlacht von Salamis statt. Hat Artaxerxes diese Schlacht verloren, obwohl er Herrscher über 127 Provinzen war? Es gab damals ein mächtiges persisches Reich, in das eben auch die jüdische Geschichte hineinspielte.

Ich freue mich ganz besonders darüber, heute über diesen Haman sprechen zu können, denn die Geschichte klingt zunächst einmal recht einfach, aber sie hat doch eine ganz große Tiefe. Das ist so wie bei den großen Märchen der Brüder Grimm, die ebenfalls im Grunde genommen einen ernsten Hintergrund haben. Wir gehen also jetzt zurück in dieses Reich, dessen Zentrum in etwa im heutigen Persien liegt. Laut der hebräischen Quelle hat sich damals dieses Reich von Indien bis Kusch erstreckt, also etwa bis Abessinien. Interessanterweise ist es so, und das möchte ich aus aktuellen Gründen gleich hinzufügen, dass ich in der Septuaginta, der Übersetzung der Bibel in Alexandria ungefähr aus dem Jahr 250 vor Christus, im Buch Ester Spannendes gefunden habe, und zwar einen Hinweis auf Makedonien. Denn unser Haman erscheint in dieser Geschichte drei Mal: einmal unter dem Namen Haman, zweitens unter dem Namen Memuchan und drittens unter dem Namen Memukan. Dieser Memukan könnte sehr leicht aus Makedonien stammen. Das könnte ein Hinweis auf Alexander von Makedonien, also auf Alexander den Großen sein und dessen Krieg, der den ganzen Mittleren und sogar Ferneren Osten auf den

Kopf gestellt hatte. So modern ist also diese Geschichte, die wir hier behandeln. Es ist zwar nichts wörtlich zu beweisen, hat aber solche psychologischen Facetten und Abgründe an sich, dass es mir wichtig scheint, darüber zu reden und aus Abschreckungsgründen den Menschen davon zu erzählen.

Haman ist ein mächtiger Mann am Hof des Königs Achaschwerosch, wie ihn Luther übersetzt und wie er wohl auch in der Bibel so geheißen hat. Er ist ein mächtiger Mann mit einer delegierten Macht. An diesem Hof gibt es seltsamerweise aber auch Juden: Wie kommen denn die Juden an diesen persischen Hof?

Erstens ist es so, dass Haman – wie das heute häufig auch der Fall ist – nur nach außen hin ein starker Mann ist. Nach innen ist er hingegen völlig zerfressen: Er ist eigentlich schwach und, wenn es sie damals schon gegeben hätte, reif für eine Analyse. Wie kamen damals die Juden dorthin? Das ist einfach und auch historisch belegbar. Das hat mit dem großen Krieg der Babylonier gegen Jerusalem aus dem Jahr 586 vor Jesus zu tun. Danach folgte eben die berüchtigte 70-jährige »babylonische Gefangenschaft«: Sie findet dort in diesen Ländern statt. Die Überlebenden des Krieges wurden von Jerusalem nach dort deportiert, während am Mittelmeer durch die Babylonier andere Menschen angesiedelt worden sind. Heute nennt man das »ethnische Säuberung«. Von diesen Juden, die königstreue Juden aus dem Haus Juda waren, blieben aber viele später freiwillig in Babylonien. Von Jeremia kennen wir doch dieses schöne Zitat »Suchet der Stadt Bestes!«. Als nämlich die Perser unter dem König Cyrus nach dieser 70-jährigen Gefangenschaft, nach ihrem Sieg über Babylonien den Juden die Freiheit gaben, damit sie in ihr kleines Land am Mittelmeer zurückkehren konnten, gingen nicht alle zurück. Man hat eben in der Zwischenzeit »der Stadt Bestes gesucht« und Wurzeln geschlagen. Kinder dieser Leute sind Mordechai und Ester. Sie haben sich inzwischen etabliert und sind auch integriert. Das kann man leicht an ihren Namen nachweisen. Bei ganz orthodoxen Juden darf ich das gar nicht laut sagen, aber es ist schon so, dass der Name »Mordechai« recht deutlich auf »Marduk« hinweist.

Das ist der Gott Marduk, und nicht Jahwe.

Ja, natürlich. Mich selbst regt das aber überhaupt nicht auf, denn meine Vorfahren, die Juden in Deutschland, hießen auch Siegfried, Siegmund, Gudrun usw. und waren treue Juden und begeisterte Deutsche.

Man hat also einfach den damals üblichen Namen genommen.

Ja, aus Liebe und Integrationswillen. Die Leute waren damals schon über drei, vier Generationen freiwillig dort ansässig geblieben. Sie waren um das Wohl des Landes bemüht. Der Name »Ester« erinnert übrigens deutlich an die Göttin Astarte, »die Verborgene«. Nun kommen wir zum Namen »Haman«: Manche Forscher sagen, dass das auf den Namen Oman zurückgeht, also auf einen Namen, der bis heute ein orientalischer Name ist. Die wesentlichen Interpreten sagen aber, dass er auf makedonische Wurzeln zurückgeht.

Die Bibel steigt in die Geschichten immer mit kräftigen Szenen ein, wenn ich das so sagen darf. Auch im Buch Ester ist dies so. Am Hof ergibt sich eine höchst überraschende Situation. Der König will seine Königin den versammelten Fürsten zeigen und sich mit dieser schönen Frau schmücken.

Insgesamt ist das wirklich ein Buch für Frauen. Auch das Purimfest ist, wie es im Text heißt, ein besonderes Fest für die jüdischen Frauen. Die Tradition sagt auch noch Folgendes: Wenn eines Tages der Messias kommen wird, dann werden die meisten Feste aufgehoben werden, denn die Hoffnung auf den Messias wird sich dann erfüllt haben. Eine Ausnahme wird das Purimfest sein, das auch dann noch weiterhin bestehen wird.

Kommen wir also zu diesem Text. Haman wird von Anfang an als Schwächling gezeichnet, obwohl er eine große Machtfülle hat. Mir fällt auf, dass König Achaschwerosch jedenfalls ganz deutlich als Schwächling dasteht, Haman hingegen als verdeckter Schwächling. Ich bitte es zu entschuldigen, aber ich möchte an dieser Stelle doch auch ein bisschen Humor einbringen. Sie kennen vielleicht folgenden Witz: Ein evangelischer Pfarrer hält eine Predigt, die im Kirchenvorstand sehr umstritten ist. Eines der Mitglieder des Kirchenvorstandes sagt sogar: »Die finsteren Mächte hinter unserem Pfarrer machen mir Sorgen!« Der Pfarrer sagt daraufhin aufbegehrend: »Lassen Sie bitte meine Frau aus dem Spiel!« Falls sich wegen dieses Witzes jemand verletzt fühlen sollte, bitte ich gleich um Entschuldigung. Aber in unserer Geschichte geht es eben auch so zu: Die finstere Macht hinter Haman ist seine Frau, die uns recht deutlich geschildert wird. Das ist die Madame Seresch: Sie übt keinen guten Einfluss auf ihren Mann aus. Erst hetzt sie ihn auf, stichelt und stachelt, und als die Sache dann schief geht, sagt sie zu ihm: »Ich hab's ja immer gewusst!«

Haman ist jedenfalls ein Ratgeber des persischen Königs, und er ist auch beteiligt an der Verstoßung der Königin. Worum geht es denn in dieser ersten Situation im Buch Ester?

Es findet also ein riesiges Jubiläumsfest statt. Es kommt auch hier wieder einmal die berühmte Zahl Sieben vor. Es gibt sieben Tage lang ein Fest, sieben Wesire sind anwesend, die das Kabinett darstellen. Anwesend sind des Weiteren sieben Bodyguards, Ester hat sieben Hofdamen. Dies geht so weit, dass das Fest in einem Reich von 127 Staaten stattfindet. Die Zahl 120 ist in der jüdischen Tradition bekanntlich eine Zahl, die immer wieder vorkommt: So wünscht man sich gegenseitig, man möge 120 Jahre alt werden, was nur heißt, man wünscht sich ein hohes Alter. An diese Zahl 120 wird nun auffälligerweise die Zahl Sieben angehängt. Möglicherweise mag es ein verdeckter Hinweis auf Zarathustra sein. Dieses Fest findet also statt. Der König hat selbstverständlich einen Harem. In allen orientalischen Geschichten spielt der Harem eine große Rolle. Waschti ist jedenfalls die Hauptfrau des Königs. Der König ist in dieser Szene zweifellos betrunken. Die Getränke spielen überhaupt eine große Rolle, denn auch bei Haman kommen sie immer wieder vor. Bei ganz vorsichtigem Lesen habe ich darüber hinaus festgestellt, dass in dieser Geschichte auch Drogen eine Rolle spielen mögen. Das orientalische Wort »Assasin« etwa, also Attentäter, hat auch zum Wort »Haschisch« eine Verbindung. Leider Gottes muss man annehmen, dass heutige Selbstmordattentäter vor ihrem Attentat möglicherweise ebenfalls Drogen zu sich genommen haben. Die Leute um Haman herum sind also bei diesem Fest alle ein bisschen »high«, wie man heute sagt. Das ist der Hintergrund, den wir bedenken müssen, um zu verstehen, warum der König nun plötzlich ein Striptease von der Waschti verlangt. Haman unterstützt das natürlich sofort. Er ist wirklich ein Fähnchen im Wind. Dieses Ansinnen ist aber eine kolossale Schande, weil Waschti eine alternde Königin ist. Das war und ist das Problem jeder älteren Frau damals und heute. Jetzt gibt es immerhin die Möglichkeit des Liftens und alle diese Schönheits- und Wellness-Farmen. Waschti bewies aber großen Mut und verweigerte sich ganz einfach. Haman tritt dann aber gegen sie auf und ist dabei richtig frech, statt das elegant zu glätten und z. B. vorzuschlagen, nun zu staatspolitischen Angelegenheiten überzugehen. Das ist Haman, der Intrigant! Er geht zu einer Aufbauschung sondergleichen über. Er sagt, dass ihr Ungehorsam ein Affront gegen alle Männer sei.

Er sagt, es könne einfach nicht sein, dass sich eine Frau weigere, wenn ein Mann etwas von ihr will.

Dies ist dann auch nicht mehr nur ein Konflikt zwischen der Königin und dem König, sondern mehr: »Nein«, sagt nämlich Haman, »das geht auch mich mit meiner Seresch daheim etwas an! Wohin kommen wir Männer denn, wenn sich nun auf einmal die Weiber weigern und verweigern?« Es gibt in der Weltliteratur, zum Beispiel bei Lysistrata, genügend Stellen, an denen gesagt oder angedeutet wird, dass sich die Frauen verweigern könnten. Dagegen sind unsere heutigen Feministinnen direkt zahm. Waschti verweigert sich also, und Haman ist der massive Antreiber in dieser Geschichte, denn der König selbst hätte ihr bestimmt verziehen. Haman hetzt gegen sie. Am Hof gibt es ein kolossales Intrigenspiel, so wie wir das überhaupt von den orientalischen Höfen kennen. Die Wesire kämpfen alle untereinander. Die Bediensteten der Regierung sind übrigens alle kastriert: Sie sind Eunuchen. Daran kann man erkennen, wie eng die Grenzen des Vertrauens damals waren: Man hat niemandem über den Weg getraut. Auch die Leute später um Ester herum, der Verantwortliche für den ganzen Harem, der Verantwortliche für die Neuzugänge: Das waren alles Eunuchen. Etliche von denen verliebten sich dann aber in Ester, und so ist das im Grunde genommen eine tragische Geschichte.

Waschti wird also verstoßen.

Aufgrund der Intriganz von Haman.

Ja, denn er bastelt sozusagen daran, einen Erlass für das ganze Land herauszugeben: »Dieser Vorfall kann nicht hingenommen werden. Frauen haben den Männern grundsätzlich zu gehorchen!«

In jeder Hinsicht. Und daher natürlich auch im Privatleben.

Dann wird gesagt, der König brauche einen Harem.

Ja, der König ist schwach.

Dieser Harem muss aufgefrischt werden, und so suchte man einige schöne neue Jungfrauen, die man ihm dann vorführte.

Hier habe ich beim Wiederlesen leise und müde lächeln müssen, ohne dass ich damit natürlich heutige reale Personen irgendwie beleidigen möchte. Es wird jedenfalls geschrieben, dass eine bestimmte Zeitspanne vergeht, nachdem die Waschti verstoßen ist. Unmittelbar im Anschluss daran stehen dann so ungefähr die gleichen Worte, die auch unser Altpräsident Herzog öffentlich der Zeitschrift »Bunte« gegenüber geäußert haben soll: »Ja, es wurde mir sehr einsam nach einem halben Jahr.« Es steht in der Bibel wörtlich, dass eine Weile nach der Verstoßung von Waschti dem großen König Achaschwerosch einsam und traurig wurde. Hier kommt dann erneut der Haman ins Spiel, der sagt: »Das macht nichts. Das spielt keine Rolle. Wir können Ersatz finden für sie!«

Ja, da soll quasi eine Ausschreibung gemacht werden, auf die sich dann hoffentlich genügend Frauen melden werden.

Genau, so ist es geschehen, so ist es diesem großen König gegangen. Man kann auch feststellen, dass – Anwesende selbstverständlich ausgenommen – ältere Männer eben unselbstständig sind, wenn sie ihre Frau verlieren, selbst dann, wenn sie Könige sind. Der Fall liegt ganz anders, wenn der Mann zuerst stirbt.

Haman hat sich jedenfalls in den Vordergrund geschoben. Er war der Intrigant. Der König meinte nämlich, er würde von ihm gut beraten werden. Ester, die Jüdin, die Nichte von Mordechai, wird schließlich Königin. Sie sagt dem König jedoch nicht, dass sie Jüdin ist.

So einfach ist die Sache nicht, wenn ich das hier sagen darf. Der Mordechai spielt hier die Rolle eines verdeckten Ermittlers, quasi eines V-Mannes, eines modernen Agenten.

Mordechai ist im Gegensatz zu Haman bescheiden und bleibt im Hintergrund, leistet dabei aber gute Arbeit, denn er deckt während dieser Tätigkeit die Affäre um Bigtan und Teresch auf, die ebenfalls etwas mit Haman zu tun hatte. Bigtan und Teresch sind zwei Wesire, die mit Hamans hintergründiger Hilfe eine Verschwörung gegen den König anzetteln wollten. Sie wollten ihn, der ja, wie man sieht, alt und senil ist, abschaffen. Das entdeckt Mordechai jedoch. Er macht darum aber kein großes Aufheben. Diese Sache wird trotzdem immerhin im damaligen Computer, im Buch des Königs, notiert. Die beiden Männer werden dann hingerichtet. Das alles wird also notiert, wenngleich Mordechai dafür zunächst einmal nicht belohnt wird.

Die Sache nimmt dann ihren Gang: Ester meldet sich als Kandidatin für den Harem und wird später Königin. Dabei spielt jetzt diese ganze Tragödie der in Babylonien verbliebenen Juden eine große Rolle: Sie leiden unter permanenter Verunsicherung. Man weiß ganz einfach nicht, was der nächste Tag bringt. Mordechai sagt also zu Ester: »Du kannst dich melden.« Sie muss nämlich eine große Schönheit gewesen sein und die Eunuchen verlieben sich auf der Stelle in sie: Sie bekommt bevorzugte Behandlung, die besten Parfüms, die beste Beratung und wohl auch so etwas wie Wellness, wie man heute dazu sagen würde. – So eine Wellness-Behandlung täte mir übrigens auch mal gut. – Sie stößt also überall auf Liebe und Sympathie, aber sie sagt nicht, wer sie ist. Meine Güte, ist das so schlimm? Ich kenne hier im Land auch Leute, die nach dem Holocaust bei aller Güte und Freundschaft, die wir heute in unserem Verhältnis zueinander aufbauen, in Deutschland doch zunächst einmal Angst hatten zu sagen, dass sie Juden sind.

Das ist verständlich.

Und so eine ähnliche Situation finden wir dort in dieser Geschichte nach der babylonischen Katastrophe auch vor. Mordechai sagt also zu ihr: »Ja, du kannst das machen, aber sage nicht, wer du bist.« Danach richtet sie sich auch. Das war eine folgenschwere Entscheidung. Ich möchte kurz zwei Beispiele dafür geben, wie stark sie später die Leser beeinflusst hat. Die Leute von Qumran etwa – ich nenne sie bildhaft eine Sekte –, diese berühmten Schreiber vom Toten Meer, haben damals das ganze Alte Testament immer wieder abgeschrieben und abgeschrieben und abgeschrieben. Am wenigsten Manuskripte sind dabei jedoch vom Buch Ester erhalten geblieben. Ich selbst habe mir schon als Studentin immer den Kopf darüber zerbrochen, warum Ester so auffällig fehlt. Es gibt diese Geschichte im Umfeld von Qumran sehr wohl, aber es gibt sie eben nicht so oft wie andere. Warum war das so? Weil für die Leute von Qumran aufgrund ihres Fanatismus – heute würde man sie Fundamentalisten nennen – zwei Tatsachen unerhört waren: Die erste Tatsache war, dass Ester ihre Religion verheimlicht hat. Die zweite, dass in der ganzen Erzählung der Name Gottes nicht ein Mal vorkommt. Das ist in der ganzen Bibel einzigartig.

Die Tatsache, dass sie ihre Religion verheimlicht, spielte aber noch für eine andere jüdische Gruppe eine entscheidende Rolle. Bei den Marranen in Spanien um das Jahr 1400 nach Christus war das nämlich genau andersherum. Gelegentlich entdeckt man dort sogar heute noch Nachfahren besagter Marranen, die seinerzeit gezwungenermaßen vom Judentum zum Christentum konvertieren mussten. Etliche von ihnen tauchen heutzutage wieder aus der Versenkung auf und wissen häufig nicht, wer sie eigentlich sind und auf welche Wurzeln ihre Tradition zurückweist. Ich selbst habe auf Mallorca Familien kennen gelernt, bei denen die Mutter des Hauses am Freitagabend ein Kopftuch aufsetzt, in den Keller geht, dort zwei Kerzen anzündet und dann wieder heraufkommt, als wäre nichts geschehen. Der Rest des religiösen Lebens läuft ansonsten ganz normal katholisch ab. Wenn man fragt, was sie da eigentlich gemacht habe, dann bekommt man die Antwort: »Meine Mutter und meine Großmutter haben das auch schon so gemacht«.

Diese Menschen sind also der Rest des zwangskonvertierten Judentums in Spanien. Die Frau zündete also insgeheim die Sabbatkerzen an. Die Marranen liebten jedenfalls die Ester, weil sie sich nach außen hin ebenfalls vom Judentum distanzieren mussten, um während der Inquisition zu überleben. Es gibt hier also zwei Gruppen von Menschen, auf die das Buch Ester enormen Einfluss ausübt.

Mordechai, der Türsteher, der Türwächter, hat eine Rolle in dieser Geschichte.

Wenn Sie das so sagen, erinnert das ein wenig an einen Nachtclub.

Haman akzeptiert die Etablierung Esters. Im Hintergrund intrigiert er aber wahrscheinlich weiter.

Ja, er intrigiert die ganze Zeit.

Es passiert dann in dieser Geschichte noch eine ganze Menge. Wie sieht der nächste Schritt aus?

Der nächste Schritt bezieht sich auf etwas, das ich auch heute noch den Politikern empfehlen kann: Auch sie sollten mal in der Nacht ein paar Stunden nachdenken. Es heißt nämlich in unserer Geschichte, dass der König eine schlaflose Nacht gehabt habe. Dieser schwache und oberflächliche König denkt wenigstens einmal nachts nach. Er denkt darüber nach, wer er ist, was geschehen ist und welch große Verantwortung er eigentlich hat. Er lässt sich in dieser Nacht auch aus den Annalen seiner Regierungszeit vorlesen, die im Archiv verschwunden waren. Er hört dabei davon, dass es eine riesige Aufstandsbewegung gegeben hatte – das war diese Aufstandsbewegung gewesen, bei der unser Freund Haman im Hintergrund ein wenig die Fäden gezogen hatte.

Es kommt dabei auch die Sprache auf die beiden Wesire,

die den eigentlichen Königsmord begehen sollten und die Mordechai entdeckt und angezeigt hatte. Die beiden waren anschließend gehängt und die ganze Sache vertuscht worden. Haman hatte sie vertuscht! Der König sagt jedenfalls in dieser Nacht: »Was haben diese Leute, die mir das verraten hatten, eigentlich für eine Belohnung bekommen?« Der Schreiber antwortet ihm, dass sie nichts bekommen hätten. Nun kommt die Sache ins Laufen. Der König überlegt sich, ob man das nachträglich nicht wiedergutmachen könnte, denn Mordechai, dieser oberste Getreue, müsse dafür doch belohnt werden. Zur selben Zeit – hier kommt wieder das Märchenhafte ins Spiel – berät sich daheim der Haman mit seiner Frau Seresch. Er sagt, er sei nun auf der höchsten Stufe der Macht angekommen. Es ist aber so wie in jeder anderen Regierung auch: Es genügt nicht, dass man dort ankommt, denn das Problem fängt damit eigentlich erst an, weil man wie all diese Pseudofreunde und Konkurrenten, die ebenfalls dort angekommen sind, oben bleiben will. Es geht ihm also die Frage durch den Kopf, wie er seine Position festigen könnte. Seresch, seine große Ratgeberin, sagt daher zu ihm: »Was du mir alles erzählst. Dieser Mordechai gefällt mir nicht.« Sie hat schon einen Instinkt dafür, das muss man zugeben.

Mordechai hat dann etwas getan, was unverzeihlich ist. Haman hatte sich im Grunde genommen wie ein König geriert: Er verlangte von allen, die sich ihm als dem zweiten Mann im Staat näherten, den Kniefall. Jeder, der sich im näherte, musste einen Kniefall machen.

Dies deutet möglicherweise wiederum auf die leise Entmachtung des Königs hin.

Das kann sein, Haman wollte sich möglicherweise selbst auf den Thron setzen.

Alles läuft genau darauf hinaus.

Mordechai weigerte sich aber, diesen Kniefall vor ihm zu machen. Er hat sich wohl auch ganz einfach als Jude geweigert, der den Kniefall vor einer irdischen Macht nicht tun durfte.

Ja, das war die Grenze. Denn ansonsten hatte er alles mitgemacht bis dahin: Er hatte sein Jude-Sein verleugnet, er hatte es auch Ester gestattet, es zu verleugnen. Er hat mitgemacht, er hat den König gerettet und ihm treu und gut gedient. Aber der Kniefall vor einem anderen Menschen war die Grenze für Mordechai. An diesem Punkt hat er es also darauf ankommen lassen – und das bei diesem schwachen Charakter von Haman, denn an sich war das nur eine Äußerlichkeit. Haman jedenfalls gerät deswegen in einen ungezügelten Rachedurst. Das ist die Situation, in der die Seresch sagt: »So geht es nicht weiter, da spielen wir nicht mehr mit!«

In der Situation spricht es sich dann herum, dass Mordechai ein Jude ist.

Es kommt dabei zu dieser grausigen Entwicklung, die es in der Geschichte leider oft gegeben hat: Eine Kollektivbeschuldigung kommt auf, etwas ganz Schlimmes. Wenn Haman einen Konflikt mit Mordechai hat, dann soll er ihn doch mit ihm persönlich austragen. Aber nein, das macht er nicht. Haman hat mich deswegen auch indirekt an die Wut von Adolf Hitler erinnert: »Alle Juden im ganzen Reich müssen vernichtet werden, weil dieser Mordechai vor mir nicht auf die Knie gefallen ist!« Alle Juden sollen nun die Konsequenzen von Mordechais Ungehorsam tragen.

Bei Haman kann man auch noch an eine andere Gestalt denken, die mit H beginnt, nämlich an Heinrich Himmler, der gesagt hat: »Wir werden die Juden überall auf der Welt jagen!« Genau so hat es sich Haman wohl auch gedacht.

Das ist dieses hysterische Motiv: Alle müssen dafür büßen. Bei Hysterikern kann das jeden Tag aus unterschiedlichen

Anlässen immer wieder passieren: Sie haben Ärger mit einem Brillenträger, deshalb müssen alle Brillenträger vernichtet werden, sie haben Ärger mit einem Rothaarigen, deshalb müssen alle Rothaarigen vernichtet werden usw.

Haman geht zu seinem König und berichtet: »Es gibt da diesen schlimmen Menschen, der vor mir den Kniefall nicht gemacht hat, den Kniefall, den du mir doch zugestanden hast, denn ich habe diese Huldigung immer nur in deiner Vertretung entgegengenommen. Er hat sich geweigert und er ist auch noch Angehöriger einer ganz merkwürdigen Rasse.« So fängt doch diese Geschichte an.

Aber das hat den König gar nicht vom Hocker gerissen. Der König regt sich darüber trotz all seiner merkwürdigen Alterserscheinungen nicht sonderlich auf. Das muss ich ihm immer hoch anrechnen.

Aber er lässt Haman dann doch freie Hand.

Das zu verhindern, schafft er nicht: Er ist und bleibt eben ein Schwächling. Es kommt aber noch ein weiteres Motiv hier zum Zuge. Ich habe schon darauf hingewiesen, dass diese Namen möglicherweise auch auf Griechenland und die damalige allgemeine weltpolitische Situation hindeuten. Das hat noch eine andere Dimension, denn Mordechai kam in Persien – aufgrund seiner genealogischen Abstammung – als Nachfahre des Königshauses Saul an.

Vom Stamme Benjamin.

Ja, es wird an der Stelle genau gesagt, dass er der Sohn des Soundso und dieser wiederum der Sohn des Soundso sei. Mordechai stammt also aus gutem Haus. Sein Gegenüber Haman hat seinerseits eine ebenfalls bekannte Abstammung: Er stammt ab von Amalek, und das ist der Böse. Es gibt auch Ausleger, die sagen, dass Amalek das Böse schlechthin sei, und nicht irgendein bestimmter Mensch. Amalek stellt demgemäß vielmehr eine bestimmte Kategorie dar: eine Herausforderung für jedes Volk, für jeden Menschen.

Das Böse wird also in einer konkreten Figur personifiziert.

Genau, und diese beiden Figuren prallen nun aufeinander. Andere wiederum sagen aber, dass diese beiden recht gut miteinander auskommen sollten, denn Saul hatte damals doch den König Agag, den Urahn Hamans – auch Haman ist also von königlichem Geblüt – geschont. Diese Affäre brachte seinerzeit Saul in große Schwierigkeiten mit dem Propheten Samuel. Es sind also durchaus auch solche historischen Zusammenhänge vorhanden. Ich jedoch tendiere zu der Annahme, dass hier das Böse gegen das Gute und Traditionelle steht – so wie im Märchen. Dabei gibt es aber schon damals diese große Warnung vor dem Erheben einer Kollektivbeschuldigung, die Haman ganz einfach und billig in den Raum setzt.

Wie formuliert Haman gegenüber dem König diese Beschuldigung? Er sagt, dass es da ein Volk gäbe, das über alle Provinzen zerstreut sei usw.

Ja, genau. Mit aller Behutsamkeit möchte ich sagen, dass mich das doch daran erinnert, wie die mittelalterliche Kirche damit umgegangen ist. Sie sagte ebenfalls »Die Juden sind eine Verunsicherung unseres Glaubens. Sie sind zerstreut in alle Völker, man kann sich nicht hundertprozentig auf sie verlassen, wir sind das wahre Israel« oder »Kein Heil außerhalb der Kirche«.

Und: »Die Juden sind auch anderen Glaubens!«

Sie sind anders. Haman bringt also einerseits diese spätere Argumentation der mittelalterlichen Kirche an, andererseits fährt er aber auch die politische Schiene, indem er sagt, dass die Juden eine Art von Fünfter Kolonne seien. So läuft die Argumentation immer ab.

Da wird behauptet, die Juden würden sich einschleichen.

Das war auch schon beim Pharao in Ägypten so: nicht bei dem guten Pharao, mit dem Josef befreundet war und dessen Bevölkerung er rettete, sondern bei dem anderen Pharao, der Josef gar nicht gekannt hatte. Dieser andere Pharao hat doch schon damals gesagt: »Tja, die schleichen sich da ein bei uns. Das ist eine Fünfte Kolonne.« Das sagen auch hier in Deutschland heute noch manche Leute: »Es gibt zu viele Ausländer bei uns, und wer weiß schon, was da noch alles kommen wird!«

Das ist natürlich auch immer eine gute Methode, um von den eigenen untergründigen Geschichten ablenken zu können.

Das ist das »Prinzip Hitler«: Ein Sündenbock muss her, auf den sich alle Kraft der vorhandenen Vorurteile massiv fixieren kann. Das heißt, die Juden sind schuld. In Deutschland war dieses Prinzip im 19. Jahrhundert schon durch Treitschke (»die Juden sind Ratten und Mäuse«), Marr (den Erfinder des Begriffes Antisemitismus), Chamberlain und andere vorbereitet worden mit ihren Aussagen. Daneben gab es auch immer noch die kirchlichen Vorurteile. Auf dieser Basis konnte man dann später unter Hitler bequem alle Vorurteile gegen die Juden abrufen. Das war eben immer schon sehr billig und sehr einfach.

Haman muss sich genau über die Juden informiert haben: Er hat über ihre Situation in diesem riesigen Reich genau Bescheid gewusst. Waren denn die Juden tatsächlich über das ganze Reich verteilt?

Nein, auf keinen Fall. Haman wusste sicherlich nicht auch noch, was im letzten Grenzdorf los war. Aber über die Situation in den Hauptstädten wusste er Bescheid. Das ist das gleiche Moment wie damals in Deutschland: Man hat den Juden doch auch recht neidisch übel genommen, dass sie in den großen Städten und Universitäten unter den Rechtsanwälten und Ärzten stark vertreten waren – bis hin zu den Physikern wie Albert Einstein oder Lise Meitner. So war es in Babylonien auch: Es gab in diesen besagten 70 Jahren bereits Ansätze, dass die Juden in den Großstädten geistig und wirtschaftlich Karriere machten. Es wurde unter ihnen ganz Großes geleistet auf dem Gebiet der Literatur oder der Gesetzgebung. Haman verallgemeinert das jedoch in seinen Vorwürfen, denn es hat in den kleinen Städten in diesen 127 Provinzen sicherlich auch sehr einfache, arme Juden gegeben. So war es auch in Deutschland zu Beginn des 20. Jahrhunderts.

Haman bekommt freie Hand, in allen 127 Provinzen Anschläge an die Hauswände anbringen zu dürfen.

Ja, aus heiterem Himmel. Der König ist alt und schwach, als ihm Haman sagt, dass es so nicht mehr weitergeht: Dieser Mordechai stünde für ihn, für Haman, für alle Juden, und deswegen müsse er zum Wohl des Reiches die künftige Gefahr durch die Juden bereits heute bekämpfen.

Das ist eigentlich ungeheuerlich gewesen: Er schreibt ein Dekret, in dem es heißt, alle Juden seien zu erwürgen, die Jungen, die Alten, die Babys, alle.

Er forderte in der Tat per Erlass, per Gesetz dazu auf, sie alle umzubringen.

Haman will das Land säubern. Bereits in der Bibel liegt uns ein ungeheures Beispiel für die planmäßige Ausrottung der Juden vor. Es wird dort ganz genau beschrieben, wie es zu so etwas kommt.

Dabei stellt sich aber eine wichtige Frage: Warum wird uns das erzählt? Ich bin der Meinung, dass gerade an solchen Stellen die Größe der Bibel deutlich wird. Diese Größe zeigt sich darin, dass sie uns alle Gräuel, alle Intrigen, eben alles bei Menschen Mögliche ungeschminkt erzählt. Denn man hätte bei der Kanonisierung der Bibel auch entscheiden können, solche Texte wegzulassen. Das wäre doch recht einfach gewesen.

Sie meinen wegen Ester, dieser starken Frau?

Ich meine hier eher diese bittere Erfahrung, die damit beschrieben wird. Ich finde es gut und wichtig, dass das in der Bibel drin ist, damit man erfährt, was alles passieren kann. Die Losung heißt also: »Wehret den Anfängen!« Wenn sich die Anständigen im Land, wo auch immer, nicht zusammentun, könnte es immer wieder so etwas geben. Auch aus diesem Grund ist das Alte Testament so anziehend, denn es werden darin das Leben und die Menschen beschrieben, wie sie sind oder sein können.

Nichts wird beschönigt.

Und das ist wichtig. Als später die Bibel kanonisiert worden ist, hat man darum gestritten, was alles hinein soll und was nicht. Es wurde gefragt, was das Hohelied dort eigentlich zu suchen hätte. Was haben schöne Brüste und männliche Hüften in der Bibel verloren? Nein, auch das alles ist in der Bibel drin. Nichts wird geschönt, die schwarzen Flecken auf den weißen Westen der Helden werden erzählt.

In unserem Fall wird also diese schreckliche Geschichte zur Abschreckung wiedergegeben: Es geht ganz klar darum, dass man daraus etwas lernen möge, nämlich das Böse zu vermeiden und das Gute nachzuahmen.

Aus heiterem Himmel und ohne Grund geht die Aufforderung hinaus, alle Juden umzubringen. Wir kehren nun wieder zurück zu dem Traum, den dann der persische König hatte: Es musste also etwas passieren, es musste die Belohnung nachgeholt werden. Er forderte daher, dass man ihm diesen Mordechai bringen solle.

Mordechai war ihm eigentlich als Person gar nicht so wichtig. Er wollte ganz einfach nur den Mann sprechen, der dieses Komplott, diesen versuchten Aufstand damals aufgedeckt hatte. Es ging nicht nur um einen Königsmord, sondern in der Tat um einen Aufstand in diesem riesigen Reich. Dieses hing vom König ab, und es gab damals selbstverständlich Cliquen, die das alles ändern, die, wie wir heute sagen würden, eine »neue Republik« hatten ins Leben rufen wollen.

Wobei die Bibel diese Stelle aber besonders einführt. Der König fragt nämlich Haman, was man denn mit jemandem tun solle, der so etwas Gutes getan habe, der den Aufstand verhindert und ihn gerettet habe.

Der König hat in dem Moment aber noch nichts gegen Haman.

Nein, natürlich nicht.

Haman ist selbstverständlich immer noch installiert: Er ist immer noch der Vertrauensmann des Königs. Der König ist jedenfalls erschüttert in dieser Nacht, dass die Belohnung vergessen worden ist. Übrigens ist es so, dass die Nacht – und den Traum hatte er in der Nacht – damals im alten Orient natürlich etwas Mysteriöses an sich hatte. Es gab noch keine taghellen Lampen und dergleichen. Der König ist also in jener Nacht besonders aufgewühlt. Der Morgen graut, und Haman tritt im Auftrag seiner Gattin Seresch, die von ihm verlangt hatte, dass diese Sache mit den Juden nun endlich erledigt werden müsse, zu ihm herein. Haman kommt also bereits ganz früh, er will nicht länger warten.

Der König aber stoppt ihn und lässt ihn gar nicht zu Wort kommen. Er sagt zu Haman: »Was soll ich eigentlich mit dem Mann machen, der mir und dem Reich damals vor einigen Jahren diesen großen Dienst erwiesen hat und der dann übersehen worden ist?« Ich glaube, es waren in der Zwischenzeit wiederum sieben Jahre vergangen. Er fragt also danach, welchen Dienst man diesem Mann erweisen könnte. Haman schwillt die Brust, denn er glaubt, es ginge dabei um ihn.

Mordechai wird also geehrt.

Zunächst bezieht Haman das alles auf sich. Der König meint, dass man diesem Mann alle möglichen Ehrungen erweisen müsste, dass man ihm ein herrliches Pferd, königliche Kleidung und vieles mehr schenken sollte. Haman sagt, dass man das selbstverständlich so machen muss, und setzt auf die Aussagen des Königs immer noch eins drauf – weil er doch meint, es ginge um ihn! Der König sagt dann aber: »Jetzt gehe hinaus und mache das alles mit Mordechai!«

Haman kehrt dann in seine Familie zurück und berät sich mit seiner Frau.

Ja, er kehrt ganz bestürzt und mit langem Gesicht zurück.

Er meint, dass das alles ganz schrecklich sei und dass er nun ganz schnell etwas unternehmen müsse.

Es war so, dass Haman mit Mordechai mit Pauken und Trompeten durch die ganze Stadt ziehen musste. Er hatte doch Mordechai die Ehre erweisen müssen, wie es ihm der König befohlen hatte, die er eigentlich für sich erwartet hatte. Danach erst kam Haman mit langem Gesicht heim zu seiner Frau Seresch. Die sagt dann zu ihm: »Was ist denn schon wieder? Ich hatte dir doch so einen guten Plan gemacht.« Haman sagt ihr, welche Ehren er Mordechai hatte erweisen müssen. Es gibt zu dieser Szene viele herrliche mittelalterliche Darstellungen. Ich glaube, auch hier im Museum in München findet sich so ein Bild, auf dem gezeigt wird, wie Seresch zu Hause sitzt und sich sicher ist, dass alles so laufen wird, wie sie das geplant hatte. Sie geht dabei zum Fenster und schüttet, wie das früher eben so üblich war, den Unrat hinaus. Sie glaubt nämlich, es wäre der Mordechai, der den Haman auf dem Pferd herumführt, und nicht umgekehrt. Diese Geschichte hat also bis in die bildende Kunst hinein gewirkt. Haman klagt ihr jedenfalls bei seiner Rückkehr sein Leid und dass alles ganz anders gekommen sei, als sie gemeinsam geplant hatten. Sie geht daraufhin nicht auf ihn zu, umarmt ihn und sagt zu ihm: »Komm schon, Haman, das werden wir auch noch durchstehen. Lass uns etwas trinken und überlegen, was wir jetzt noch machen können.« Nein, das alles sagt sie nicht, sie sagt stattdessen: »Ich habe es ja immer gewusst. Wenn du mit den Juden Streit anfängst, dann wirst du verlieren! Wer mit den Juden Streit anfängt, unterliegt.« Sie denkt überhaupt nicht mehr daran, dass sie es gewesen ist, die ihn aufgehetzt hatte. Sie fängt ihn nicht auf, sondern beschimpft diesen schwachen Mann und bringt ihn in Rage. Das nehme ich ihr sehr übel.

Nebenher läuft in der Zwischenzeit jedoch das Handeln Mordechais und das Handeln Esters. Sie fragen sich, was sie gegen den Erlass Hamans tun könnten.

Hier kommt nun eine schreckliche Sache zum Tragen, die Haman selbstverständlich gewusst hat. Bei allen absoluten Herrschern – das war auch lange Zeit in Europa noch so – galt doch folgendes Gesetz: Wenn der König einmal etwas mit seinem Siegelring angeordnet hatte, dann konnte man das nicht mehr zurücknehmen. Das war eben nicht mehr durch Parlamentsbeschluss zu ändern wie bei uns heute. Man konnte nicht wie bei uns in der EU so lange abstimmen lassen, bis die richtige Entscheidung zustande kommt. Nein, der König hatte dieses schreckliche Dokument auf Betreiben Hamans gesiegelt und bereits abgeschickt. So war es nicht mehr aufzuhalten. In diesem riesigen Staat gibt es nun eine Anweisung, die bis ins kleinste Kaff durchdringt und in der es heißt, dass man sich erheben und alle Juden erschlagen soll. Wie kann man sich dagegen wehren?

Mordechai sagt in dieser Situation zu seiner Nichte, dass sie im Grunde genommen die einzige Rettung sei: »Du bist die Königin, du musst das beim König vortragen, vielleicht gibt es da doch noch eine Lösung.« Man muss dabei aber bedenken, dass die Situation so beschaffen war, dass man zu einem solchen absoluten Herrscher nicht einfach hineinmarschieren konnte. Ester sagt daher, dass es doch sein könnte, dass er sie umbringen lässt, wenn sie einfach so zu ihm ginge.

Sie weigert sich also zunächst.

Aber sie geht dann doch zu ihm.

In unserer Sprache heißt es doch auch: »Gehe nicht zum Fürst, solange du nicht gerufen wirst!« Damals konnte das tödlich sein. Sie will also zunächst nicht gehen und weigert sich. Sie weiß auch, wer Haman ist und welche Stellung er genießt. Ich an ihrer Stelle hätte, ehrlich gesagt, auch Angst vor Haman gehabt. Mordechai wird nun das erste Mal grimmig und sagt zu ihr: »Wer weiß, ob du nicht zu dieser Zeit, um dieser Minute Willen überhaupt zur Königin geworden bist! Bilde dir nichts ein.« Und nun kommt der entscheidende Satz: »Wenn du uns nicht helfen willst, dann wird die Hilfe von einem anderen Ort kommen.« Die Rabbiner sagen nun, und ich glaube auch, dass das richtig ist, dass mit diesem »anderen Ort« Gott gemeint sei. Das heißt also, dieses Buch ist mit einer gewissen Zensur geschrieben worden, denn in allen anderen Büchern der Bibel kommt Gott permanent vor, einschließlich der 14 verschiedenen Namen, mit denen man ihn genannt hat. Man hat ihn sonst auch mit allen möglichen Attributen versehen, nur hier in dem Buch Ester findet sich kein direktes Wort in Bezug auf ihn.

Sie geht dann aber doch.

Sie fastet zuerst und geht dann doch mit riesigem Aplomb zu ihm. Alle mussten vorher mit ihr fasten, einschließlich Mordechai, und mussten mit ihr in Sack und Asche gehen. Deswegen wird auch heute noch vor dem Purimfest gefastet. Mich erinnert das ein wenig an die Geschichte aus Ninive. Auch dort ging man in Sack und Asche. Sie geht also letztlich doch zum König, und siehe da, er entbrennt in großer Liebe zu ihr. Er reicht ihr das Zepter und meint …

»Du kannst das halbe Reich von mir haben, wenn du es haben willst. Sage mir also, welchen Wunsch du hast!«

Sie ist dann aber ganz raffiniert, denn sie will den Haman ein für alle Mal erlegen. Ich würde sagen, dass da nun ihr Jagdinstinkt ausgebrochen ist, den meiner Meinung nach jede Frau hat.

Sie lädt zum Abendessen ein.

Es soll völlig harmlos aussehen. Dass der alte und senile König darauf hereinfällt, wundert mich dann aber doch. Zuerst macht sie es so dringend, zu ihm zu kommen, und jetzt gibt es ein Abendessen? Nein, das fragt er gar nicht erst, er ist einfach nur verliebt in sie.

Haman freut sich, dass auch er eingeladen worden ist.

Ja, dem passt das natürlich auch, für ihn ist das scheinbar auch phantastisch, denn er denkt, dass seine Aktionen von der Königin bestätigt werden. Er weiß nicht, dass sie auch Jüdin ist. Er denkt also, dass die Königin, die er für eine Mitläuferin hält, seine Beschlüsse nun bestätigt und sie daher nur einen weiteren Mosaikstein in seiner steilen Karriere darstellt. Sie gehen also alle zu diesem Festmahl und die Sache läuft ganz wunderbar. Haman ist da und ist ganz außer sich vor Freude. Sie aber will ihn, das ist ganz deutlich, »weich kochen«. Sie fragt daher den König, ob sie sich am nächsten Tag noch einmal die Ehre geben und ein weiteres Festmahl veranstalten dürfe. Der König ist mit jedem weiteren Tag verliebter in sie und willigt selbstverständlich ein. Ihr geht es aber um den Haman, ihn will sie weich klopfen. Leider hat man bei Hitler nicht so verfahren können, bei ihm hat es solche Möglichkeiten nicht gegeben. Haman geht also nach Hause und sagt zur Seresch: »Die Sachen wenden sich doch noch zum Guten für mich. Ich komme bei der Königin blendend an.«

Am nächsten Tag aber klärt Ester den König auf.

Ja, im Beisein von Haman. Hier zeigen sich nun wieder dessen psychotische, neurotische Züge: Als er Esters Worte vernimmt, gerät er im Beisein des Königs und der Königin außer sich und verliert total die Fassung. Es kommt im weiteren Verlauf zu einer Szene, die in vielen künstlerischen Darstellungen recht zweideutig geschildert wird. Der König, der neuerdings entsetzlich verliebt ist in die Königin, verlässt voller Zorn und Gram den Raum. Er läuft draußen herum und überlegt sich, was man denn nun machen könnte. Man merkt, dass er einen Berater bräuchte. Haman war sein Berater gewesen, aber auf den will er sich nicht mehr verlassen. Zwischen Haman und Ester kommt es in der Zwischenzeit zu der Szene. Man pflegte damals beim Essen zu liegen, das war der Brauch. Auch die Königin liegt daher auf einer Art Diwan. Es wird in all den Schilderungen nie ganz deutlich, ob Haman sich nun nur vor ihrem Diwan hinkniet oder ob er ihr tatsächlich etwas antut, ob er sie vergewaltigen will. Ich weiß es nicht, denn der Text selbst gibt das auch nicht so einwandfrei her. Die europäische Kunst hat natürlich Dutzende dieser verschiedenen Auffassungen aufs Bild gebannt. Es ist jedenfalls so, dass der König dann wieder hereingestürzt kommt und Haman irgendwie neben der Königin auf dem Diwan liegt. Der König sagt daher zu Haman: »So, du willst mir also noch in meinem eigenen Haus die Königin wegnehmen?« Das heißt, Haman hat sich in seiner Hysterie, in seinem Wahn, in seiner absoluten Charakterschwäche selbst sein Grab geschaufelt. Der König fragt dann Ester, was nun zu tun sei.

Der Galgen, den Haman für Mordechai hatte aufbauen lassen, ist jetzt für ihn selbst bestimmt.

Ester erklärt dem König, wer sie ist und wer Mordechai ist und dass sie aus ganz großer Sorge um ihr Volk wegen dieser Kollektivbeschuldigung, die draußen auch noch im letzten Ort dieses großen Reiches mit 127 Provinzen bereits angekommen ist, so gehandelt hat. Der König sagt daraufhin zu ihr: »Mach, was du willst! Bringe diese Sache wieder in Ordnung!« Was aber ist zu tun, denn zurücknehmen kann man diesen Erlass nicht. Mordechai, den Ester inzwischen konsultiert hat, sagt daher: »Es gibt nur noch eine einzige Möglichkeit. Man muss sofort einen neuen Erlass mit gegenteiligen Anordnungen herausgeben.« Den Siegelring dafür hat er vom König bereits erhalten.

Zuerst aber wird Haman aufgehängt.

Ja, das stimmt. Die wichtigere Notwendigkeit ist aber, dass ein Erlass herauskommen muss, der ganz schnell bis in die entferntesten Provinzen gebracht werden muss. Dieser zweite Erlass, der dann verfasst wird, besagt also, dass sich die Juden gegen die Übergriffe auf Grund des ersten Erlasses wehren dürfen. Denn zuvor hätten sie sich nicht einmal wehren dürfen.

Ja, sie dürfen sich wehren und sie dürfen auch Vergeltung üben.

Sie dürfen sogar selbst aggressiv sein. Es steht aber auch ausdrücklich in der Bibel, dass sie sich dabei an dem Vermögen der Betroffenen nicht vergriffen haben. Es geht also keineswegs um Geld, um Bereicherung, sondern um das Überleben. Es steht mehrfach in der Bibel, dass sie sich bei dieser Aggression nicht am Vermögen ihrer Opfer bereichert haben.

Eine grausame Aktion war es aber doch.

Es war nicht anders möglich. Die Zahlen, die genannt werden, sind zwar schlimm genug, halten sich aber für biblische Legenden dennoch in Grenzen. In Susa, in dieser riesigen Stadt, kommen 500 Menschen um. Ich selbst habe viele Jahre über diese Frage gegrübelt: Ich denke, dass ansonsten das Überleben nicht möglich gewesen wäre.

Dies hat die Situation der Juden auch nicht unbedingt verbessert, weil das Ergebnis das genaue Gegenteil des ersten Erlasses war.

Es ging aber ganz einfach nicht anders. Wir reden hierbei immer vom 4. und 5. Jahrhundert vor Christus: Historisch ist jedoch bekannt, dass sich die Sache wieder befriedet und eingependelt hat. Es herrschte nämlich zwischen den Juden und ihren Nachbarn für sehr lange Zeit dort echter, guter Frieden.

Erstaunlich an der ganzen Geschichte ist jedenfalls das Ergebnis: Der persische König akzeptiert die Juden an seinem Hof und macht Mordechai zum Nachfolger von Haman, also zum zweiten Mann im Staat, zum Wesir, wie man das damals nannte. Ist das wirklich erstaunlich oder hatte das lediglich mit dieser Schwäche des Perserkönigs zu tun?

Ich würde sagen, dass beides der Fall ist. Dies hatte sicherlich auch mit der Schwäche des Königs zu tun. Zweitens herrschte im Staat aber auch in einem gewissen Maße ein Machtvakuum. Das war schon eine gefährliche Situation. Mordechai war ein bewährter und kluger Mann. Er schaffte es sogar, das Volk in Susa, in der Hauptstadt, zur Ruhe zu bringen, denn es war doch ein Konflikt zwischen den Juden und der anderen Bevölkerung entstanden, und eine Revolte lag wegen Haman in der Luft. Dies alles konnte er also in Grenzen halten: Wir hören von »nur« 500 Toten.

Das Handeln von Mordechai war also in politischer Hinsicht sehr klug. Es war – in Hinsicht auf diesen zweiten Erlass – schon gefährlich, aber die Geschichte ging dann doch gut aus.

Es war eine Gratwanderung, wie so oft in der Geschichte. Man braucht dafür einen wirklichen Staatsmann. Was wäre denn die Alternative gewesen? Die ganze jüdische Gemeinschaft in allen 127 Provinzen wäre ansonsten aufgrund des ersten königlichen Erlasses mit Fug und Recht, und nicht per Zufall oder aus Wut oder aufgrund irgendwelcher örtlicher Aversionen, umgebracht worden. Nein, die Leute hätten quasi dieses Papier in der Hand gehabt und auf Befehl von oben die Juden ermordet. Unter diesen Umständen, wie ich ausdrücklich betonen möchte, war das eine große Rettung und eine kluge Aktion von Mordechai. Dies alles hat jedenfalls das Verhältnis zwischen der dortigen Regierung und den Juden für Jahrhunderte stabilisiert.

Jona –
Der Walfischprophet

Die Geschichte des Jona beginnt mit der Stadt Ninive. Die Hauptstadt des Assyrer-Reiches wird in dieser Prophetengeschichte als große, böse Stadt dargestellt. Die Prophetengeschichte um Jona wird auch als die erste faszinierende Kurzgeschichte der Weltliteratur bezeichnet. In welche historische Situation hinein wird diese Geschichte geschrieben? Das Assyrer-Reich war ein sehr großes Reich, und erlebte im achten bis siebten Jahrhundert vor Christus seinen Höhepunkt.

Das kurze Statement, das Sie hier geben, ist natürlich schon spannungsgeladen. Ich muss nämlich zuerst einmal hinzufügen, dass es in dieser schönen Geschichte um zwei Städte geht. Denn die zweite Stadt ist die Stadt Jaffa, die es bis heute gibt: Sie ist die Vorläuferstadt beziehungsweise die Nachbarstadt von Tel Aviv. Jona stellt sich in dieser Geschichte vor als »Hebräer aus Jaffa«. Jaffa ist eine Kleinstadt, eine kleine Welt im Vergleich zu Ninive, das man meinetwegen mit dem heutigen New York vergleichen könnte.

Ninive hatte damals 120 000 Einwohner.

Ja, es ist eine riesengroße Stadt, und dieser Geschichte nach brauchte man drei Tage, um dort von einem Ende der Stadt zum anderen zu gelangen. Für jene Zeit ist das also eine enorm große Stadt. Hinzu kommt, dass Ninive ein großer Sündenpfuhl war.

Warum Sündenpfuhl? Denn im Grunde genommen hat diese Stadt nichts mit der Sünde im Sinne Israels zu tun. Ischtar ist die Hauptgöttin dieser Stadt am Tigris in der Nähe der heutigen Stadt Mosul. Wieso wird sie als Sündenpfuhl bezeichnet?

Was ist mit diesem Wort gemeint? Die Menschen in Ninive sündigen gemäß diesem Text gegeneinander. Und das ist etwas, das in der Bibel immer sehr verurteilt wird. Dies ist aber auch eine kleine Lektion für heute: Wer immer dein Gott ist – in unserem Fall ist das der monotheistische Gott –

, du darfst nicht am Mitmenschen vorbeileben. Man darf eben nie sagen: »Lieber Gott, ich bin doch so ein feiner Mensch, ich gebe Geld für Stiftungen und vieles mehr«, während man gleichzeitig doch am anderen vorbeilebt und auf den Mitmenschen pfeift. Es steht dort in dieser Geschichte ausdrücklich: »Sie sündigen gegeneinander!« Dieser Ausdruck kam auch schon im Zusammenhang mit Sodom und Gomorrha und in anderen Geschichten vor. Die Frage, die sich in dieser Geschichte stellt, lautet folgendermaßen: Warum haben jene, die den Kanon des Alten Testaments zusammenstellten, diese Geschichte überhaupt in den hebräischen Kanon der Heiligen Schrift hineingenommen?

Denn man könnte auch sagen: Was geht Jahwe die Stadt Ninive an? Die sollen doch ihre alten Götter weiter verehren. Dort leben Heiden, die nicht zum auserwählten Volk gehören. Sie sollen doch weitermachen, wie sie wollen. Ringsherum um Israel gibt es auch noch andere große Reiche wie Ägypten oder später das Reich der Perser, und in all diesen Ländern werden Götter verehrt.

Das ist die Frage der Fragen. Mich beruhigt aber dabei enorm, dass wir eben alle Kinder Gottes sind. Diese Leute in Ninive müssen also weder Juden werden, noch müssen sich die Männer beschneiden lassen. Frauenbeschneidung – dies nur nebenbei – spielt im Judentum nie eine Rolle. Sie müssen nichts tun, um von ihrem Glauben abzuweichen. Nein, sie sind nur dazu aufgerufen, Reue zu üben, Buße zu tun, um miteinander anständige Menschen zu werden. Diesen Fall hatten wir allerdings in der Bibel schon öfter.

Hat denn der Prophet Jona, der verglichen mit den großen Propheten des Alten Testaments eigentlich gar kein wirklicher Prophet ist, dieses Buch selbst geschrieben? Was sagt denn die Bibelforschung dazu? Wann ist dieses Buch entstanden?

Das ist ein ganz großes Rätsel. Die hebräische Bibel, das Alte Testament, ist endgültig etwa im Jahr 90, nach der Zerstörung Jerusalems, kanonisiert worden, als die Überlebenden in alle Welt zerstreut wurden. Man machte diese Kanonisierung, damit es schriftliche Dokumente für die Menschen in der Verbannung gab. Bis dahin brauchte man keine schriftliche Fassung. Das Auswendiglernen und der innige Bezug zur Bibel waren so stark, dass sie bis dahin noch nicht endgültig schriftlich fixiert werden musste, gerade wegen der fortschreitenden Auslegungsdiskussionen der Rabbiner. Es ging um die sich dauernd verändernden Lebensumstände zur Zeit der römischen Okkupation Israels. Deshalb fing man ungefähr zur gleichen Zeit auch an, die Evangelien in eine schriftliche Form zu bringen. Warum also ist die Geschichte um Jona kanonisiert worden? Das ist eine große Frage. Sie ist, so denke ich, hineingenommen worden, weil eine solche Botschaft gegen einen eventuellen Erwählungsdünkel des Volkes Israel in die Bibel gehört. Und Gott sollte als Vater aller Menschenkinder – auch der außerhalb Israels – dargestellt werden.

Ist denn Jona, so wie andere Gestalten auch, eine historische Gestalt? Denn es gibt, gelinde gesagt, Zweifel daran.

Das kann man nicht nachweisen. Wir wissen lediglich, dass im Jahr 612 vor Christus die Stadt Ninive zerstört worden ist. Hiermit dürfen wir also annehmen, dass unsere Geschichte vorher gespielt hat. Im Jahr 722 wurde Samaria, und damit das Nordreich von Israel, zerstört. Innerhalb dieses Zeitraums ereignete sich also diese Begebenheit.

Jona ist nicht der Einzige, der hier herausgefordert wird. Zwei andere kleinere Propheten sagen auch die Zerstörung der bösen Stadt Ninive voraus.

Deswegen ist diese Geschichte so wichtig: Gott ist nicht nachtragend, sondern nimmt immer wieder auch die Sünder an. Man könnte sonst zu der Überzeugung gelangen: »Lasst sie doch ihren bösen Weg gehen!« Der biblische Gott, der oft so grausam geschildert wird, könnte sich doch freuen, dass sie so ein Schicksal erleiden.

Aber nein, sie bekommen die Gelegenheit zur Umkehr: Das ist die Botschaft. Bis auf den heutigen Tag bekommt jeder gläubige Jude, der das hören will, der Ohren hat dafür, diese Botschaft jedes Jahr neu erzählt: Denn dieses kleine, schmale Büchlein wird jedes Jahr an Yom Kippur, also am heiligsten Feiertag, als zentrale Lesung in den Synagogen vorgetragen. Dabei wird die Botschaft verkündet: Jeder kann umkehren, jeder kann Reue üben, jeder kann seine Wege verbessern, und zwar in einem menschlichen Sinn, also im Verhältnis zu anderen Menschen. Sogar das Verhalten zur Umwelt spielt in dieser Geschichte eine Riesenrolle.

Steigen wir in diese Geschichte ein, ohne sie gleich in den Einzelheiten zu deuten. Erzählen Sie doch mal ein wenig über die mit kleinen Höhepunkten wunderbar aufgebaute Kurzgeschichte.

Es wird uns darin ein Herr Jona aus der Stadt Jaffa am Mittelmeer, Sohn des Amitai, vorgestellt. Er fristet dort friedlich sein Leben, bis er eines Tages eine göttliche Vision hat. Wir nennen das eine prophetische Vision, so, wie bei den anderen Propheten auch, obwohl man sagen muss, dass er nur ein kleinerer Prophet ist: Er gehört im Alten Testament zu den so genannten zwölf kleinen Propheten. Das ist keine Geringschätzung, sondern so etwas wie ein Fachbegriff, der sich ganz einfach aus dem Vergleich zur Wucht etwa von Jesaja oder Jeremia ergibt. Jona darf man also mit Fug und Recht einen »kleinen Propheten« nennen.

Diese Geschichte nimmt nur ein paar Seiten ein im Alten Testament.

Ja, aber es gibt noch kleinere wie zum Beispiel Joel und Obadja; das ist ein kleiner Trost. Dieser Mann, Jona, wird also jedenfalls aus seiner Ruhe aufgescheucht. Die Vision stört ihn: Er will dort in seinem Jaffa seine heilige Ruhe haben, wie wohl die meisten von uns in so einer Situation – oder?

Wir wissen eigentlich gar nicht, was er vorher gemacht hat.

Nein, obwohl das bei den Propheten sonst eigentlich immer angegeben wird. Der eine wird vom Pflug weggerufen, der andere steht gerade in seinen Weinbergen. Der große Moses wehrt sich ebenfalls zunächst einmal gegen den Auftrag Gottes. Er sagt: »Ich stottere, ich eigne mich nicht!« Jeremia sagt, er sei zu jung.

Bei Jona heißt es nur, er sei Vater, weiter wird nichts über ihn gesagt.

Ja, er passt – oberflächlich betrachtet – in der Hinsicht überhaupt nicht in die Reihe hinein. Er wehrt sich ganz massiv gegen die Vision. Er ist auch derjenige – und das machen die anderen nicht –, der tatsächlich meutert.

Was sagt denn Jahwe zu ihm, als er ihn ruft?

»Steh auf und geh in die Stadt Ninive und erinnere sie daran, dass auch sie meine Kinder sind. Sie können umkehren, sie können Reue üben wegen ihrer bösen Taten. Und ich werde sie wieder annehmen.« Jona sagt aber: »Was geht mich Ninive an?« Wir müssen an dieser Stelle noch kurz zur Kenntnis nehmen, dass der Prophet als solcher im Alten Testament schon etwas Besonderes darstellt. Das ist nicht jemand, der, wie z. B. in Delphi, gegen Bezahlung eine Voraussage macht. Heute gibt es auf den Jahrmärkten auch immer noch diese Kaffeesatzleserinnen oder Wahrsagerinnen. Diese Menschen schauen sich ihre Kunden scharf an und überlegen sich blitzschnell, was die sich wohl erträumen und wünschen könnten, um es ihnen dann vorherzusagen. Wenn eine junge Frau da zu mir käme, dann wüsste sogar ich, was ich ihr sagen müsste: »Morgen treffen Sie den richtigen Mann Ihres Lebens oder erhalten eine eminent wichtige Einladung zum Bayerischen Rundfunk.«

So jemand ist der biblische Prophet auf keinen Fall. Nein, er verkündet fast immer einen schrecklichen und harten Auftrag, mit dem er sich zunächst einmal bei irgendeiner Schicht unbeliebt macht. Das Orakel von Delphi hingegen macht sich doch beliebt: Es sagt nur das Schöne voraus, genauso wie die heutigen Wahrsagerinnen, die auch in der Regel nichts Schlimmes weissagen. Der Prophet spricht jedoch von grausigen Dingen, immer in der Hoffnung, dass der Zuhörer oder die Zuhörerin seine Worte ernst nimmt, in sich geht und es dadurch gar nicht so weit kommt, wie in der Drohbotschaft vorausgesagt wurde. Es gibt also eine Öffnung, eine Hoffnung: Man kann umkehren! Jona aber sagt: »Was brauche ich das? Diese ganze Mühe! Ich soll in das ferne Ninive gehen zu einem Volk, das mich nichts angeht und von dem ich nichts weiß? Ganz im Gegenteil, die Menschen dort, das sind doch die Feinde Israels.«

Er vernimmt also den Ruf Jahwes und akzeptiert ihn nicht. Er fährt nicht nach Ninive, sondern läuft ganz einfach davon.

Ja, er geht nach Tarschisch. Tarschisch ist in der Bibel freilich ein Begriff. Diese Stadt ist das Gegenstück zu Ninive. Sie kommt schon seit Salomo im Alten Testament vor: eine große, reiche und vornehme Stadt, aus der man für Jerusalem den Weihrauch, Gold, Silber und Brokatstoffe importiert hat. Sie ist also schon aus alten Zeiten, seit der Königin von Saba, bekannt.

Es gibt auch die Vermutung, dass das eine Stadt in Spanien gewesen sein könnte. Es ist wohl sehr schwierig zu sagen, was nun stimmt, was mit Tarschisch wirklich gemeint war.

Man darf wohl eher annehmen, dass Tarschisch in Äthiopien lag. Ich glaube nicht an die Spanien-Version, denn Spanien galt damals wirklich als das Ende der Welt.

Mit dieser Stadt ist also eher ein Symbol gemeint: Jona versucht eben, möglichst weit weg zu kommen.

Ja, das schon, aber im Alten Testament ist mit Tarschisch schon auch ein ganz bestimmter Kulturbegriff gemeint, während man mit Spanien tatsächlich das geographische Ende der Welt meinte. Die Erde galt damals für die Mehrheit der Menschen als flache Scheibe und nicht als Kugel. Paulus wollte übrigens viel später auch noch unbedingt auf einer seiner Weltreisen nach Spanien kommen. Es wäre seine 14. gewesen. Er hat das aber nicht mehr geschafft. Warum wollte er unbedingt nach Spanien? Man könnte sagen, dass er sich vorstellte, er würde dort am Rand dieser Scheibe stehen und hinunterstarren können.

Jona fährt jedenfalls sehr weit weg, weil er zum Meer hinunterläuft und aufs Schiff geht.

Ja, auch wenn Tarschisch in Äthiopien liegen sollte, ist das sehr, sehr weit. Eine kleine Möglichkeit weist auch auf das damalige Jemen hin, von wo schon anno dazumal Weihrauchgeheimnisse bekannt waren. Damals hat es natürlich auch noch keinen Suezkanal gegeben. Heute haben wir da leicht reden, aber damals war das eine ungeheure Strecke.

Wenn das Ziel Jonas in Äthiopien lag, dann sind das viele Tage mit dem Schiff.

Das war enorm weit und auch enorm gefährlich. Es steht zwar nicht da, welches Schiff er genommen hat, aber es wird wohl entweder ein Segelschiff oder ein Galeerenschiff gewesen sein. Er war jedenfalls kein armer Mann, denn so eine Reise hätte er sich dann nicht leisten können.

Er »bucht« also dieses Schiff und sagt sich: »Nur weg, dann habe ich es hinter mir.«

Die Botschaft dieses Tuns ist: Er meint, man könne dem Gott Israels davonlaufen.

Er ist dann auf diesem Schiff, und ein Sturm kommt auf.

Was passiert aber weiter? Die Botschaft ist, man kann Gott nicht davonlaufen. Warum sollte es auch anders sein?

Alle bekommen es mit der Angst zu tun, als der Sturm aufkommt.

Es muss ein großes Schiff gewesen sein, weil es dort viele Leute gibt. Der Kapitän heißt »Raw-Chowel«. Das ist übrigens der Titel für Kapitäne der Marine in Israel bis zum heutigen Tag. Es gibt auf diesem Schiff natürlich auch Matrosen, und von deren Verhalten bin ich sehr beeindruckt. Man sollte doch eigentlich meinen, sie wären die größten Grobiane – so wie heute eben Matrosen auch aus aller Welt und allerlei Schichten angeheuert werden. Die Matrosen auf diesem Schiff benehmen sich jedoch sehr fein. Auch noch im 20. Jahrhundert hat man doch bei uns in Europa bei vergleichbaren Anlässen Leute denunziert: »Der ist schuld! Weg mit ihm!« Bei jenen Matrosen ist das wohltuend anders.

Jona scheint den Matrosen am Anfang erzählt zu haben, warum er auf das Schiff gegangen ist.

Ja, Jona verhält sich hingegen ziemlich schlecht: Es braust und es donnert, es gibt ein schreckliches Unwetter, sodass die Leute alle verängstigt sind. Was aber macht er? Er geht unter Deck und legt sich schlafen. So etwas macht man doch nicht. Trotzdem verliert der Kapitän nicht die Geduld mit ihm. Er geht nach unten und fragt ihn: »Herr Jona, was ist denn eigentlich los mit Ihnen? Jeder von uns betet da oben zu seinem Gott.« Diese Leute werden also noch einmal als recht sympathisch dargestellt.

Er meint also zu Jona, er sollte zu seinem Gott beten, damit dieser ihm helfe.

Genau. Das ist doch ein schönes Bild: Diese Matrosen sind keine dahergelaufenen Hedonisten. Als dann das Los geworfen wird, wird damit nur ein damals übliches Verfahren beschrieben. Das Los fällt dann eben auf diesen komischen Mann namens Jona – und er ist mehr oder weniger selbst schuld daran.

Die Leute wollen wissen, wer daran schuld ist, dass dieser Sturm ausgebrochen ist, denn es muss wohl etwas passiert sein, dass sie so ein Schicksal ereilt. Da sich in so einem Fall natürlich keiner freiwillig meldet, wird das Los geworfen. Wie kann es anders sein: Das Los fällt natürlich auf Jona.

Natürlich, weil er sich eben so komisch benimmt. Ich finde schon, dass er sich auffällig benimmt. Natürlich dürfen wir hierbei nicht vergessen, die Gedankengänge jener Zeit mit einzubeziehen: Man suchte die Schuld immer bei irgendjemandem oder bei einer Begebenheit. Ein Sündenbock musste her. Auch im Evangelium kann man lesen: Wenn jemand krank wird, dann wird zunächst danach gefragt, wer schuld daran ist, denn irgendjemand muss es gewesen sein. Man sagt nie, dass das eine ansteckende Krankheit sei oder dass meinetwegen jemand von einer Zecke gebissen worden ist. Nein, es ist immer jemand schuld: Dabei kommen dann natürlich diese ganzen Vorstellungen von Dämonen mit ins Spiel, die es auszutreiben gilt. Das ist die damalige Welt, und darüber sollte man heute nicht lachen. Das waren die Ängste in einer komplizierten und schwierigen Epoche, heute nennt man das Psychosen und Neurosen.

Jona benimmt sich also sehr merkwürdig und auffällig,

und die Schuld fällt auf ihn. Ich kann mir vorstellen, dass man noch bis in jüngste Zeit mit so jemandem kurzen Prozess gemacht hätte: von Bord werfen und fertig. Aber nein, die Leute auf diesem Schiff sind anständig und reden mit ihm. Nachdem alles schon klar ist und er sich schuldig bekannt hat, machen sie sogar noch etwas: Sie versuchen, zum Ufer zurückzurudern. Das rechne ich ihnen wirklich hoch an. Diese Leute werden als sehr mitmenschlich geschildert.

Es hilft aber alles nichts.

Ja, es hilft nichts. Jona ermannt sich nun endlich und bekennt sich schuldig. Er gibt den Helden, und sie werfen ihn als Ballast ab.

Sie werfen ihn ins Meer, und normalerweise müsste er untergehen und ertrinken. Aber die Hand Jahwes ist über ihm, denn Jahwe hat noch etwas mit ihm vor. Er schickt also einen großen Fisch, um ihn zu retten. Luther sagt in seiner Übersetzung, es sei ein Walfisch gewesen. Die Bibel spricht hingegen nur von einem großen Fisch. In dieser mehr als symbolischen Geschichte schnappt sich jedenfalls der Fisch Jona, und schon hat er ihn in seinem Bauch.

Wir könnten nun lange darüber fachsimpeln, was damit gemeint sein könnte. Es geht jedenfalls um einen großen Fisch. Gemäß der hebräischen Grammatik besteht jedoch sogar die Möglichkeit, dass es ein weiblicher Fisch gewesen sein könnte. Das spielt für mich eine große Rolle, weil ansonsten im ganzen Buch Jona keine Frau vorkommt. Das ist mir aufgefallen, denn ansonsten sind die Propheten im Umgang mit Frauen keineswegs zimperlich. Es gibt sogar verhältnismäßig viele Prophetinnen: sieben an der Zahl von insgesamt 48 Propheten. Eine solche Frauenquote gibt es nicht einmal im Bayerischen Landtag. Es fällt mir also auf, dass im Buch Jona keine Frau vorkommt. Das einzige weibliche Wesen wäre demnach dieser Fisch.

Das würde Jona aber auch nichts helfen, denn verschluckt ist verschluckt.

Nein, natürlich nicht. Wenn wir die Bibel aber nicht nur wörtlich nehmen, sondern ernst, und darüber nachdenken, dann müssen wir uns schon fragen, was eigentlich los gewesen ist. War es überhaupt ein Fisch oder ist er vielleicht in irgendeine unterirdische Höhle geraten? Da kommen wir in die Bereiche der Kabbala, der jüdischen Mystik, und davon wollen wir heute die Finger lassen.

Wie auch immer, entscheidend ist jedenfalls die nun folgende magische Zahl: Er bleibt drei Tage und drei Nächte im Bauch des großen Fisches, wie es dort heißt.

Da haben Sie Recht. Im Alten Testament haben alle Zahlen von Anfang an eine große Signifikanz. Diese drei Tage spielen dementsprechend auch eine eminente Rolle. Bei Jesus ist es später genauso.

Matthäus zitiert Jona noch einmal und sagt: »Jesus ist drei Tage in der Erde gewesen wie der Prophet Jona drei Tage und drei Nächte im Bauch des Fisches.«

Es gibt im ganzen Alten Testament jedenfalls unglaublich oft diese Zahl Drei, diese Triaden, angefangen mit den drei Engeln bei Abraham. Man sollte das alles nicht immer so wörtlich nehmen, denn es handelt sich häufig um Symbole, wie auch bei Jesus.

Warum ist die Zahl Drei von so großer Bedeutung? Wie ist das mit der Sieben?

Die Sieben hat wieder eine andere Bedeutung: Das hat etwas mit der Schöpfungsgeschichte (und mit dem Schwören) zu tun. Die Drei bedeutet hingegen: das Urteil, das Leid und die Zuversicht auf die Erlösung. Der dritte Tag ist immer die

Befreiung oder die Erlösung, je nachdem. Das ist von Jona bis Hosea so, und reicht bis hin zu Jesus von Nazaret. Obwohl es bei ihm eigentlich keine drei vollen Tage im Grab sind. Die Kreuzigung geschieht am Freitag um drei Uhr am Nachmittag und die Auferweckung ist bereits am Sonntagmorgen bei Sonnenaufgang. Obwohl es keine vollen drei Tage sind, ist die magische Zahl Drei eben doch erfüllt.

Jona sitzt dann im Bauch des Fisches und beginnt zu beten: Er betet zu Jahwe.

Das ist eine Frage, die auch heute noch aktuell ist: Wann betet der Mensch? Wann kehrt der Mensch in sich? Wenn es ihm sehr schlecht geht oder wenn es ihm sehr gut geht? Aus dem Psalter Davids jedenfalls ist ersichtlich, dass es Menschen gab und gibt, die sich in allen Lebensumständen an Gott wenden.

Was betet er da?

Jona betet einen herrlichen Psalm. Er, der bis dorthin ziemlich unartikuliert ist und meines Erachtens als rechter Grobian dargestellt wird, findet diese wunderbaren Worte. Bis dahin ist er wirklich keine Gestalt zum Verlieben. In der Bibel gibt es ansonsten schon Männer, in die man sich direkt verlieben könnte: Josef, Boas, David, auch Daniel.

Jona zählt aber nicht dazu.

Nein, in Jona könnte ich mich nicht verlieben. Trotzdem hat er aber diesen herrlichen Psalm verfasst. In ihm ist ein deutlicher Bruch zu sehen: Es geht weg von der Verzweiflung, von der Not, von der Tiefe, er gewinnt in diesem kleinen Psalm langsam Zuversicht. Im Psalm von Jesus am Kreuz können wir das ebenfalls finden, wie ich ausdrücklich erwähnen möchte: »Eli, Eli, lama asawthani?« (auf Aramäisch: sabachthani). Das ist der Todespsalm von vielen frommen und gläubigen Juden damals und heute. Es hat leider genügend Situationen gegeben, in denen viele diesen Satz geschluchzt und geschrien haben. Es war so, dass zusammen mit Jesus unter den Römern sehr viele andere Juden gekreuzigt worden sind, und im Laufe der Jahrhunderte hat sich an der Verfolgung von Juden wenig geändert. Es ist einer der faszinierendsten und tiefschürfendsten Psalmen überhaupt – der in weiten christlichen Kreisen leider oft missverstanden wird.

Können Sie denn einen Satz aus diesem schönen Psalm nun einmal zitieren?

Er fängt also an mit: »Eli, Eli, lama asawthani?« Er sagt also: »Mein Gott, wozu hast du mich verlassen?« Er sagt eben nicht: »Warum hast du mich verlassen?« Das ist ein oft gemachter Übersetzungsfehler in vielen deutschen Texten aus dem Hebräischen. Es gibt nämlich auf Hebräisch – wie im Deutschen – zwei Worte, die nach Sinn und Zweck und Ziel fragen: »lama« und »madua«. Der Unterschied zwischen diesen beiden Worten ist wichtig, denn zunächst einmal ist einsichtig – wie viele Christen auch glauben –, dass der Mensch Jesus natürlich, wie alle anderen Menschen auch, das Recht hatte zu verzweifeln. Dem ist aber nicht so! Er ist nämlich auch in dieser Situation nicht verzweifelt. Er fragt nämlich nicht: »Warum – madua – hast du mich verlassen?«, sondern: »Lama, wofür, weshalb, was ist der Sinn dahinter, zu welchem Ziel hast du mich verlassen?« Es geht in diesem Psalm 22 in einer Weise weiter, die eine große Ähnlichkeit mit dem Gebet von Jona hat. Auch der Psalm 22 hat in der Mitte einen Bruch, und es kommt wieder große Zuversicht auf: »Elita, Elita – Du bleibst mein Gott.« Zum Schluss ist also auch Jona, wie Jesus, wieder voller Zuversicht und weiß, dass das Ganze einen Sinn hat. Über Psalm 22 hätte ich übrigens viel Alt-Neues zu berichten.

Auch Jona akzeptiert, dass Gott noch etwas mit ihm vorhat, dass es ein Ziel gibt, ein »Wozu« ihm das alles passiert.

Genau. Und am Schluss dieses Psalms hat er dann sogar die Gewissheit: Er bekommt wieder Zuversicht, wo er doch am Anfang so verdrossen gewesen ist. Das ist genau parallel zum Psalm, den Jesus gebetet hat.

Der Fisch macht dann sein Maul auf und spuckt Jona ans Land.

Wobei ich aber auch den etwas nüchterneren Leuten die Bibel gerne nahe bringen möchte. Wer sich schwer tut mit der mythologischen Gestalt dieses großen Fischs, kann auch annehmen, dass Jona in der Nähe des Ufers soundso lange in einer großen Höhle festsaß, bis ihn eine Strömung herausgeschwemmt hat. An der Wucht der Entwicklung und der Größe der Vision würde das nichts ändern.

Bringt denn der Disput über diese Interpretation überhaupt etwas? Wenn man die Jona-Geschichte als Märchen, als Symbolgeschichte nimmt, ist das doch völlig egal.

Ich sehe die Geschichte keineswegs als simples Märchen. Im Buch Genesis ergeht sich zum Beispiel Gott des Abends zu einem Spaziergang im Garten Eden. Auch das ist ein Bild, eine Metapher, die für alle Zeiten klar machen will, dass Gott überall ist und es kein Verstecken vor ihm gibt.

Gut, ich meine damit eine Geschichte, die uns etwas sagen will. Da kann das doch ein Fisch sein, eine Grotte oder sonst was: Spielt das wirklich eine Rolle?

Nein, es spielt keine Rolle. Aber es gibt eben sehr viele Menschen, die mit ihrer heutigen Mentalität ankommen und quasi fotografische Beweise für solche Geschichten haben wollen, eine Art Bild-Zeitungsbericht.

Und die daher sagen, dass es so nicht gewesen sein kann. Nun gut.

Tatsache aber ist, irgendetwas passiert, und dieser Mann hat ein tiefgreifendes Erlebnis. Das kommt im Leben von vielen Menschen vor. Er überlebt also diese drei Tage. Dieser herrliche Psalm sagt jedenfalls, dass das Ganze einen Sinn hat.

Als Jona an Land kommt, macht er sich auf, diesem Ruf zu folgen.

Ja, er geht nach Ninive.

Eigentlich ist das doch eine merkwürdige Angelegenheit: Da kommt ein Prophet, ein Hebräer daher und predigt in einer Stadt, die sehr selbstbewusst ist und die eigene Göttin Ischtar als Hauptgöttin verehrt. Jona steht dort also auf dem Marktplatz und ruft zur Umkehr auf.

Das gab es im Osten häufig, diese »Männer Gottes«. Diese Rufer hat es immer wieder einmal gegeben: Nehmen Sie nur das plötzliche Auftauchen von Johannes dem Täufer mit seiner merkwürdigen Kleidung.

Ja, aber Johannes taucht immerhin in seinem eigenen Volk auf. Hier aber wird doch die fremde Macht der Assyrer herausgefordert.

Ninive war in der Tat mehrmals ein Gegenspieler dieses Staates der Juden am Mittelmeer, dieses Staates namens Israel. Der Judenstaat war den Leuten dort in Ninive also sehr wohl ein Begriff, obgleich Israel natürlich im Vergleich zu diesem Weltreich winzig klein war. Israel stellt sozusagen das andere Ende des assyrischen Reiches dar. Diese Frage ist heute so aktuell wie damals: Israel ist dieses kleine Land, das weder im Hinblick auf die Größe noch auf die Einwohnerzahl bedeutend ist. In einer Zeit, in der es natürlich noch keine Flugzeuge oder andere schnelle Verbindungsmöglichkeiten gegeben hat, mussten eben alle Mächte aus dem Osten wie Ninive oder Babylonien über dieses kleine Land stolpern, wenn sie in Richtung Westen imperiale Absichten hegten – und das taten sie natürlich alle. Umgekehrt galt das aber in Richtung Osten genauso für die Griechen und Römer. Nehmen Sie als Beispiel Alexander den Großen: Auch er ist in dieses kleine Land geraten. Dieses Ländchen war also recht berühmt. Für die Nord-Süd- und die Süd-Nord-Bewegung, zum Beispiel von Damaskus aus, galt natürlich das Gleiche. Man kann also nicht sagen, dass das Herkunftsland eines Hebräers den Leuten in Ninive total fremd gewesen wäre.

Nein, das sicherlich nicht, denn die Hebräer selbst haben sich auch in dieser Gegend bewegt. In der Nomadenzeit haben sich die Herden nun mal nicht immer am gleichen Platz aufgehalten.

Es gibt daneben auch noch die Traditionen von Hammurabi und Gilgamesch: Es mag also auch in jenen Ländern eine gewisse Gärung, eine Suche in Richtung Ein-Gott-Glaube gegeben haben. Die hebräische Tradition hat oft das genaue Gegenteil dessen bewirkt, was vorher schon da war. Der Sabbat etwa war zu Zeiten der Götter, an die man vor dem einen Gott Jahwe glaubte, ein Tag der Trauer und des Entsetzens gewesen. In der hebräischen Tradition wird das wie selbstverständlich umgedreht: Da wird dieser Tag zu einem Freudentag, zu einem Tag der Gotteskindschaft, zu einem Tag des Aufatmens aller Geschöpfe. Ich glaube also, dass eine Kunde über einen Ein-Gott-Glauben schon irgendwie ansatzweise bekannt war.

Nun gut, da ist schon in Ägypten bei Echnaton der Grundstein gelegt worden.

Wir können auch beim Auszug aus Ägypten lesen, dass damals viele Ägypter – die Bibel nennt sie »erew raw«, Luther übersetzt das mit »Mischvolk« – mit den Juden mitgezogen sind. Das Ganze ist eigentlich eine sehr interessante Widerlegung des angeblichen Auserwählungsdünkels und der rassischen Abgeschlossenheit des jüdischen Volkes, denn von Anfang an sind bereits immer viele Fremde mitgegangen und auch angenommen worden.

Man muss sich vorstellen, dass der Prophet Jona in die Stadt kommt und dort predigt. Er sagt, wie die beiden anderen kleinen Propheten vor ihm, dass die Stadt untergehen wird, wenn sich die Leute dort nicht bekehren, wenn sie ihre bösen Taten nicht bereuen, wenn sie ihr böses Tun gegeneinander nicht lassen.

Der hebräische Text sagt an dieser Stelle wörtlich »chamas«, und ist damit so deutlich wie im Fall von Sodom und Gomorrha: Sie sündigten »gegeneinander«, »untereinander«.

Die Leute hören zu und staunen vielleicht ein wenig über diesen Mann. Dann aber überlegt man, dass etwas geschehen müsse, wenn man nicht untergehen möchte. Was wird dann getan?

An dieser Textstelle fällt mir etwas auf, das ebenfalls einen aktuellen Bezug hat: Das Volk nimmt die Mahnung Jonas an, bevor die Oberen überhaupt einsteigen. Das ist doch etwas Wichtiges. In der Dogmengeschichte der katholischen Kirche gibt es das auch, wenn ich so sagen darf, denn das ist doch ein Riesenunterschied. Aber es war eben auch in der Dogmengeschichte oft so, dass das Volk etwas durchgekämpft und durchgesetzt hat, lange bevor die Oberen eine solche Veränderung dann sanktionierten. Hier an dieser Stelle wird das ausdrücklich so erzählt: Das Volk lässt sich von diesem fernen und komischen Propheten ansprechen und überzeugen. Danach erst kommt der König und sieht, dass das Volk dessen Aufrufe zur Umkehr bereits akzeptiert und vollzogen hat. Die Mitweltfürsorge wurde vom breiten

Volk von Ninive längst ernst genommen, bevor sie hoch oben ankam.

Man könnte natürlich auch sagen, dass sie schlicht Angst vor dem Sterbenmüssen, vor der Zerstörung der Stadt hatten.

Ja, das Volk sagte sich, dass es besser sei, »auf diesen Wagen aufzuspringen«, als weiterzumachen wie bisher. Die Predigten von Jona scheinen wirklich ein großer Erfolg gewesen zu sein.

Der Oberste ordnet dann an, etwas Bestimmtes zu tun.

Ja, der König ist in einer ziemlichen Hast, wie man deutlich erkennen kann.

Es eilt.

Jawohl, er will auch dabei sein.

Es gibt in der Drohung eine relativ klare Zeitangabe.

Ja, dort ist die Rede von 40 Tagen. Dies ist wieder eine symbolische Zahl, eine ganz wichtige symbolische Zahl. Nehmen Sie als Beispiel nur die 40 Tage in der Wüste, die 40 Tage Fasten, die 40 Tage bei Mose, bei Elija. Diese 40 Tage müssen wir allerdings nicht wörtlich nehmen. Das müssen nicht immer genau 40 Tage gewesen sein.

Es geht nur um eine bestimmte Zeitspanne. In diesem Fall kann man aber etwas tun in dieser Zeit.

Man hatte damals keine Uhren, keinen Kalender. Ich habe jedenfalls Sympathie für diese Zeitangabe. Heute sagt man auch manchmal, »ach, bleibe doch noch eine Zigarette lang« usw. Damals hat es eben diese Form der Zeitangaben gegeben. Und es ist in der Tat so, dass der Mond die zuverlässigste

Hilfe bei solchen Dingen ist: Er ist berechenbar, während man den Lauf der Sonne nicht berechnen konnte. Es ging also auch hier um 40 Tage. Hier kommt nun meines Erachtens die menschliche Eitelkeit von Jona ins Spiel. Er sagt nämlich: »Ich muss die Drecksarbeit machen. Ich werde vorausgeschickt und mahne und warne und drohe, und dann kommt der große und gnädige Gott und erbarmt sich.«

So weit sind wir aber noch gar nicht in dieser Geschichte. Die Leute in Ninive müssen jedenfalls in Sack und Asche gehen.

Der König ist dabei ganz überstürzt in seinen Aktionen. Warum? Weil er sich, meiner Meinung nach, bei seinem Volk anbiedern möchte, denn das Volk hat die Botschaft dieses Mannes verinnerlicht. Heute würde man so einen Mann wie Jona vielleicht einen Guru nennen.

Eigentlich könnte man annehmen, dass der König sagt: »Was soll denn diese Drohung eines Gottes, der bei uns nichts zu suchen hat?« Aber nein, es kann schon sein, dass diese Bewegung von unten herauf gewachsen ist und der König daher gar nicht anders kann, als zu sagen: »Ich muss alles versuchen, damit das Unheil nicht über mein Volk kommt.« Und so scheint es auch gewesen zu sein.

Genau. Heute würde man sagen, dass ein Guru gekommen ist und die Volksmassen betört hat. Der König sieht dann, dass er diese Bewegung sowieso nicht mehr aufhalten kann, und will dann vermeiden, dass sie sich gegen ihn richtet.

Die Bewohner Ninives kehren also um, sie tun Buße.

Der König ist auch ganz überstürzt mit dabei. An sich ist das so etwas wie eine kleine Humoreske, denn er sagt zu seinem eigenen Volk: »Ja, ja, ihr habt Recht. Tragt Trauer und zieht Kleider aus Sackleinen an.« Er befiehlt sogar, dass auch die Tiere entsagungsvoll zu leben hätten.

Es passiert dann etwas Wunderbares. Jona, der die Umkehr gepredigt hat, sagt nämlich: »Na ja, nun schauen wir mal, was passiert.« Er geht vor die Tore der Stadt und baut sich eine Hütte am Rand der Stadt. Das ist quasi so etwas wie ein Beobachtungsposten, weil Jahwe vielleicht doch noch dreinhauen könnte. Er will sich also anschauen, was da nun genau geschieht.

Ich würde das Kapitelchen, das Sie soeben angesprochen haben, »der Gaffer« nennen. Das ist etwas, das es heute auch gibt: Da rasen die Leute zu irgendwelchen Unglücksstellen, sodass die Polizei in ihrer Arbeit direkt behindert wird. Es gibt immer und überall diese Gaffer. Und Jona ist auch so ein Typ: Er sitzt eben nicht etwa mit den anderen Menschen in der Stadt, um mit ihnen zusammen zu leiden, um das kommende Schicksal gemeinsam mit ihnen zu ertragen, wie ich das vielleicht getan hätte. Nein, er baut sich eine Hütte, um das genüsslich im wohligen Bewusstsein des Besserwissers beobachten zu können.

Ja, das ist ein richtiger Beobachtungsposten.

Ja, sodass er sich hinterher nonchalant würde sagen können, er habe das alles doch schon vorher gewusst. Er freut sich auf das, was kommt.

Und wenn es kracht, dann passiert ihm nichts, dort vor der Stadt.

Er freut sich, dass er das alles vorher schon gewusst hatte. Mir ist er wirklich nicht sympathisch, wie ich ganz ehrlich sagen muss.

Nach dem Bau der Hütte gibt es noch einen sehr schönen symbolischen Vorgang. Jahwe lässt nämlich Jona, wie man sagen kann, nicht aus den Augen. Um dem Flüchtigen ein wenig Schatten zu spenden draußen vor der Stadt, lässt er ihm einen Rizinusstrauch wachsen. Manche Bilder, manche Illustrationen zum Alten Testament zeigen, wie er dort unter dem Schatten dieses Strauches sitzt. Er sitzt dort ganz gemütlich im Schatten. Es passiert dann jedoch etwas, und die Sonne sticht ihn doch wieder: Warum?

Sie haben diese Geschichte jetzt recht schön zusammengerafft. Hier in Europa sagt man, man sucht sich einen Platz an der Sonne: Das ist die Sehnsucht, mit der vor allem Touristikunternehmen arbeiten. Im Orient sehnt sich der Mensch dagegen nach Schatten. Und heiß war es dort im Reich der Assyrer ganz sicher – auch dann, wenn mal die Sonne hinter den Wolken verschwunden ist. Wenn man vom Mittelmeer, also aus Jaffa kommt, ist diese Hitze wirklich nur sehr schwer zu ertragen. Dieser Mann, dieser Jona ist aber ein Egoist. Statt dass er zusammen mit den Leuten leidet, hockt er oben im Schatten, in der »Loge«, zu der ihm dieser Rizinusstrauch geworden ist. Dieser Strauch, den es inzwischen auch bei uns in vielen Gärten gibt, wächst überaus schnell. An die Wirkungen des Rizinusöls ist hier nicht gedacht.

Er wächst schnell und produziert große Blätter.

Wichtig ist, dass er schnell wächst: Er braucht also keine Monate oder gar Jahre, um zu wachsen. Es ist also schon etwas dran an dieser Episode mit dem Strauch. Jona sagt: »Das ist nun mein Baum und das ist nun meine Hütte!« Was will man uns damit sagen? Er ist nicht in sich gegangen!

Er nimmt einfach an, dass Jahwe ein braver und lieber Gott ist, der ihn beschützt und ihm sogar noch Schatten schenkt. Er meinte wohl, nun habe er seine Mission erfüllt, und nun will er zusehen, was weiter geschieht.

Es wird uns mitgeteilt, dass ihm das ganze Geschehen nach wie vor eigentlich egal war. Das finde ich schrecklich. Es geht ihm einfach nicht unter die Haut.

Jahwe fordert ihn aber noch einmal heraus.

Ja, auf eine wundervolle und subtile Art. Der Baum bekommt nämlich einen Wurm. Damit wird uns gesagt, dass alle und alles Geschöpfe Gottes sind: Die armen Menschen, die da in der Stadt leiden, der Baum, der Wurm, Jona selbst, und sogar der König. Alle sind Geschöpfe Gottes. Gott sagt da zu Jona so schön: »Was jammerst du? Hast du den Baum vielleicht erschaffen? Ist der Wurm dein Geschöpf?«

Der Baum verdorrt, und Jona sitzt plötzlich wieder in der blanken Sonne. Er jammert erneut und meint, dass das doch unverschämt sei.

Er wird frech und droht sogar mit Selbstmord.

Er meint, sein Leben sei nun zu Ende und daher interessiere ihn das alles nicht mehr. Er sagt, er möge nun noch einmal ins Meer geworfen oder anderweitig umgebracht werden. Er will nicht mehr weiterleben. In dem Moment kommt nun dieser Vergleich: Während er über den Baum jammert, sagt Jahwe zu ihm:

»Und ich soll mich nicht erbarmen um diese vielen Menschen? Und um so viel Vieh?« Wenn ich manchmal ein Bibelquiz veranstalte, dann stelle ich gerne diese Frage: »Welches Buch der Bibel schließt mit den Worten ›und so viel Vieh‹?« Das ist nämlich dieses Buch Jona. Gott erbarmt sich also auch des Viehs. Wir sehen das heutzutage zum Beispiel in Jugoslawien und wo immer sonst Krieg herrscht: Im Krieg gibt es verbrannte Erde, gibt es diese schrecklichen Bilder, auch von den krepierten Tieren. Das ist schon wirklich ein wichtiges und kräftiges Bild: Aufgrund der Untaten der Menschen leidet auch die Umwelt und leiden auch mit uns die Tiere! Das kommt in dieser Geschichte um Jona schön zur Geltung.

Gott erbarmt sich der Stadt Ninive, weil sie Buße getan hat. Er weist Jona zurecht, und das ist wirklich ein wunderbarer Vergleich: Auf der einen Seite gibt es die große Stadt mit 120 000 Einwohnern und dem vielen Vieh, und auf der anderen Seite Jona. In dieser Geschichte wird dann noch erwähnt, dass es unter den Bewohnern von Ninive viele gibt, die noch nicht einmal zwischen rechts und links unterscheiden können. Trotzdem weist er Jona darauf hin, dass er diese Menschen nicht mit seinem »blöden« Rizinusstrauch und der Sonne, die ihn nun erneut sticht, vergleichen dürfe. Damit ist die Stadt Ninive also gerettet.

Mit »rechts« und »links« sind natürlich nicht wörtlich unsere heutigen Begriffe gemeint. Man meint damit ganz sicher »gut« und »böse«. Die Bezeichnung geht weit zurück in der Menschheitsgeschichte. Noch vor einiger Zeit haben Mütter ihre Kinder, wenn die mit der linken Hand geschrieben haben, mit den Worten getadelt: »Schreib mit der schönen, mit der rechten Hand!«

Die Geschichte um Jona hat mehrere Ebenen. Sie haben es schon angedeutet: Vielleicht ist sie gar nicht historisch. Vielleicht richtete sie sich gar nicht an die Stadt Ninive, sondern an Israel. Mit dieser Geschichte wird also Israel eine Botschaft mitgeteilt: Israel wird darauf hingewiesen, dass man keinen …

… Dünkel haben darf.

Das ist doch etwas ganz Seltsames: Jahwe schaut also nicht nur auf sein auserwähltes Volk, sondern auch auf die Heiden. Es kommt dann so weit, dass er seinem Volk damit quasi sagt: »Mit euch, mit meinem Volk, habe ich immer nur Ärger, während sich sogar die Heiden bekehren!« Das ist doch eigentlich eine unglaubliche Geschichte.

Ja, das finde ich auch. Ich lese diese Geschichte wirklich sehr gerne. Das ist auch nicht die einzige Überlieferung von dieser Art. Manche Prophetengeschichten sind sogar noch besser, weil sie ein wenig artikulierter als Jona ganz bestimmte Dinge sehr deutlich ansprechen. Jesaja und auch andere sprechen von Israel als Partner Gottes. Es ist weder das schönste noch das größte noch das gehorsamste Volk. Dass es der Partner Gottes ist, ist allein Gottes Entscheidung: Wen er beruft, bleibt sein Geheimnis. Das müssen auch die Völker zur Kenntnis nehmen, die genau das Israel nicht gegönnt haben.

In der menschlichen Gesellschaft gibt es immer eine Erbfolge: Manche gehen nach dem Erstgeborenen, manche Bauern vererben aber auch dem jüngsten Sohn den Hof. Es gibt immer eine wie auch immer geartete Rechtsnachfolge. Der Einzige, der sich, jedenfalls in der Bibel, nach keiner Erbfolge richtet, ist Gott. Nehmen Sie David: Er ist so wenig der Erstgeborene wie Isaak, Jakob, Juda und andere mehr. Es bleibt das Geheimnis Gottes, wen er beruft. In diesem Sinn bleibt auch die Wahl Israels sein Geheimnis. Trotz aller Makel und Nachteile bleibt dieses Volk sein Partner. Paulus spricht in seinem Römerbrief auch so schön von diesen ungekündigten Bündnissen. Mit der Wahl Israels hatte die Christenheit jedenfalls bis ins Mittelalter hinein Schwierigkeiten: Warum gerade Israel? Und in Israel selbst gab es zeitweise ebenfalls Tendenzen hin zum Größenwahnsinn.

Wie hat denn die jüdische Theologie einen solchen Vorwurf aufgefangen? Diese ganze Geschichte stellt zwar die Auserwählung nicht in Frage, aber es wird doch gesagt: »Nicht nur ihr werdet angesprochen von Jahwe!«

Ja, selbstverständlich. Im Alten Testament kommen daher auch Lichtgestalten vor, bei denen uns ausdrücklich gesagt wird, dass sie keine Juden sind, dass sie nicht aus Israel kommen. Nehmen Sie Hiob: Hiob ist kein Jude, auch Ruth ist keine Jüdin, sie ist Moabiterin, obwohl sie doch die Urgroßmutter Davids ist, und somit die Ahnfrau des zukünftigen Messias. Für viele andere wichtige Gestalten im Alten Testament gilt das Gleiche. Es gibt viele, auch ganze Völker, denen von Anfang an eine Einladung unterbreitet wird. Ich hatte vorhin schon von den Ägyptern gesprochen, die beim Auszug mit den Juden mitgegangen sind. Selbst dieses Ur-Feindvolk ist eingeladen, mitzuziehen, und sie ziehen dann auch in der Tat mit. Das heißt, es gibt da keine Ressentiments, denn man hätte auch sagen können: »Nein, die Ägypter nicht!« Es gibt auch in der Gedächtnis-Liturgie zu Pessach keine Erziehung zum Hass gegen die Erzunterdrücker von Anno dazumal.

Kann man daraus folgern, wie das im Neuen Testament auch von Jesus formuliert wurde, dass damit eine Botschaft an alle Menschen ergeht?

Das ist ein Angebot! Es ist ein Angebot, und der Zugang ist offen und leicht, weil alle die Kinder Gottes sind. Wir dürfen auch nicht vergessen, dass die Genesis-Geschichte zunächst keine Geschichte für Israel ist, denn weder Adam noch Eva noch Kain oder Abel sind Juden oder Christen. Die Männer sind nicht beschnitten, sie sind ganz einfach Kinder Gottes. Das ist für mich doch eine sehr tröstliche Botschaft.

Wenn man sich das im Hinblick auf die Zukunft von Ninive ansieht, dann hieße das ja, dass sie den fremden Gott als Richter über ihr Schicksal akzeptiert haben. Historisch gesehen war das aber nicht so.

Nein, das lese ich aber aus diesem Text gar nicht heraus. Das Schöne an diesem Text ist doch gerade, dass sie nicht aufgerufen worden sind, nun auf einmal alle Juden und Monotheisten zu werden. Nein, sie sind nur aufgefordert, anständige Menschen zu werden. Das ist die Botschaft: Dieses Unrecht, das sie einander antun, soll aufhören. Dazu müssen sie aber ihren Glauben nicht ändern. Das ist das Große.

Bis ins Mittelalter hinein haben wir noch diese christlichen Zwangskonversionen erleben müssen: Hier ist überhaupt nicht die Rede vom Konvertieren. Hier gibt es nur die Einladung, im Namen dieses Gottes endlich damit aufzuhören, einander Böses anzutun. Diese Botschaft ist für mich bis auf den heutigen Tag wichtig: »Tut einander nicht so viel Elend an. Aber ihr müsst dafür nicht konvertieren.« Das ist nur eine Einladung zur Umkehr, und aus diesem Grund ist das ein wichtiges Beispiel bis auf den heutigen Tag. Bis heute ist diese Geschichte doch, wie erwähnt, in der Liturgie an Yom Kippur so wichtig. Die Jona-Perikope kommt in der schönen, romantischen Stunde der Dämmerung: Es ist die letzte Lesung am Tag von Yom Kippur. Jeder ist da sehr nachdenklich und hat den ganzen Tag über gebetet und gefastet. Jeder hat nachgedacht und sich seine eigenen Sünden immer wieder vor Augen geführt. In diesem letzten Augenblick, wo doch mancher denken mag, er hätte nun wirklich alles offen gelegt und genug Buße getan, sodass er nun einigermaßen geläutert ist, kommt die Botschaft, dass Gott auch für die ganz Bösen da ist. Es wird den betenden Juden in dieser Stunde gesagt: »Bilde dir nur nichts ein!«

Wie kommt es denn, dass die kleine Jona-Geschichte an diesem hohen Fest vorgetragen und als so wichtig erachtet wird?

Aus diesem soeben genannten Grund. Es geht darum, dass jeder Dünkel vermieden wird. Denn der Jona ist weder besonders geistreich noch besonders edel. Außer dem einen schönen Psalm ist da nichts weiter außergewöhnlich. Und selbst von diesem Psalm sagen einige Kommentatoren, dass er zum ganzen übrigen Sprachduktus des Jona überhaupt nicht passt. Jona evoziert nicht diese große Inspiration, wie wir sie beispielsweise von Jeremia, Jesaja oder Ezechiel bekommen können. Nein, von diesem Kaliber ist er nicht, wie ich durchaus zugeben kann. Aber es geht auch nicht um ihn, sondern um diese Hauptbotschaft: Es darf keinen Dünkel geben, denn Gott bestimmt, wen er auswählt. Man kann aber umkehren, Wiedergutmachung leisten und mit den anderen Menschen anständig umgehen. Das ist das Wichtigste.

Die entscheidende Botschaft geht also an Israel, an das jüdische Volk.

Ja, absolut. Da die Christen aber mittlerweile das so genannte Alte Testament als Teil ihrer Bibel erachten, sollten sie sich wohl eine Scheibe davon abschneiden.

Es bedeutet, sie dürften die Nase nicht so hoch tragen.

Jawohl, und diese Botschaft richtet sich eigentlich an beide. Wann wurde denn die Bibel kanonisiert? Das war, als bereits europäische Völker – in dem Fall waren es die Römer – großen Druck in Nahost ausübten und das Elend sehr groß geworden war. Insofern war das also auch eine Trostbotschaft, daran besteht überhaupt kein Zweifel: Gott hält seinen ungekündigten Bund mit Israel! Das ist eben auch eine Botschaft an die nicht-jüdischen Leser, also an die andere Seite. Es gibt diesen ungekündigten Bund und dabei bleibt es. Sie wissen selbst, was später alles versucht worden ist und was man teilweise heute noch zu unternehmen versucht, um Israel in diesem Sinne zu enterben. Die Kirche hat lange Zeit gesagt, sie sei »das neue, das wahre Israel«, während das reale Israel dazu verurteilt sei, im Dunkeln zu tappen und missioniert zu werden. So ist es aber nicht. Diese Botschaft richtet sich jedoch auch an Israel selbst: »Auch die anderen sind Kinder Gottes!« Ich habe es zumindest so gelernt: Wir wollen keine gegenseitigen Konversionen. Wir sind ein großes und herrliches Orchester zum Lobe Gottes, machen wir daher nicht aus Klavieren Klarinetten und aus Klarinetten Posaunen. Nein, die Hauptsache ist, dass wir lernen, unter Gott anständig miteinander umzugehen.

Warum ist denn die Jona-Geschichte auch in der bildenden Kunst immer wieder behandelt worden? Warum haben sich die Künstler immer wieder von dieser großartig aufgebauten Geschichte faszinieren lassen?

Weil eben alles drin ist in ihr. Wir müssen uns dabei vergegenwärtigen, dass das Alte Testament eine Themenquelle für Erzähler und Künstler ist. Es hieß ursprünglich auch »Mikra«. Es wurde mit Absicht erst sehr viel später schriftlich niedergelegt. Diese Geschichten wurden also erzählt in Hütten, in Zelten, auf Wüstenwanderungen. Was kann man denn plastischer erzählen als diese Geschichte von Jona? Ein Schiff kommt drin vor, und gute Matrosen und böse Matrosen, ein König und ein Baum und ein Wurm und ein guter Fisch und viele andere Tiere. Es sind also alle Motive vorhanden. In der Weltliteratur gibt es zu biblischen Themen jede Menge Opern, Operetten, Oden und Romane. Es wird gesungen, musiziert, erzählt und getanzt. Nicht nur die Musikologen, auch die heutigen Feministinnen und Psychologen lassen sich aus diesem Fundus befruchten. Nein, das Buch war schon immer ein aufregendes Werk voller Anregungen.

Batseba –
Die Meisterverführerin

Batseba: Das ist eigentlich eine Kriminalgeschichte, eine Geschichte voller Verbrechen. Die Geschichte des Verbrechens, das der berühmte König David begeht. Wir geraten damit auch in eine Geschichte, die in der bildenden Kunst dutzende Male dargestellt worden ist: Ein König marschiert auf dem Dach seines Palastes umher, sieht hinunter, und was sieht er da?

Sie sind ein bisschen streng. Ich hege zumindest ein klein wenig Sympathie für Batseba, denn ich nehme an, dass sie, abgesehen von allen Intrigen, den König doch geliebt hat. Darüber werden wir bestimmt gleich sprechen.

Nun zur Anfangssituation. David wohnt in Jerusalem in seinem Palast: Er ist bereits sehr arriviert und erfolgreich. Diese Geschichte spielt im Sommer, bei großer Hitze, denn es steht ausdrücklich geschrieben, dass er auf dem Dach wandelte, um auszuspannen und Luft zu schnappen. Bei den flachen orientalischen Dächern ist das leicht vorstellbar bis auf den heutigen Tag. Da plätschert es plötzlich auf dem Nachbardach: Wer nimmt da ein Bad? Unsere Batseba ist es! Welch ein Zufall! Ist das nicht deutlich?

Das spricht vielleicht für Batseba, aber bestimmt nicht für den König.

Es gilt festzuhalten: Batseba wohnt in der Nähe des Königspalastes. Sie gehört also einer vornehmen Familie an, denn sonst würde sie dort nicht residieren. Zweitens erfahren wir, dass ihr Mann Urija, der Hetiter, eine ganz gehobene Stellung in der Armee bekleidet. Er ist weg von zu Hause, er kämpft gerade an der ammonitischen Front. Er ist total königstreu. Darüber werden wir noch sprechen. Interessant ist jedenfalls die weniger bekannte Tatsache, dass Batseba aus einer guten Familie stammt. Ihr Vater heißt Ammiel und ihr Großvater ist Ahitofel: Er ist der Hauptberater Davids, der ihn jedoch später bei einer wichtigen politischen Affäre schlecht berät. Batseba ist dabei natürlich nicht involviert.

Ich will damit nur sagen, dass sie aus einer noblen Familie stammt. Ihr Mann Urija ist ein Hetiter. Dies ist eines der seinerzeit von Josua bei der so genannten Landnahme bekämpften, aber – wie man sieht – keinesfalls ausgerotteten Völker.

Gehen wir doch noch einmal auf die Anfangssituation ein. Es ist Abend, David erhebt sich von seinem Lager, auf dem er geruht hatte. An sich ist das eine sonderbare Situation, denn es herrscht ja Krieg: Seine Truppen, mitsamt Urija, stehen an der Front. Der König scheint sich jedoch sehr im orientalischen Milieu zu bewegen: Vielleicht hat er sich schon ein wenig gemütlich eingerichtet. Er hatte davor auch einige Erfolge erzielt: Er hatte Goliath erledigt. Möglicherweise ist er also zu diesem Zeitpunkt schon ein wenig bequem und älter geworden: Nun ruht er sich aus.

Das glaube ich nicht. An der Front ist nämlich Joab verantwortlich, der das volle Vertrauen Davids genießt. Das Problem bei David ist – wie bei manchen heutigen Politikern auch: Er hatte keine Zeit, sich um sein Haus, um seine Erbfolge zu kümmern. Es gibt bereits ein paar Söhne Davids, denn diese Batseba wird eine seiner letzten Hauptfrauen werden. Bei den orientalischen Königen ist es bis zum heutigen Tag so, dass es Frauen und eben auch Konkubinen gibt. Die Söhne sitzen alle in den Startlöchern und wollen das Erbe antreten. Nun kommt jetzt auch noch Batseba dazu – die künftige Mutter Salomos.

Ja, aber bei Salomo sind wir doch noch lange nicht.

Stimmt, aber das ist doch wichtig, um den Stellenwert Batsebas einschätzen zu können. Ich sage das bereits an dieser Stelle, denn wer weiß schon, was Batseba eigentlich selbst beabsichtigt hat? Vielleicht hatte sie genau diese Absicht, einen Thronfolger in die Welt zu setzen?

Ich hatte aber danach gefragt, warum David zu diesem Zeitpunkt nicht mit im Krieg gewesen ist.

Weil er zu dieser Zeit als König in Jerusalem geblieben war und das Kommando an der Front seinem Neffen Joab anvertraut hatte. David ist in Jerusalem etabliert und hat sogar bereits Ambitionen, den Tempel zu bauen. Er kaufte die Tenne des Arauna, des Jebusiters. Das ist der heutige Tempelberg. Das hatte ihm der Prophet Gad geraten, diesen Berg eben nicht zu erobern, sondern ihn für alle Zeiten unter guten Bedingungen käuflich zu erwerben. Das sollte analog zu Abrahams Handeln geschehen, so wie Abraham damals auch die Höhle Machpela in Hebron gekauft und nicht erobert hatte. David ist also gewissermaßen fest im Sattel. Er hat in der Situation auch enge Vertraute: Das sind die drei Söhne seiner Schwester Zeruja. Zu den interessanten Stellen im Alten Testament muss gezählt werden, dass wir den Vater ihrer drei Söhne, die alle Feldherrn in Davids Heer sind, nicht kennen. Manchmal ist es so, dass man nur den Namen des Mannes kennt und den der Gattin nicht erfährt. Bei Zeruja ist es umgekehrt. Sie hat jedenfalls drei Söhne, auf die sich David vollkommen verlassen kann. Joab, der älteste Sohn, kümmert sich wie gesagt um die Front in Ammon. Die Lage dort ist kompliziert, aber aussichtsreich. So sieht die Situation in dem Moment aus. Urija wiederum ist, wie man heute sagen würde, ein hoher Offizier an der Front unter dem Kommando von Joab.

David ist erst der zweite König in Israel. Die Israeliten hatten damals bei der Einführung des Königtums gesagt, dass sie, so wie alle anderen Völker, auch einen König haben möchten. In der damaligen Zeit gab es im Orient natürlich Dutzende von Königen, die alle wohl sehr autoritär geherrscht haben. Auch für David scheint es also selbstverständlich zu sein, zu sagen: »Holt mir doch mal Batseba herauf!« Er gibt den Befehl, sie ihm zu bringen.

Wenn man den Text sehr sorgfältig liest, stellt sich aber doch eine Frage: Da sie aus guter Familie kommt und die Enkelin seines Beraters ist, hätte sie sich erstens wehren können und hätte zweitens nicht unbedingt in nächster Nähe dieses Bad zu dieser Zeit nehmen müssen, also zu einer Zeit, zu der der König dort seinen Abendspaziergang machte.

Vielleicht war es so, dass sie das Bad schon begonnen hatte, noch bevor er auf sein Dach gestiegen war. Sollte sie sich in dem Moment also zurückziehen?

Nun gut, das müssen wir dahingestellt sein lassen. Ich glaube jedenfalls nicht, dass da nur und ausschließlich Zufälle im Spiel waren.

Sie glauben also, dass Batseba möglicherweise Interesse hatte, ihn zu verführen?

Ja, man darf das ruhig vermuten.

Sie wird also zu ihm gebracht: Was macht er dann?

Die Bibel beschreibt das Folgende wie immer recht ungeniert: Batseba hatte zu diesem Zeitpunkt gerade ihre Periode. Die Bibel erwähnt das deshalb, so meine ich, damit nicht in späteren Jahrhunderten jemand behaupten könnte, dass das Kind, das sie gebären würde, vielleicht doch von Urija stammte.

Er schläft mit ihr. Und sie kehrt dann wieder zurück in ihren eigenen Haushalt.

Warum? Weil Urija zurückkommen wird. David hatte ihn extra holen lassen: Er lässt ihn auf Fronturlaub einladen.

Ja, weil davor Batseba zu David gesagt hatte, sie sei schwanger, sie würde ein Kind bekommen.

Ja, genau. Er lässt extra den Urija von der Front kommen, damit das Kind dem Anschein nach von ihm sein würde. David will das Umfeld – vielleicht schon wegen Batsebas Großvater – zunächst einmal in Ruhe lassen.

David sagt dann aber zu Urija etwas ganz Unerwartetes: Was?

Er unterhält sich mit ihm fachmännisch über die Lage an der Front und will seine Meinung über den Krieg hören. Er lobt ihn dann und sagt zu ihm, er solle nun nach Hause gehen und sich mit seiner Batseba ein wenig ausruhen. Dieser Urija, der Hetiter, wie ich hier noch einmal unterstreichen möchte, ist mit so großer Treue David ergeben und von so großem Kameradschaftsgeist den ihm untergebenen Soldaten an der Front gegenüber erfüllt, dass er sich sagt: »Nein, das mache ich nicht!« Er geht also nicht nach Hause und schläft nur in irgendeiner Kammer, vielleicht in einer Besenkammer am Hof. Er geht also in der Nacht nicht zu Batseba. Warum nicht? Weil er sich sagt: »Meine Kameraden sitzen dort an der Front im Dreck und sind Gefahren ausgesetzt, und ich soll mich hier in der Heimat mit dieser herrlichen Frau amüsieren? Das mache ich nicht!« Dies verstößt aber gegen die Absicht von Batseba und David, und kostet den armen Urija letztlich das Leben.

Sie haben vorhin schon herausgestrichen, dass Urija ein Hetiter war, also eigentlich einem gegnerischen Volk angehörte. Haben sich diese Leute Salomo oder David tatsächlich als Heerführer angedient?

Selbstverständlich. Wir dürfen auch nicht vergessen, dass die angebliche Landnahme Josuas in Wirklichkeit ein Krieg war, der sich über Hunderte von Jahren erstreckte. Dass es dann später im Neuen Testament zum Beispiel auch einen Kanaanäer an prominenter Stelle im Umfeld von Jesus gibt, beweist, dass es nicht so war, wie von bestimmter christlicher Seite gelehrt wurde, dass nämlich alle Kanaanäer schlagartig ausgerottet worden waren. Nein, von einer Ausrottung kann nicht die Rede sein. Man findet auch später noch in der Bibel viele Hetiter, Edomiter usw. wie den Urija – er ist also kein Einzelfall –, die sich treu in Israel integriert hatten. Es gab Phasen des Krieges und dann wieder ein paar friedliche Jahre, so, wie das auch in Europa im Mittelalter und noch bis in die Neuzeit hinein der Fall war. Zur Zeit unserer Geschichte gab es jedenfalls den Krieg gegen die Ammoniter, wiederum ein anderes antikes Volk. Zu Zeiten Davids gab es weitere Fronten: den Krieg gegen die Philister, den er von Saul quasi geerbt hatte, und den Krieg gegen die Amalekiter. Urija hat also an der Front gegen die Ammoniter in Ammon, das ist in Transjordanien, die Gegend des heutigen Amman, gestanden. Es war ein langwieriger Konflikt. Da war etwa die Phase, als der König von Ammon die Botschafter Davids fürchterlich beschämt hat und ihnen den halben Bart hat abschneiden lassen, was für einen orientalischen Mann damals eine große Schande war. Diese Botschafter mussten sich dann in Jericho erholen, bis ihr Bart wieder nachgewachsen war. Ein anderes Mal hatte David in Ammon anfragen lassen, ob man vielleicht in Friedensverhandlungen eintreten könnte. Der König von Ammon meinte daraufhin, dass das nur dann möglich sei, wenn ihm David von jedem seiner Gesandten ein Auge schicken würde. So war das Verhältnis zu den Ammonitern. Nun war die Situation an der Front unter Joab allerdings ruhiger, Krieg war es aber doch. David befindet sich jetzt also in dieser privaten peinlichen Lage mit »seiner« Batseba. Und sie spielt mit, man kann es nicht anders sagen.

Was soll er machen? Er lässt Urija noch einmal kommen, setzt sich dann mit ihm sehr freundschaftlich zusammen und trinkt mit ihm.

Er will dem Urija zunächst nichts Böses tun. Wäre Urija nicht so stur gewesen und einfach zu seiner Batseba gegangen, dann wäre gar nichts passiert.

Er hätte dann, ohne davon zu wissen, das Kind als sein eigenes angenommen.

Ja, solche Dinge soll es immer wieder mal gegeben haben, bis heute. Nun, die Sache ist jedenfalls nicht nach Plan gelaufen, und David schreibt daraufhin einen Brief an Joab, seinen Neffen, den kommandierenden Offizier an der Front in Ammon, den er dem Urija mitgibt. In diesem Brief schreibt er: »Stell den Urija an die Frontlinie!«

Und zwar dorthin, wo es am schlimmsten zugeht, sodass er umkommen muss.

So geschieht es. Urija identifiziert sich vollkommen mit seinem neuen Vaterland, ist seinem König gegenüber so treu ergeben, dass er das alles auf sich nimmt. Joab kann dann berichten: »Jawohl, Majestät, Urija ist leider gefallen!«

David begeht eine unglaubliche Tat. Zunächst einmal wäre es so gewesen, dass er nach dem Gesetz hätte umgebracht werden müssen.

Diese Sache ist jedenfalls keineswegs in Ordnung, aber außer Joab wusste niemand davon, bis der Prophet Natan sich öffentlich einmischt.

Warum ist er eigentlich in diese Situation geraten? Und warum ist er nicht verurteilt worden?

Das Allerschlimmste ist, dass er mit der Frau eines verheirateten Mannes geschlafen hat. Der Prophet Natan kommt dann wütend zu ihm und sagt: »Du bist der Mann, der den Armen betrogen hat – trotz deines großen Reichtums und der Fülle an Segen!«

Es geht also darum, dass er nicht nur Ehebruch begangen hat, sondern den Rivalen auch noch in den Tod geschickt hat.

Nach dem Gesetz wäre er also selbst zum Tod zu verurteilen gewesen.

Dass er den anderen in den Tod schicken kann, ist eine königliche Ebene. Das hat damit zu tun, dass er den Oberkommandierenden missbraucht hat. Er sündigte gegen Gott und gegen Menschen. Ein Bastard ist übrigens niemals ein Kind, das entsteht, wenn zwei unverheiratete Menschen zusammen ein Kind zeugen. Man sagt fälschlicherweise auch in diesen Fällen, dass das ein Bastard sei, aber in Wirklichkeit stimmt das nicht, denn diese beiden Menschen könnten immer noch heiraten. Diese so genannten Singles gab es auch schon in der Bibel, also die Fälle, dass sie und er nicht verheiratet waren und trotzdem ein Kind zusammen bekamen. Das spielt auch bei der Geschichte um Josef und Maria eine Rolle.

Hier geht es aber doch um etwas anderes.

Darauf will ich auch hinaus: Das Schlimmste ist, wenn zwei Personen, die beide anderweitig verheiratet sind, etwas miteinander haben. Wenn dabei ein Kind entsteht, dann nennt man es Bastard. Genau das ist hier der Fall. Das ist das Schlimme, denn David ist anderweitig gebunden und auch sie ist es.

Gemäß dem mosaischen Gesetz wäre David also dem Tod verfallen?

Ja.

Ist es so, dass ein König doch ein bisschen anders dasteht vor dem Gesetz?

Darauf gibt es zwei Antworten: Die Weisen haben im Talmud über Jahrhunderte diese Fragen diskutiert. Die erste Antwort war, dass damals eben eine Kriegssituation geherrscht hat und dass solche Leute wie Urija dann, wenn sie an die Front gegangen sind, daheim der Gattin ein Scheidungspapier in die Hand gegeben haben: »Wenn mir etwas passiert, dann bist du geschieden, dann bist du frei!« Damit wäre also erstens diese Sünde ein wenig gemindert.

Aber die Tat Davids liegt davor!

Ja, natürlich, und deswegen kommt auch Natan sofort angedonnert. Es ist jedenfalls vorgesehen, dass Batseba gegebenenfalls als geschieden betrachtet werden könnte. Das ist die erste Antwort. Zweitens ist sie Witwe. Und das war die List von David.

Aber das geschah doch alles erst nachher.

Ich führe daher hier in unserem Gespräch den Propheten Natan als Zeugen an: Er argumentiert genauso wie Sie. Er sagt nämlich zu David: »Was hast du getan?« Natan erzählt dem David daraufhin sein berühmtes Gleichnis. »In einer Stadt lebte einst ein reicher Mann, ein großer Herdenbesitzer. Daneben lebte aber in der gleichen Stadt ein sehr armer Mann, der nur ein Schäfchen besaß. Dieses Schaf reicht ihm für die Milch und für die Schur, aus der er seine Kleidung macht. Der reiche Mann veranstaltet eines Tages ein großes Fest und nimmt dafür – analog zur berühmten Geschichte um Nabot und den Weinberg beim Propheten Elija – dem armen Mann sein einziges Schäfchen weg. Damit richtet er das große Fest aus. David sagt nach dem Anhören dieser Geschichte empört, dass das ein wahrer Skandal sei und …

… dass dieser reiche Mann des Todes sei.

Der Mann ist des Todes und muss vorab noch vierfach Wiedergutmachung leisten (Wir erinnern uns an das vierfache Strafmaß von Wiedergutmachung, das auch Jesus dem Zöllner Zachäus im Neuen Testament auferlegt). David meinte:

»Ich werde mich dieser Sache selbst annehmen!« Daraufhin sagt aber Natan zu ihm, und das ist sogar zum Sprichwort geworden: »Du bist der Mann!« Nun kommt etwas, das man dem David hoch angerechnet hat: Er erschrickt sehr und sieht ein, dass er falsch gehandelt hat. Er zeigt öffentlich Umkehr und kasteit sich! Natan kündigt Gottes Strafe an, aber zu guter Letzt wird Gott David dann vergeben. Inzwischen ist Batseba Witwe geworden: Sie ist also nicht mehr die Gattin eines anderen Mannes.

Sie lässt Urija auch betrauern, wie es so schön heißt. Ob sie ihn selbst betrauert hat, weiß man allerdings nicht.

Ja, das möchte ich auch offen lassen.

Weil sie dann Witwe bzw. geschieden ist, kann sie offiziell die Frau von David werden.

Ja, damit wäre die Sache nach außen hin in Ordnung. Die Frauengeschichten Davids gingen in die Weltliteratur ein. Vor allem die tragisch-grandiose Liebesgeschichte mit Michal, der Tochter des Königs Saul. Ich möchte hier den Frauen ein kleines Denkmal errichten: Danach lernen wir Abigail vom Berge Karmel kennen, dann Achinoam aus Jesreel (Mutter von Amnon, der bitter um die Thronfolge ringt). Sodann kommt Ma'acha, Prinzessin des Königreiches Geschur von jenseits des Jordans. Ihr Sohn Absalom wird der später berüchtigte Meuterer gegen seinen Vater David. Weiterhin lernen wir Chagidt kennen, deren Sohn Adoniahu mit Gewalt die Erbfolge an sich reißen will. Ferner wären zu erwähnen noch Avital und Egla nebst Söhnen als Thronanwärter. Nicht vergessen will ich aber die liebreizende Altersliebe Davids, die schöne Abischag aus Schunem. An alle diese Frauen wollen wir heute erinnern.

Am Hof Davids gab es damals sichtlich ein ziemliches Durcheinander. David und Batseba können heiraten, aber

Natan hat davor doch noch etwas zu verkünden: So einfach kommt David nicht davon.

Ja, keineswegs. Es wird ihm nämlich von Natan gesagt: »Straflos wirst du nicht davonkommen. Das Königtum wird dir und deinem Haus allerdings erhalten bleiben.« Aus christlicher Sicht sollte man daran erinnern, dass auch Jesus von Nazaret von David abstammte und Batseba in seinem Stammbaum ausdrücklich erwähnt wird. Aus jüdischer Sicht ist es so, dass David der Ursprung der messianischen Hoffnung bleibt. Die Zukunft des Messias bleibt trotz allem im Haus David verankert. Natan erklärt ihm seine Strafe: »So wie du diesem Urija sein Kostbarstes weggenommen hast, so wird man dir eines Tages auch deinen Harem wegnehmen, und dann sei dir vergeben.« Das passiert tatsächlich später bei der Rebellion seines Sohnes Absalom.

Es kommt dabei auch zur Verkündigung, dass dieses Kind sterben wird.

Ja. Über diese Frage gibt es viele Debatten in der hebräischen Literatur.

Es geht nämlich um die Frage, was denn das Kind dafür kann.

Ja, genau, was kann das Kind dafür? Das ist eine Frage, die immer wieder auftaucht.

Wie ist sie diskutiert worden?

Man hat gesagt, dass es die Art der Menschen sei, immer Schuld zuzuweisen. So etwas kann man selbst heute noch erleben. Es geschieht etwas Schlimmes, und die Leute sagen: »Selbst schuld! Das hast du nun davon!« Ich kenne einen sehr netten ehemaligen katholischen Priester. Er ist aus dem Amt ausgeschieden, hat sich laisieren lassen, um seine spätere Frau heiraten zu können. Daraufhin bekamen sie ein behindertes Kind. Viele Leute haben deswegen natürlich gemeint: »Siehst du! Das ist ihre Strafe.« Ich kenne viele solche Fälle. So kenne ich jemanden, der als junger Bub im Sägewerk seines Vaters seinen Arm verloren hat, weil er sich zu nahe an die Säge herangewagt hatte. Auch zu ihm hat man damals gesagt: »Siehst du! Das kommt von deinen Sünden.« So etwas sollte man nie sagen! Genau solch ein Fall liegt bei Davids Kind vor. Man sagte damals, das geschehe den beiden recht, als das Kind aus irgendwelchen Gründen starb. Gemäß der Bibel stirbt aber jeder Mensch aus Gottes Ratschluss und gegebenenfalls für seine eigene Schuld. Keineswegs sterben Eltern für die Sünden ihrer Kinder oder Kinder für die ihrer Eltern.

Das heißt, der »Bankert« hat das Vergehen auszubaden. Wie haben sich denn die Talmud-Theologen in diesem Fall herausgerettet?

Sie sagen, dass sowohl David wie auch Batseba Umkehr, »Metanoia« geleistet haben. Sie sahen also ihre Schuld öffentlich ein und kehrten um. Aus diesem Grund sind sie weiter Kinder Gottes, und es wird ihnen verziehen: Sie bekommen einen Neubeginn geschenkt. Auffallend dabei ist auch, wie sich David in der Trauer verhält. Es wird beschrieben, dass er in der Zeit, als das Kind Batsebas im Sterben liegt, völlig außer sich ist: Er isst nicht und zieht sich von der Politik zurück, solange dieses Kind krank ist. Als es immer kränker wird und schließlich stirbt, wissen die Höflinge um ihn herum nicht mehr ein noch aus. Sie wissen nicht, wie sie es ihm beibringen können. Es wird genau beschrieben, wie die Bediensteten am Hof herumhuschen, aschfahl im Gesicht sind und leise miteinander tuscheln. Er fragt sie daraufhin selbst: »Ist das Kind gestorben?« – »Ja, das Kind ist gestorben.« Darauf setzt er sich hin, wäscht sich und verlangt nach Essen, denn er sagt: »Jetzt kann ich nichts mehr machen! Das Kind ist bei Gott.«

Er meint, dass ihm das Handeln nun aus der Hand genommen worden sei.

Ja, denn er sagte: »Ich werde dereinst zu ihm, zu dem Kind gehen, aber es kommt nicht mehr zu mir zurück!« Das ist eigentlich die Trauerrede, die bis heute am Grab von verstorbenen Kindern gehalten wird. Er sagt also: »Solange noch etwas zu machen war, als das Kind krank war und eventuell noch hätte gerettet werden können, habe ich mich bis zum Äußersten kasteit. Jetzt ist es aber gestorben und bei Gott.« Er unternimmt einen Neubeginn.

Das Seltsame dabei ist, dass es die Engführung auf die Kinder der Batseba gibt. Das heißt, wenn ich das mal so ausdrücken darf, dem David hätte das eigentlich egal sein können: Er hatte andere Frauen und auch Kinder mit diesen Frauen. Wieso ist ihm gerade an diesem Kind so viel gelegen?

Ich glaube, dass er eben diese Frau sehr liebte, deutlich mehr als die anderen. Warum denn sonst wird uns das alles so lang und breit erzählt? Meiner Meinung nach hätte sich seine Majestät besser um die älteren Söhne gekümmert. Salomo ist nämlich nur der fünfte in der Reihe seiner Söhne.

Salomo ist das zweite Kind von Batseba und David. Damit ist eigentlich dieser Fall doch erledigt, wie man sagen könnte. Das erste Kind ist gestorben, das zweite, Salomo, bleibt am Leben.

David hätte sich zu dem Zeitpunkt mehr um seinen erstgeborenen Sohn Amnon kümmern sollen, um den es wirklich schlimme Geschichten gibt, als er sein Erbe einfordert. Man kann vielleicht als »mildernde Umstände« anführen, dass der älteste Sohn niemals automatisch das Erbe antreten konnte. Wie wir in der Bibel lesen können, kann auch Gott beim Bündnisschluss nachgeborene Söhne dem erstgeborenen vorziehen. Das ist sein geheimer Ratschluss. Jedenfalls werden uns im Alten Testament auch die schlimmsten Begebenheiten unzensiert erzählt – genauso wie die allerbesten.

Salomo kommt auf die Welt und scheint gleich zum Lieblingssohn des Königs David zu avancieren.

Er ist jedenfalls besonders begabt. Danach herrscht dann eine ganze Weile lang Ruhe: Wir hören nichts weiter vom Heranwachsen Salomos. Es geht nämlich zunächst einmal um die anderen Söhne. Diese hegen den Verdacht, dass ihnen Salomo den Rang ablaufen könnte. Es kommt daher zu furchtbaren Erbfolgestreitigkeiten. Es geschieht ein Drama nach dem anderen am Königshof, bis Salomo schließlich erwachsen ist. Er ist wesentlich begabter als die anderen Söhne. Er beherrscht viele Sprachen und kann auch, wie man heute sagen würde, mit der Umwelt gut umgehen. Er versteht viel von Politik, von der Natur, und er ist geschickt im Umgang mit den Diplomaten der benachbarten Völker. Er ist ausgesprochen begabt und wird natürlich auch entsprechend erzogen. Batseba bleibt die geliebte Ehefrau des David.

Batseba scheint sehr darauf geachtet zu haben, dass ihr zweiter Sohn die Erbfolge antritt.

Von Anfang an will sie das! David seinerseits scheint sie wirklich geliebt zu haben, während sie von Anfang an gewisse Ambitionen hatte. Wir finden im Alten Testament insgesamt fünf Auftritte von ihr. Wenn man sich das so durchliest, dann kann man sich schon vorstellen, dass das eine sehr schöne Frau war. Heute würde man sagen, dass sie sehr sexy gewesen sein muss. Aber man bekommt auch mit, dass sie sehr machtbesessen war. Sie ist schlau, aber nicht klug.

Wie hätte das denn eigentlich normal weiterlaufen müssen? Denn in dem Fall wäre ja sie als eine Hetiterin …

Sie ist keine Hetiterin. Ich konnte vorhin berichten, dass sie aus gutem hebräischen Hause stammt.

Aber verheiratet war sie doch mit einem Hetiter.

Das ändert nichts daran. Sie ist Witwe oder geschieden, und insofern spielt es keine Rolle mehr, dass sie mit einem Hetiter verheiratet war. Übrigens geht die Religionszugehörigkeit eines Kindes nach der Mutter. Es gab damals allerdings den Begriff der Religion, wie wir ihn kennen, noch gar nicht. Dieser Begriff kommt im ganzen Alten Testament nicht vor. Religion war ein Lebensweg »von der Wiege bis zur Bahre, vom Aufgang der Sonne bis zu ihrem Niedergang«.

Die Abstammung dieses Kindes bezieht sich also auf ihre eigene Familie.

Absolut. Ahitofel, ihr Großvater, ist auch weiterhin der Berater Davids. Später kommt es aber um ihn zu einem Konflikt, ja zu einem Drama: Nachdem er David falsch beraten hatte, bringt er sich um. Er machte nämlich den riesigen Fehler, den aufmüpfigen und mörderischen Absalom zu unterstützen. Es gab Intrigen am Hof. Ahitofel stammte aus Gilo, einem Ort im Süden von Jerusalem, den es auch heute noch gibt.

Wenn man sich die Frauen in der Bibel so ansieht, dann könnte man zunächst zu dem Schluss kommen, dass sie aufgrund der mosaischen Gesetze keine Rolle spielen dürfen. Ganz im Gegenteil dazu gibt es aber im Alten Testament immer wieder Szenen, in denen Frauen das Ruder selbst in die Hand nehmen.

Ja, ganz stark sogar.

Sie zeigen damit den schwachen Männern, wo es lang geht. Würden Sie denn die Batseba auch hier einreihen?

Selbstverständlich. Sie ist eine ganz starke Frau. Dies gilt aber auch für die anderen Frauen, die wir bereits erwähnt haben. Schließlich war es nicht leicht, mit David verheiratet zu sein. Es wird aber auch immer wieder geschildert, wie die Frauen miteinander umgingen. Das ist nicht immer sehr schön. Natürlich nützte die Stärke oder Schlauheit der Frauen nichts angesichts von Gewalt oder Krieg. Da ziehen sie immer den Kürzeren.

Interessant ist, dass schon damals die Frauen eine solche Rolle spielen konnten.

Es kommt in der davidischen Geschichte, abgesehen von Batseba, mehrfach eine »ischah chachamah«, also eine »weise Frau« vor. Unter Joab kommt es in einer bestimmten Stadt zu einer großen Krise und einer ausweglosen Situation. Da tritt dann eine solche »ischah chachamah« auf und findet die Lösung. Sie spricht in ihrer Stadt hinter den Mauern mit dem Parlament und dem König und sagt ihnen: »Liefert den Schimi aus, damit die Stadt frei wird!« Es ist so, dass eine »ischah chachamah« zu Davids Zeiten diplomatische Verhandlungen führte.

Ein anderes Beispiel: Als die Sache zwischen David und Absalom nach dessen Meuterei ganz verfahren war und der mittlerweile schon alte David dabei völlig zerrissen ist, weil er um der Staatsräson willen seinen eigenen geliebten Sohn unterdrücken muss, tritt wiederum eine »weise Frau«, eine Diplomatin, auf und vermittelt zwischen den beiden.

Wie muss man sich denn die Situation am Hof von David vorstellen? David regiert als König, es gibt eine Reihe von Ehefrauen und mit ihnen eine ganze Schar von Kindern.

Konkubinen gibt es darüber hinaus auch noch.

In dieser Situation entsteht eine Fülle von Intrigen: Alle sind daran interessiert, wie es weitergehen, was mit den eigenen

Kindern geschehen wird, wer welchen Erbteil bekommt. In dieser Gemengelage sitzt ein inzwischen recht schwacher David, ein David, der im Grunde genommen in eine bestimmte Richtung gedrängt wird.

Ich bin mit allem d'accord, aber als so schwach erachte ich ihn noch nicht.

Ich glaube ganz einfach, dass er überlastet ist. Obwohl David sehr erfolgreich war, bleibt Israel immer noch ein kleines Land, das sich in der Nachbarschaft riesiger Weltmächte behaupten muss. Einige dieser Weltmächte haben wir schon benannt. Da gibt es Ägypten, da gibt es Aram in Damaskus. Etwas weiter weg ist Babylon und noch ein wenig weiter entfernt das Reich der Assyrer. Es gibt darüber hinaus die Völker des Mittelmeeres, die immer wieder in den Vorderen Orient drängen, und andere mehr. Der Mann ist also überlastet. Trotzdem setzt er sich durch: Er hat schließlich dieses aufmüpfige Wüstenvolk mit seinen zwölf Stämmen einigen können. Er war damals so etwas wie heute der »König der Wiedervereinigung«, denn bis dahin hatte es andauernd Stammesfehden und interne Schwierigkeiten gegeben. Außerdem war er musisch begnadet. Die Psalmen werden ihm schließlich zugeschrieben, und schon an König Sauls Hof konnte der junge David diesen mit seiner Musik besänftigen. Mit welchem Instrument, bleibt allerdings ein Rätsel, obwohl Europas Maler auf Harfe bestehen.

Daneben hat er dann noch seinen eigenen Hof am Hals.

Richtig. Hinzu kommen noch Ansätze eines Kampfes zwischen Thron und Altar, wie wir ihn bei uns aus dem Mittelalter kennen.

Damals gab es bestimmte Fraktionen. Die Leute haben sich auf die eine oder andere Seite geschlagen. Und auch Natan spielt eine wichtige Rolle bei dieser Blockbildung.

Natan aber verzeiht dem David. Das merkt man auch zum Schluss, als es zur großen Konfrontation kommt und Natan Batseba warnt. Er bleibt dem Haus Davids innig verbunden. Natan verzeiht David also: Er nimmt seine Umkehr an. Das wird ganz deutlich. Es gibt neben dem Natan noch den Propheten Gad. Dieser ist weitaus strenger. David ließ damals eine Volkszählung durchführen. Diese bedeutete letztlich so etwas wie die Vorbereitung zum Krieg. Das war eine Art von allgemeiner Mobilmachung. Genau diese Volkszählung rügt nun aber Gad im Namen Gottes sehr heftig. Er ist viel strenger als Natan im Umgang mit David, denn er fragt ihn: »Willst du dafür sieben Jahre Hungersnot haben? Oder willst du drei Monate auf der Flucht sein? Oder willst du, dass drei Tage lang die Pest herrscht?« Ich finde es wichtig, dass der König keinerlei Extrabehandlung erfährt, denn wir können es bis auf den heutigen Tag gelegentlich beobachten, dass Höhergestellte sanfter behandelt werden als der kleine Mann auf der Straße.

Vielleicht hat er mit dieser Bestrafung doch eine etwas bessere Behandlung erfahren, denn sie ist doch relativ gering im Vergleich zum Tötungsgebot, das ihn auch hätte treffen müssen. Kommen wir aber noch einmal zur Frage seiner Nachfolge. Wann hat David selbst gesagt, dass Salomo sein Nachfolger werden soll?

Das hat er sehr spät getan. Er hat es versäumt, das rechtzeitig zu tun.

Er hat seine Entscheidung also nicht vorbereitet?

Deswegen kam es auch zu diesen entsetzlichen Streitereien unter seinen besagten fünf Söhnen, von denen einige dabei zu Tode kamen. Wegen der großen Politik und der dauernden Kriegshandlungen kam er, wie ich vermute, nicht dazu, die Nachfolge zu regeln. Nun wird er also alt und krank, und Salomo ist inzwischen selbst schon ein erwachsener und äußerst begabter junger Mann. Seine Mutter ist allerdings eine Intrigantin am Hof. Die Leute im Umfeld von David rätseln, wie man dem alternden König nun helfen könnte. Irgendwelche Mittelchen nutzten schon lange nichts mehr. Wie tragisch: Der große Frauenheld, den die Frauen Israels umjubelt hatten!

Das heißt, er war dem schönen Geschlecht stark zugewandt gewesen.

Wie wir schon zu Sauls Zeiten lesen. Seine Getreuen schlagen vor: »Versuchen wir es noch einmal mit einer jungen und schönen Frau.« Man will ihm also einen Adrenalinstoß verpassen, könnte man meinen.

Viagra gab es damals natürlich noch nicht.

Es wird also im ganzen Land nach einer schönen jungen Frau Ausschau gehalten: Seinen Geschmack kannte man nun genau. Es wird die schönste Frau gefunden, die man sich nur vorstellen kann: Es ist Abischag aus Schunem. Schunem ist eine sehr interessante Stadt. Dort lebte auch die so genannte »Freundin« des Propheten Elischa. Es gibt auch Ausleger, die glauben, dass dieses Wort »Schunem« mit »Schunamit« zu tun hat, und daher insofern in Verbindung stehen könnte mit der Schulamit, der Heldin aus dem »Lied der Lieder«. Diese Stadt Schunem übte schon einen gewissen Zauber aus. Es ist die Nachbarstadt von Sarepta, eines Ortes, den wir bei Elija und auch bei Jesus wiederfinden, berühmt wegen seiner Frauen. Zurück zu David: Die schönste Frau Israels, Abischag, wird also in Schunem gefunden und dem König zugeführt. Sie wird quasi ein weiteres Mitglied des Harems. Die Sache ist aber dennoch sehr traurig, denn es steht geschrieben, dass der König nicht mit Abischag schlief. Das ist doch eine tragische Bemerkung bei einem solchen Frauenhelden!

Er konnte möglicherweise nicht mehr.

Ja, das Alter und der Tod waren doch stärker.

Das »Anwärmen« durch die junge Frau allein half also nichts mehr.

Ja, das ist eine sentimentale und traurige Geschichte, denn die junge Abischag liebte David sehr. Das erinnert mich recht stark an die Ulrike von Levetzow und den alten Goethe. Diese Abischag wird dann nach Davids Tod einem anderen Mann gegeben, wie das damals im Orient üblich war. Sie bleibt allerdings bis zu ihrem Tod in den alten König verliebt. Sie fragten mich, wann eigentlich genau Salomo von ihm zum Nachfolger bestimmt wird. Wir haben also die Situation, dass David krank und schwach im Bett liegt, während Abischag um ihn herum ist. Batseba, die Königin, kommt dann aufgeregt hereingesaust. Sie war, und das ist wichtig, von Natan alarmiert worden! Wo war denn ihre ganze Intelligenz geblieben? Sie hatte überhaupt nicht bemerkt, was sich unter den Königssöhnen alles zusammenbraute. Es war Natan, der sie alarmiert hatte, der gleiche Natan, der ehedem doch ihr strenger Gegner gewesen war. Er sagt ihr nun: »Batseba, Batseba, siehst du denn nicht, was sich da tut? Geh sofort zum König! Er liegt im Sterben, und die anderen Söhne scharren schon in den Startlöchern. Was wird aus deinem Salomo?« Sie hat also erst diesen Nasenstüber gebraucht.

Gut, sie geht also zum König ins Krankenzimmer, aber dort ist auch Abischag, wie peinlich! Batseba holt weit, weit aus und säuselt dem alten David vor: »Weißt du noch, David, wie schön es damals war? Erinnerst du dich an das Bad auf dem Dach? Es war doch so schön an diesem lauen Jerusalemer Abend, und du hast mir damals doch dieses und jenes versprochen und heute muss ich mich nun so bitterlich um unseren Liebling Salomo sorgen. Schau doch nur, was sich draußen alles tut. Es ist doch furchtbar.« Da erst bringt sie den alten David so weit: »Also gut, Salomo soll mein Nachfolger werden.« Er weiß aber in diesem Stadium nicht, dass bereits ein anderer Sohn, Adonija, unten in der Stadt ein Fest zur Thronbesteigung veranstaltet. Er wollte die Nachfolge mit Gewalt an sich reißen. David sagt also: »Ich setze Salomo zum König ein!« Das ist sein letztgültiges Wort. Da kann nun der andere Sohn unten in Jerusalem 50 Pferdewagen mieten und feiern und jubeln, das hilft alles nichts. Der getreue Joab war leider auf der falschen Seite, auf Seiten dieses Adonija. Salomo wird von David zu seinem Nachfolger eingesetzt. Adonija hört dann davon, und nun kommen Motive ins Spiel, die wir auch an anderen Stellen im Alten Testament, so im Buch Ester, finden: Salomo wird königlich eingekleidet, offiziell herumgeführt in Jerusalem und überall als Thronfolger vorgestellt. Es herrscht große Freude auf den Bergen Jerusalems, »mons gaudi«.

Das ist also der Freudenberg.

Ja, genau. Also zurück zu unserer Geschichte: Es findet eine Riesengaudi statt, und Salomo wird zum König ernannt. Später, nach Davids Tod, sucht der Intrigant Adonija Batseba, die Königsmutter, auf. Das ist nun schon ein starkes Stück: Das lässt auf Verzweiflung sondergleichen schließen. Leider weist es aber auch auf die Dummheit Batsebas hin.

Was hat er sich denn davon versprochen?

Da kommt nun folgende Geschichte ins Spiel, die wir bereits angedeutet haben. Es war damals so, und im Orient mag es vielleicht heute noch so sein, dass die Konkubinen, also die Frauen des Harems, zum Beispiel bei Meutereien vom Nachfolger übernommen wurden. Sollte der verdrängte König jedoch zurückkommen, weil er nicht immer gleich stirbt, wie wir in der Geschichte um Absalom gesehen haben, dann sind diese Frauen fürderhin für ihn tabu: Diese Frauen rührt er nicht mehr an (wir erinnern uns an die

Strafe des Natan). Batseba versteht in der ganzen Situation diese Usancen überhaupt nicht. Da kommt der »arme« Adonija zu ihr, also der Mann, der ihren Sohn bei der Thronfolge verdrängen wollte, und sagt zu ihr: »Bitte, Batseba, geh doch zu deinem Sohn, unserem König. Ich habe mich so verliebt. Ich hätte so gerne diese Abischag aus Schunem zur Frau.« Adonija versteht es tatsächlich, Batseba zu umgarnen, indem er sagt: »Du bist doch so klug und erfahren, das kannst du doch arrangieren für mich, für dich ist das doch ein Kinderspiel!« Sie merkt dabei überhaupt nicht, dass es hierbei um ganz große Dinge geht, um eine Staatsaffäre. Sie bittet also um ein Gespräch bei ihrem Sohn, denn auch als Mutter geht man nicht so einfach zum König. Salomo sagt dann zu ihr: »Mutter, komm her, nimm Platz.« Er erweist ihr alle Ehren als Königsmutter. Er fragt sie dann: »Was ist denn, Mutter, was ist dein Begehr, was darf ich für dich tun?« Sie antwortet ihm: »Ja, es ist eine Kleinigkeit. Könntest du vielleicht gestatten, dass Adonija Abischag heiraten darf?« In dem Moment wird Salomo kreidebleich und starrt seine Mutter an: »Willst du vielleicht gleich ein Todesurteil über mich fällen, Mutter?« Sie versteht aber immer noch nichts. Deswegen sagte ich ja, dass sie zwar schlau, aber nicht klug ist. Salomo sagt zu ihr: »Das ist doch bei uns Sitte, und der Adonija weiß das auch ganz genau, und du lässt dich von ihm einwickeln. Wenn er nämlich die Abischag, die ehemalige Konkubine, bekommt, dann ist er Königsanwärter. Wo bleibe dann ich, dein Sohn?«

»Ich habe doch das Recht auf den Thron schon verbrieft bekommen!«

Jawohl. Salomo lässt daraufhin Adonija rufen. Die beiden Männer schauen sich in die Augen und verstehen beide sofort sehr genau.

Sie wissen genau, worum es geht.

Adonija ist wirklich gemein. Salomo hatte ihn in der Tat anfangs verschont, obwohl er Gewalt angewandt hatte. Adonija aber wurde bald wortbrüchig und begehrte wiederum den Thron. Er will ein Zeichen setzen mit der Werbung um Abischag, die ehemalige Konkubine Davids. Außer Batseba hat der ganze Königshof verstanden, um was es geht: um Salomos Thron und um seine Zukunft als König von Israel. Adonija muss also sterben.

Wie geht denn der Lebensweg der Batseba weiter? Sie überlebt König David und hat dann wohl auch weiterhin eine ganz bestimmte Stellung am Hof.

Ja, absolut, sie hat weiterhin die Rolle der Königsmutter bei ihrem Sohn: Das ist ganz deutlich beschrieben. Wie wir vorhin schon erwähnt haben, gab es klügere Frauen als sie in diesem ganzen Umfeld. Das sind Frauen, die sich in die Politik einmischten, die ganze Städte retteten oder die zwischen David und seinen Söhnen vermittelnd agierten. Als so eine Frau wird sie uns nicht vorgestellt. Sie ist schön, sie ist sexy. Sie bleibt jedoch am Hof, denn sie ist die Mutter des Königs: Das ist im Orient sehr viel. Sie kommt natürlich, wie gesagt, später auch noch im Stammbaum von Jesus von Nazaret vor, und zwar unter diesen vier leicht anrüchigen Frauen.

Sie kommt sogar zu hohen Ehren, weil sie am königlichen Stammbaum beteiligt ist.

Das liegt ganz einfach daran, dass König Salomo der Erfolg hold ist. Das ist ihr großes Glück.

Sie verschwindet dann einfach aus der Bibel?

Ja. Sie ist die Königsmutter und führt ein gutes Leben am Hof nach all diesen turbulenten Ereignissen.

Wie würden Sie denn diese Frau bewerten? War sie eine Mittlerin? Welche Funktion, welche Bedeutung hatte sie?

Sie hat ihren Platz in der Heilsgeschichte Israels. Wer bin ich, wer sind wir, dass wir Gott dabei dreinreden dürften? »Gott schreibt auf krummen Linien auch gerade«, wie große und weise Leute schon vor uns gesagt haben. Ich hätte Batseba am liebsten real hier: Ich sehe sie wirklich beinahe vor mir stehen. Das Schöne an ihrer Geschichte, das, was mir am meisten Spaß macht, ist die Tatsache, dass sie uns so geschildert wird, dass uns das alles wahrhaftig und einleuchtend scheint. Es gibt hierzulande gewisse Feministinnen, die David in diesem Zusammenhang als den Bösen darstellen. Nun, zimperlich war er bestimmt nicht. Aber sie war wirklich auch nicht spröde oder scheu. Wie herrlich, dass uns die Bibel von Helden und Schurken aus Fleisch und Blut erzählt.

Sie war sicher nicht zimperlich, und sie hat ihre Rolle gut gespielt.

Ja, sie hat sie ausgezeichnet gespielt.

Vielleicht hat sie diese Rolle ausgenutzt und dabei König David gelegentlich auch um den Finger gewickelt, wie man sagen könnte. Damit gehört sie zu den ganz starken Frauen der Bibel.